中國學術思想 研究輯刊

四 編

林 慶 彰 主編

第 28 冊

東漢經學之政治致用論

翁 麗 雪 著

花木蘭文化出版社

國家圖書館出版品預行編目資料

東漢經學之政治致用論／翁麗雪 著 ─ 初版 ─ 台北縣永和市：
花木蘭文化出版社，2009〔民 98〕

序 4+ 目 2+198 面；19×26 公分
（中國學術思想研究輯刊 四編；第 28 冊）

ISBN：978-986-6449-27-7（精裝）

1. 經學　2. 政治思想　3. 東漢

090.922　　　　　　　　　　　　　　　　　98001917

ISBN - 978-986-6449-27-7

9 789866 449277

中國學術思想研究輯刊
四 編　第二八冊　　　　　　　ISBN：978-986-6449-27-7

東漢經學之政治致用論

作　　　者	翁麗雪
主　　　編	林慶彰
總 編 輯	杜潔祥
出　　　版	花木蘭文化出版社
發 行 所	花木蘭文化出版社
發 行 人	高小娟
聯 絡 地 址	台北縣永和市中正路五九五號七樓之三
	電話：02-2923-1455／傳眞：02-2923-1452
網　　　址	http://www.huamulan.tw 信箱 sut81518@ms59.hinet.net
印　　　刷	普羅文化出版廣告事業
封面設計	劉開工作室
初　　　版	2009 年 3 月
定　　　價	四編 28 冊（精裝）新台幣 46,000 元

東漢經學之政治致用論

翁麗雪　著

作者簡介

翁麗雪，台灣台中人，國立台灣師範大學國文研究所畢業，現任國立嘉義大學副教授。著有《東漢經術與士風》（碩士論文）、《東漢經學之政治致用論》（獲國科會研究獎勵）專書，以及〈群經用鴈考〉、〈群經中魚文化的物質應用考〉、〈東漢刑法與復仇〉、〈東漢盜賊事略〉有關經學思想研究之論著，其他發表論文如〈古俠考略〉、〈魏晉小說俠義精神考略〉、〈唐代的劍俠〉、〈當莊子寓言變成了四格漫畫〉、〈大學文選〉（合著）等多篇著作。

提　　要

　　東漢以經學通朝野上下之志，立時代風尚之綱維，影響所及，士人「所談者仁義，所傳者聖法也。故人識君臣父子之綱，家知違邪歸正之路」，儒學落實於政治人事之實踐，於是社會成其風，朝廷獎其行，人才由此出，政事端是賴，此即儒家「內聖外王之道」、「修己治人之學」，亦即漢儒所謂「通經致用」。

　　東漢帝王多表彰經術，取士多經明行修之人，非專重其人，而必深考其行，學術與政事結合，儒家在政治上之若干觀念，如愛人、納諫、尊賢、尚德、興學、育才等「仁政」理想，成為現實統治制度之大經大法，亦成為中國歷代儒家之共同政治理想，而東漢士人誠為援引經義，化民成俗之最佳實證。

　　東漢政治之通經致用，可從政治體系之立與廢、政治事功之封賞與辭讓、政治人才之舉拔、政治之君道與臣道而言，皆緣以經義為其依歸，儒家之政治思想，皆匯集於經書，而東漢君主能突破統治者本身之主觀意斷，以服從經書之指導，使經世之學，領導當代之政事，求諸西方，實所罕見；而東漢士人能承繼其精義，成教化，美風俗，敦性情，礪品節，以形成行仁踐義，知命達禮之德治社會，東漢風俗之美，即由乎此。《易經》曰：「窮則變，變則通，通則久」，對於儒學之與時俱進，機制更新，東漢士人之貢獻昭若日星，璀璨不朽，實有其一定之貢獻與意義。

　　本文將先釐清經學的歷史意義，藉以明瞭當代通經致用之背景及其意義。其次再分從立廢、封讓、舉才、真諫等議題，探討經學與政治之相關性，而經學對中國文化之涵攝性，經由當代之闡釋與發明，使經學之微言大義，得以具體地落實，而成為當代修己治人、安身立命之根本憑藉。

目
次

序　論

　　東漢以經學爲一代之規模，立己行世，修己治人；不僅在道德上追求「入聖超凡」的「內聖」指標；而在事功上，又必落實到「藉經議政」實踐層次，以達到「外王」的目的，故儒學實是一種內在道德與外發政治結合的實用哲學，而「通經致用」正是在此道德指導下建立的政治實用原則。

　　考察儒家「經世致用」思想之特色，可由孔子之道完整概括之。《論語》〈雍也〉載孔子對「仁」字的解釋是「己欲立而立人，己欲達而達人」，由己立己達超越爲立人達人的功能過程，其中已然蘊含「學以致用」的思想。〈憲問〉孔子答覆子路問君子，更具體而微地揭示儒者道德實踐的修養三層次，即「修己以敬」、「修己以安人」、「修己以安百姓」。同篇又曰「古之學者爲己，今之學者爲人。」程頤注解：「『古之學者爲己』，其終至於成物；『今之學者爲人』，其終至於喪己。」又說：「君子修己以安百姓，篤恭而天下平，唯上下一於恭敬，則天地自位，萬物自育，氣無不和，而四靈（麟鳳龜龍）畢至矣」（朱熹《四書集註》論語注引）。意即先以敬修身，修己之極則安人，安人之極則安百姓。修己即本身的道德修養，屬於「成己」，安人、安百姓則在濟人利物，使群黎百姓，莫不各安其所，屬於「成物」。始於成己，終於成物，正是儒學實用之表徵。

　　至於孟子，亦多次提及致用的主張，如「老吾老，以及人之老；幼吾幼，以及人之幼，天下可運於掌」〈梁惠王上〉，蓋古人施政必由親親推之，由近及遠，由內而外，循序漸進，施政自具功效。孟子詮釋「大丈夫」的理想人格，是「居天下之廣居，立天下之正位，行天下之大道。得志與民由之，不得志獨行其道」〈滕文公上〉，即闡述知識份子「學而優則仕，仕而優則學」

的修己治人合一的特點。此外，〈盡心上〉篇云：「古之人，得志，澤加於民；不得志，修身見於世。窮則獨善其身，達則兼善天下」，更具體顯露積極致用之性格。同篇：「大人者，正己而物正者也」，「（君子）親親而仁民，仁民而愛物」，朱熹註：「大人，德盛而上下化之」，先端正自己的身心，而後化正天下萬事萬物，二者相輔相成，從道德實踐至政治實踐的人生目標，亦即儒家生命完成的全部意蘊。

漢初，在漢武帝「獨尊儒術」之前，道家黃老之學盛行於世，然而統治者亦不扼抑儒家經典的傳播，如高祖時，叔孫通與魯諸生及弟子為高祖共起朝儀；文帝曾立博士，可考者如賈誼（諸子百家）、鼂錯（尚書）、公孫臣（諸子）、張生（尚書）、申公（詩經）、韓生（詩經）。景帝時亦立博士，可考者如轅固生（詩經）、胡母生（公羊春秋）、董仲舒（公羊春秋）、高堂生（儀禮）。要之：文帝時，諸子百家傳記博士與經學博士並立，至景帝時，已由文帝之二經（尚書、詩經）博士衍為三經（詩經、公羊春秋、儀禮）博士。至武帝時乃卓然罷黜百家，獨尊儒術，廢其他博士，立五經博士，經學地位崇高，儒學才取得了合法與獨尊的地位。

漢武帝之所以崇經尊儒，在於採納董仲舒、公孫弘等人建議，而董仲舒（179～104）的儒學理論是以儒家的仁義禮樂思想和德治主義為基礎，建立一套「天道觀」和「王道觀」合一的政治倫理哲學。以道德教化而言，他主張王者應當修飭「仁誼（義）禮智信五常之道」以為化民成俗之預備，並提出「立大學以教於國，設庠序以化於邑，漸民以仁，摩民以誼，節民以禮」等具體教化政策（見「天人三策」）。《漢志》載其著作《公羊治獄》（或稱《春秋決獄》，今佚）十六篇。王充謂：「仲舒表春秋之義，稽合於律，無乖異者」，可見他用春秋為衡斷政治的法典，以「推明孔氏」、闡發《春秋》之微言大義，以達到實用的目的，故而不僅造成儒學政策性、制度化之獨尊性，也開創儒家藉經議事的學風。

其後，董仲舒的學生呂步舒治淮南獄，亦尊循師法，一以春秋之義為斷案定讞之具。《漢書·循吏傳》亦載：「公孫弘、兒寬，以經術潤飾吏事」，亦即以《五經》作為指導個人行為與政策決事之依據，如此則將經學理論落實於政務之推行，通經致用亦能增長議政之經世熱誠，二者互為推波助瀾。同書〈匡張孔馬傳〉贊謂：「自孝武興學，公孫弘以儒相。其後蔡義、韋賢、玄成、匡衡、張禹、翟方進、孔光、平當、馬宮、及當子宴，咸以儒宗居宰相，

服儒衣冠，傳先王語……以古人之跡見繩」，故知自孝武帝時，公孫弘爲相以下，宰相都以儒家宗師爲繼任人選，他們不僅以儒家先王言論爲行事圭臬，亦以先王行跡爲仿效之指針，於是儒家思想從此爲漢代儒生提供一套解經、論道、議政之思維來源，而蔚爲一代學風。儒家在政治上的若干觀念，如愛民、納諫、尊賢、尚德、興學、育才等，已成爲二千年來論定政治及政治人物是非得失的共同價值觀。

西漢之通經致用，在所謂的「特準古法」（《漢書‧刑法志》）的共識下，「以經決事」之事件頗多，茲舉其犖犖大者，如以經決獄：昭帝時，雋不疑據《春秋》，收縛假冒之衛太子（即戾太子），後廷尉果證其爲假，昭帝與大將軍霍光聞而嘉之曰：「公卿大臣，當用經術，明于大誼。」由是名聲重于朝廷，在位者皆自以不及也（同上卷71）。又如張湯決大獄，以古法義決之，甚得推崇（卷57）。其他如以經治河：武帝時，黃河決口，平當依《尙書》禹貢之經義治河（卷71）。以經書當諫書：昭帝崩，霍光迎立昌邑王賀（武帝之孫），其後昌邑王荒淫無道，霍光查辦王左右臣子之疏失，龔遂以曾諫昌邑王依《詩經》三百篇行事，故得減死一等，罰作苦工；王式亦以三百篇當諫書，亦得免於死罪。其後成帝時，匡衡以《詩經》關雎疏戒后妃之德（卷81），此皆能將《詩經》應用於人倫實際者。

他如政治上之運用，宣帝時，王吉引孔子之言諫帝「引先王禮宜於今者而用之」，以安上治民（卷72）。丙吉引《易經》以爲陰陽月令採行之依據（卷74）。神爵四年，匈奴爭位大亂，大臣以爲可趁機殲滅之，大鴻臚蕭望之獨持異議，其引《春秋》之義，以爲不引不義之兵，以劫人之國，宣帝從之（卷78）。元帝時，年歲不登，郡國多困，貢禹言：「古時宮室有制，宮女不過九人，秣馬不過八匹。牆塗而不琱，木摩而不刻，車輿器物皆不文畫，苑囿不過數十里，與民共之。任賢使能，什一而稅，亡它賦斂。繇戍之役，使民歲不過三日，千里之內自給，千里之外各置貢職而已」，其依經典諫帝深察古道，從其儉約之制，挽救天下飢饉，以稱天意；又上言古不以金錢爲幣，諫帝「宜罷採珠玉金銀鑄錢之官」（卷72）。同時，蕭望之經明持重，論議常獨特行事，亦依據禮經：「刑人不在君側」，諫帝不近刑人（卷78）。初元元年（前48），珠崖反，主戰氣氛濃烈，賈捐之依《尙書‧禹貢》與《春秋》所載中國疆界，以爲珠崖非我歸化之域，可廢止之，元帝從之（卷64）。成帝時，有日食之災，譙玄上書依據經書「易有幹蠱（婦人主事）之義，詩詠眾多之福（后妃不妒，

子孫眾多），以諫帝勿專寵（卷 81）。總之：西漢之通經致用，舉凡決獄、治河、諫書、制度、祭祀、軍事、災異、財政、用人，以及君主之宮闈情事等，皆能在經典上找到依據，足證當代儒者已充分繼承豐富的經學資產，以之比附揭示於政治倫理之中，而達到推行王道德政的目的。

至於假經學之名，以遂其政治之致用目的，則爲西漢末年之王莽，《漢書・王莽傳》（卷 99）載其據經書以行事之例證頗多：如法周公以封號，據《尚書》、《春秋》以攝位，依《五經》以立后，依《春秋》以封地，依《春秋》、《六藝》、《周官》、《禮記》以封賞，依《尚書・堯典》以正十二州名分界，依《禮記》、《尚書》以攝政，依周代爵位以封爵，依《春秋》爲賢者後代封爵，依《周禮》定喪禮儀式，依《尚書》厚序九族、採周代制度立都、定五爵、立井田，依《尚書・禹貢》立九州，依《周官・王制》置卒正、連率、大尹，依《周禮》設膳羞，依《春秋》誅叛逆皇孫，依《易經》赦盜賊、依《禮記・月令》迎后、立后等，王莽假經義之名，行篡奪帝位之實，蠶食鯨吞，以掩人之耳目，以塞人之口舌，甚至假造符命，以應合當代「王者承天意以從事」〈董仲舒「對賢良策一」〉天人感應之說，終於使漢家神器，淪亡其手。

東漢一代，將經義應用於實務，屢見不鮮，上焉者獎掖提倡，興學崇儒，光武立十四博士（易有施、孟、梁丘、京氏，尚書歐陽、大小夏侯，詩齊、魯、韓，禮大小戴，春秋嚴、顏），修太學；明帝正坐講經，諸儒執經問難於前，冠帶縉紳之人，圜橋門而觀聽者蓋億萬計。章帝建初中，帝大會諸儒於白虎觀，考詳同異，連月乃罷。和帝亦數幸東觀，覽閱書林（《後漢書》卷 79〈儒林例傳〉），上行下效，經學既成爲官方明令推行之決策方針，於是學子競相奔赴；影響所及，民間私人講學之風，更爲興盛。故東漢儒學教化深入人心，不斷賦與傳統文化以新的生命和活力，而能與時俱進，生生不息。考察東漢經學之致用範圍，上至國家、社會，下至學術、個人，甚至婦女，皆有可觀者焉。

本文將先釐清經學的歷史意義，藉以明瞭當代通經致用之背景及其意義。其次再分從立廢、封讓、舉才、直諫等議題，探討經學與政治之相關性。而經學對中國文化之涵攝性，經由當代之闡釋與發明，使經學之微言大義，得以具體地落實，而成爲當代修己治人、安身立命之根本憑藉。

第一章　東漢經學的歷史意義

　　孔子是儒家集大成者，他所祖述之大源，當不外乎六經。儒家的政治思想，亦皆匯集於六經。六經者，多古帝王立身垂教之經驗教訓。其可貴處，乃在位者能突破本身權力之利害範圍，以服務人類智慧之最高理性，作爲解決問題之最終圭臬。漢人自帝王至崖穴之士，莫不以倡導儒術，講明經學爲職志。朝廷法律，本之六經；臣下奏議，純依經義；國有大疑，輒引經義爲斷，經學極爲盛行。漢人之所以重視經學，在於一般人對經學的看法有二：一、孔子爲素王；二、孔子爲漢制法。

第一節　孔子爲素王

　　「素王」一詞，最早見於《莊子‧天道》篇：「以此處上，帝王天子之德也；以此處下，玄聖素王之道也。」郭象注云：「有其道而無其爵者；所謂素王自貴也」。〔註1〕莊子之所謂素王，乃泛稱有道無位之人，並無專指特定對象而言。直至漢代，儒術獨尊，公羊學者乃「推明孔氏」，提出「孔子爲素王」之理論。董仲舒在其「天人三策」中云：

　　　　孔子作春秋，先正王而繫萬事，見素王之文焉。（《漢書》卷56〈董
　　　　仲舒傳〉）

〔註1〕《史記》卷3〈殷本紀〉載：「伊尹處士，湯使人聘迎之，五反，然後肯往從
　　　　湯，言素王及九主之事。」索隱云：「素王者，太素上皇，其道質素，故稱素
　　　　王。」此素王乃指太古之帝王，太素上皇之意，與《莊子‧天道》所謂素王
　　　　——有王者之德，無王者之位者不同。

所謂『素王』，猶言空王，謂有王者之道與德，而無王者之權與位者，漢人以爲孔子正足以當之。孔子刪定六經，以爲千秋萬世之法。〔註2〕《漢書》卷62〈司馬遷傳〉謂孔子制定春秋，乃王者之事，其云：

> 貶諸侯，討大夫，以達王事而已矣。（太史公語）
>
> 上明三王道，下辨人事之經紀，別嫌疑，明是非，定猶與，善善惡惡，賢賢賤不肖，存亡國，繼絕世，補弊起廢，王道之大者也。
>
> 孔子之時，上無明君，下不得任用，故作春秋，垂空及以斷禮義，當一王之法。（引漢學者壺遂云）

同時學者趙岐注《孟子·滕文公下》云：「春秋，天下之事也」下云：

> 孔子懼正道遂滅，故作春秋，因魯史記，設素王之法，謂天子之事也。

孔子雖無帝王之位，然其所著《春秋》一書，當代學者皆認爲可以視作帝王之法，故尊之爲「素王」。其他資料，如劉向《說苑·貴德》云：

> 於是退作春秋，明素王之道，以示後人。

王充《論衡·超奇篇》：

> 孔子之春秋，素王之業也；諸子之傳書，素相之事也。

周書〈定賢篇〉：

> 孔子素王之業在春秋。

賈逵《春秋序》云：

> 孔子覽史記，就是非之說，立素王之法。

鄭玄《六藝論》云：

> 孔子既西狩獲麟，自號素王，爲後世受命之君，制明王之法。

緯書中亦曾言及孔子爲素王之事，如《孝經鉤命決》：

> 子曰：「吾作孝經，以素王無爵祿之賞，斧鉞之誅，故稱明王之道。」

《論語摘輔象》：

> 子曰：「仲尼爲素王，顏淵爲司徒。」

〔註 2〕 六經或稱六藝，專指《詩》、《書》、《禮》、《易》、《春秋》六者。《樂經》，經古今文家主張各異，古文學家以爲古有《樂經》，因秦焚書而亡佚，今文學家則以爲古無《樂經》，《樂》即包含在《禮》與《詩》之中。六經之始，經古今學者亦各異其主張，古文學家以爲孔子之前已有所謂六經，經非始於孔子。今文學家則以爲有孔子而後有六經，孔子之前不能有所謂「經」。此處乃採取今文學說法。

以上資料皆顯示漢人心中，孔子之地位已提升至帝王之地位，孔子既稱素王，則其地位崇高尊貴，其所刪定之六經乃成爲衡斷一切人事之法典。

第二節　孔子爲漢制法

孔子刪定六經，以教萬世，其微言大義可爲萬世之準則，故漢人尊稱孔子爲「素王」，而其撥亂反正，爲漢制法，亦爲時人所公認。考之於當代書籍，如《後漢書‧蘇竟傳》云：

> 孔丘祕經，而漢赤制。（卷30）

同書〈郅惲傳〉

> （惲）上書王莽曰：「臣聞，天地重其人，惜其物……，顯表紀世，圖錄豫設。漢歷久長，孔爲赤制。」（卷29）

同書〈公孫述傳〉：

> （述）好爲符命瑞應之事，妄引讖記，以爲孔子作春秋，爲赤制，而斷十二公，明漢至平帝十二代，歷數盡也。一姓不得再受命。（卷13）

《東觀漢記》卷5：

> 永平二年（59）正月，公卿議南北郊，東平王蒼議曰：「孔子曰：『行夏之時，乘殷之輅，服周之冕。』爲漢制法」。〔註3〕

《公羊傳》隱公元年疏引春秋說：

> 丘覽史記，援引古圖，推集天變，爲漢帝制法，陳敘圖錄。

何休《公羊解詁》哀公十四年：

> 末不亦樂，后有聖漢受命而王，德如堯舜之知，孔子爲制作。

魯相史晨饗孔而作之《史晨碑》云：

> 西狩獲麟，爲漢制作。

王充《論衡‧程材篇》：

> 夫五經亦漢家之所立，儒生善政大義，皆出其中。董仲舒表春秋之義，稽合於律，無乖異者。然則春秋漢之經，孔子制作，垂遺於後。
> 孔子曰：「文王既沒，文不在茲乎！」文王之文，傳在孔子。孔子爲漢制文，傳在漢也。（卷12）

以上資料或出於經傳，或出於當代知名儒者，雖部分說法出於方士之以儒學

〔註3〕《續漢書‧輿服志》下注補引；又見《通典》61。

文飾附經依託之作，然其中王充既主非讖之言論，亦非今文學者，其亦深信「孔子爲漢制文」，足證此說乃出於時儒普遍之公論。漢代緯書亦載此理論，《春秋緯演孔圖》：

> 孔子仰推天命，俯察時變，卻觀未來，豫解無窮，知漢當繼大亂之後，故作撥亂之法以授之。

《春秋緯漢含孳》云：

> 孔子曰：「邱覽史記，授引古圖，推集天變，爲漢帝制法，陳敘圖錄。」

《易是類謀》鄭玄注：

> 孔子生蒼之際，應爲赤制。有堯盛德，其苗應期。

《易乾鑿度》：

> 孔子曰：丘按錄讖，論國定符，以春秋西狩，顯剋表命，予亦握嬉。

按讖緯之學淵源於先秦齊人騶衍，時代在孟子之後，而大量創造並發揚光大則爲燕齊方士，至秦代，方士化之儒生又續造讖書，傳至漢世，約有三百餘篇，然眞正黐附經學，則必至西漢。〔註4〕六經中《易》之占卜、《書》之洪範五行、《春秋》之災異、《禮》之重祭祀，皆與方士息息相關。其後又「緣飾以儒術」，以提高其地位。經書既經方士之增附依託，促使經書神秘化，加以有心者在政治上妄作利用與提倡，於是二者更趨糅合，而《易》、《書》、《詩》、《禮》、《春秋》等讖緯書藉乃大爲興盛，其後君主據之用事，地位甚且凌駕經學之上。緯書既僞託孔子之作，當時儒者尊信孔子之學可以治世，故「孔子爲漢制法」，乃爲可信。

明白以上「孔子爲素王」、「孔子爲漢制法」，自是孔子爲萬世師表，六經爲萬世之準則，於是歷代相承，莫之敢廢，朝廷議政論事，莫不引經據典，通經致用，遂成爲經學落實於人事最爲客觀的型式。以下各章，將逐一討論東漢經學與政治之致用，借此，使經學與政事之結合，得到最完美的印證。

〔註4〕關於經學與讖緯學，可以參考拙著《東漢經術與士風》上編第三章第一節「讖緯學之源起」，以及第二節「讖緯學之儒化」，有詳細之流衍探討。

第二章 議立廢

　　《孟子》曾提出「父子有親，君臣有義、夫婦有別，長幼有序，朋友有信」〈滕文公上〉，這五條人倫準則，後來經由漢儒改變爲「君爲臣綱，父爲子綱，夫爲妻綱」，從此「三綱」、「五倫」秩序，成爲規範人與人之間社會等級關係的準則。名分既立，便不容輕易廢除，從綱常名教中表現禮儀制度，進而用以保障政治的穩定性，故孔子云：「名不正，則言不順；言不順，則事不成；事不成，則禮樂不興；禮樂不興，則刑罰不中；刑罰不中，則民無所措手足。故君子，名之必可言也，言之必可行也」（《論語・子路》），《易經》亦云「君子以正位凝命」、「列貴賤者存乎位」、「天地設位而易行乎其中矣」，「位」之動靜立廢，攸關一國政治組織體系，故爲政者不可不慎。本章將從東漢名位之或立或廢，擷其大要足資議論之事，探討其經義依據之源，從而明瞭當代政治之組織架構。

第一節　議即位

　　《後漢書・孝桓帝紀》載和平元年，大赦天下，即位之詔書曰：
> 遠覽「復子明辟」之義，新慕先姑歸授之法，及今令辰，皇帝稱制。
> （卷7）

所謂「復子明辟」乃根據《尚書・洛誥》篇：「周公曰：『朕復子明辟』」，意謂周公攝政已久，宜還政於周成王。「先姑」此處即指安帝閻皇后，意即閻后宜還政於桓帝之意也。桓帝以經義作詔告天下即位之資，雖爲踵事增華之詞，然亦於古籍上尋一合法之根據。

第二節　議立嗣

《後漢書·孝安帝紀》載延平元年八月，殤帝崩，皇太后（鄧太后）詔書曰：

> ……《禮》「昆弟之子猶己子」，《春秋》之義，爲人後者爲之子，不以父命辭王父命，其以祜爲孝和皇帝嗣，奉承祖宗，案禮儀奏。（卷5）

案《禮記·檀弓》篇載此文，意謂出繼於人也，兄弟之子一如己子視之。《春秋》指《穀梁傳》哀公三年：「（衛）靈公逐蒯聵而立輒，然則輒之義可以立乎？曰：可。其可奈何？不以父命辭王父命，以王父命辭父命？是父之行乎子也」。靈公逐蒯聵而立孫出公輒，爲重本尊統，輒尊靈公（王父）之命而拒蒯聵（父）之命，所以明尊卑定名分也。鄧后依《禮記》、《穀梁傳》二經典以爲立嗣之依據，終以兄之子爲嗣君之選。

《後漢書·袁紹列傳》載袁紹因寵後妻，而欲傳嗣於袁尚，而沮授諫曰：

> 世稱萬人逐兔，一人獲之，貪者悉止，分定故也。且年均以賢，德均則卜，古之制也。……若其不改，禍始此矣。（卷74上）

案沮授所諫，乃據《左傳》昭公二十六年王子朝之言：「昔先王之命曰：『王后無適（嫡），則擇立長。年鈞以德，德鈞以卜』，古之制也」，他勸袁紹立嗣不宜偏其私愛，而宜以經義所言，立嫡立長立德，否則將啓禍端，袁紹卒聽其言，可謂明智之舉。

總之：立嗣，所以重宗統，安民心也，必愼其所選，以合於經義，方得止紛亂，而得人心。

第三節　議立后

《後漢書·胡廣列傳》載：順帝欲立皇后，而貴人有寵者四人，莫知所建，胡廣與尙書郭虔、史敞上書諫曰：

> 立后……宜參良家，簡求有德，德同以年，年鈞以貌，稽之典經，斷之聖慮。（卷44）

案「稽之典經」，乃指前段所引《左傳》言：「王后無適，則擇立長，年鈞以德，德鈞以卜」，故知立后之條件，與立嗣君者同，皆以有德爲上，其後順帝從之，立梁貴人（大將軍梁商之女）爲皇后。同書卷10下「梁皇后」亦載此事：順帝陽嘉元年，有司奏立皇后，案何休《公羊解詁》：「《春秋》之義，娶

先大國」，《公羊傳》桓公二年云：「天子娶於紀」，紀本爵位，言王者不娶於小國，故順帝乃依《左傳》、《公羊傳》所載，卒立梁商之女爲后。

桓帝時，田貴人見幸，帝有立田氏爲后之議，應奉則以田氏微賤，不宜超登后位，上書諫止此事，見《後漢書‧應奉列傳》云：

> 臣聞周納狄女，襄王出居于鄭；鄭立飛燕，成帝胤嗣泯絕。母后之重，興廢所因。宜思關雎之所求，遠五禁之所忌。（卷48）

案「周納狄女」，係出《左傳》僖公二十四年，「襄王將以狄女爲后，富辰諫曰：『不可。狄固貪惏，王又啓之。』王不從。狄人伐周，襄王出奔」。漢成帝趙皇后飛燕，本是長安宮人，論其出身可謂微賤，與其妹昭儀，專寵後宮十餘年，宮女有孕者皆殺之，致使成帝繼嗣者無人（見《漢書》卷97下〈孝成趙皇后紀〉）。應奉以爲狄女、飛燕，所出微甚，致使帝有出奔、無子之虞，故主張帝后必符后妃之德，所以風天下而正夫婦（《詩經序》）。文中所謂忌絕「五禁」，據《韓詩外傳》載：

> 婦人有五不娶：喪婦之長女不娶，爲其不受命也；世有惡疾不娶，棄於天也；世有刑人不娶，棄於人也；亂家女不娶，類不正也；逆家子不娶，廢人倫也。

狄女、飛燕非必盡合於這五類婦人，然其所爭者，在「母后之重，興廢所因」，以一后之立，繫於邦國之興與廢，茲事體大，故不可不諫也。應奉以經典爲諫爭之資，桓帝納其言，竟立竇皇后。〔註1〕

第四節　議廢太子

光武建武十七年廢郭皇后，太子彊意不自安，郅惲乃說太子曰：

> 久處疑位，上違孝道，下近危殆。……《春秋》之義，母以子貴。太子宜因左右及諸皇子引愆退身，奉養母氏，以明聖教，不背所生。」太子從之，帝竟聽從。（《後漢書》卷29〈郅惲列傳〉）

建武十九年，光武詔曰：

> 《春秋》之義，立子以貴。東海王陽，皇后之子，宜承大統。皇太子彊，崇執謙退，願備藩國。父子之情，重久違之。其以彊爲東海

〔註1〕《後漢書》卷10下〈桓思竇皇后紀〉載：后諱妙，章德皇后從祖弟之孫女也。父武，爲大將軍，論其出身，可謂尊貴矣。

王，立陽爲皇太子。（同書卷 1 下〈光武帝紀〉）

郅惲以《春秋》說太子引愆退身，光武帝亦據《春秋》廢太子。案《公羊傳》隱公元年云：

> 立適以長不以賢，立子以貴不以長。桓何以貴？母貴也。母貴則子
> 何以貴？子以母貴，母以子貴。

郭后既廢，名位既失，則太子亦不當以母而貴，故光武遂據《公羊傳》之經義廢立太子，此雖合於經典，然實出於時勢所必然。

章帝建初七年，帝廢立太子慶，而立太子肇。詔曰：

> 皇太子有失惑無常之性，爰自孩乳，至今益章，恐襲其母凶惡之風，
> 不可以奉宗廟，爲天下主。大義滅親，況降退乎，今廢慶爲清河王。
>
> （《後漢書》卷 1 下〈光武帝紀〉）

案清河孝王慶，其母爲宗貴人，父楊，以恭孝稱於鄉間，不應州郡之命。肅宗即位，有寵，馬太后憐之。太后崩後，竇皇后寵盛，慶爲太子，心內惡之，誣言欲作蠱道祝詛，日夜毀譖，母子由是見疏，章帝遂有廢立之舉（《後漢書》卷 55〈清河孝王慶傳〉）。而其廢立之依據，乃採自《左傳》隱公四年，衛石碏殺其子厚，君子曰：

> 石碏純臣也，惡州吁而厚預焉。大義滅親，其是之謂乎！

衛臣州吁不能和其民，石碏之子厚，反助其爲虐，故石碏請求陳國協助，執而殺之，其爲國而滅親，大義凜然，故君子譽爲「純臣」。而章帝不察宮中權力消長產生之毀譖，以及有心預作之誣蔑，進而假經義之名，以行廢立之實，可謂不智之舉。

安帝延光三年，皇太子驚病不安，避安帝乳母王聖舍，太子乳母王男等以爲王聖舍新繕修，犯未禁，不可久御，於是二派人馬互爭是非，王男等被誣譖幽囚致死，安帝乳母等懼有後害，妄造虛無，構讒太子及東宮官屬。帝怒，召公卿以下會議廢立太子。來歷、桓焉、張皓議曰：

> 「經說，年未滿十五，過惡不在其身。且（王）男、（邴）吉之謀，
> 皇太子容有不知，宜選忠良保傅，輔以禮義。廢置事重，此誠聖恩
> 所宜宿留。」帝不從，是日遂廢太子爲濟陰王。（《後漢書》卷 15〈來
> 歷列傳〉）

案《左傳》襄公九年：「國君十五而生子，冠而生子，禮也」，《公羊傳》昭公廿三年「尹氏立王子朝」一文，何休注云：「貶言尹氏者，著世卿之權，尹氏

貶，王子朝不貶者，年未滿十歲，未知欲富貴不當坐，明罪在尹氏」，兩篇所載，年紀不同。王先謙《後漢書集解》云：「蓋當時治經者，舊有此說，故來歷等據之以爭濟陰王」，兼錄此說，以備查考。然來歷雖依經論議，安帝仍執持其事，太子於是廢立爲王。足見經義之說，雖爲持衡之理，亦端視當政者採信，否則廷議作成之公是公非，亦遭廢棄，豈不使社會公器淪爲帝權之犧牲品？長此以往，必遭人詬病，而造成爲政者之失。

第五節　議廢后

光武建武十七年，廢皇后郭氏而立陰貴人。光武帝制詔三公曰：

> 皇后懷執怨懟，數違教令，不能撫循它子，訓長異室……既無關雎
> 之德，而有呂、霍之風，豈可託以幼孤，恭承明祀。（《後漢書》卷
> 10 上〈光烈陰皇后〉）

史始二年，光武納郭后，有寵，及光武即位，以爲貴人。建武元年，生皇子彊；二年，貴人立爲皇后，彊爲皇太子；十四年之後，后以寵稍衰，數懷怨懟；十七年，遂廢爲中山王太后。光武詔書提及廢后的原因有二：一、寵衰懷怨，有違婦德。案《詩經》「小序」云：「關雎，后妃之德也，風之始也，所以風天下而正夫婦也……先王以是經夫婦、成孝敬、厚人倫、美教化、移風俗」。又曰：「是以關雎樂得淑女，以配君子，愛在進賢，不淫其色，哀窈窕、思賢才，而無傷善之心焉，是關雎之義也。」孔穎達疏云：「后妃心之所樂，樂得此賢善之女，以配己之君子，心之所憂，憂在進舉賢女，不自淫恣其色。又哀傷處窈窕幽閒之女，未得升進，思得賢才之人，與之共事君子，勞神苦思，而無傷害善道之心，此是關雎詩篇之義也」。總之：后妃之德，不宜妒忌，縱恣己色，以求專寵，非后妃之德也，故《詩經》特爲歌美之也。而郭后以寵衰而數懷怨懟，故爲「淫其色、懷怨妒、傷善道」，其德不足爲后妃可知矣。

詔文又云：「有呂、霍之風」。案呂后，漢高祖后，名雉，生惠帝。惠帝卒，立少帝，后臨朝稱制。又殺少帝，立恆山王義爲帝。分王諸呂。后卒，遺詔以呂產爲相國。諸呂欲爲亂，周勃、陳平乃誅諸呂，迎立文帝（《漢書》卷 3〈高后紀〉）。霍后，霍光〔註 2〕之女，母顯既弒許后，因勸霍光納女之宮，遂立爲

〔註 2〕霍光，霍去病之弟，武帝時甚見親信。帝崩，受遺詔與金日磾等輔昭帝，拜大司馬，爲大將軍，封博陸侯。帝幼，政事壹決於光。昭帝崩，迎立昌邑王

后。乃許后男立爲太子，顯怒恚不食，復教霍后毒太子，后數召太子賜食，保阿輒先嘗其食，后挾毒不得行，其後竟弒許后，事泄，廢處昭臺宮，自殺（《漢書》卷 68〈霍光傳〉、卷 97 上〈外戚傳〉。由以上可知呂、霍之風，概指外戚專權之禍，危及漢家帝權之事。后妃之德，既爲奉祀宗廟，爲天下母，而郭后德不足以當之，故宜廢立，而改議陰氏爲后。范曄《後漢書·郭后傳》論曰：

> 當其接紳第，承恩色，雖險情贅行，莫不德焉。及其移意愛，析嬿私，雖惠心妍狀，愈獻醜焉。愛升，則天下不足容其高，歡隊（墜），故九服〔註3〕無所逃其命。（卷 10 上）

郭后以妒忌見貶，恚怨成尤，此固情理之所必然，光武廢后，固依乎經義爲廢立之口實，而范蔚宗所論，在其去就進退之際，尋出一合理之緣由，當更近於人情之常，實爲公允之論。

《後漢書》又載：順帝既立，誅滅外戚閻顯、閻景等勢力，議郎陳禪以爲閻太后與順帝既無母子之恩，宜遷徙別館，絕朝見之禮。群臣論議咸以爲宜。周舉獨以爲不可，其曰：

> 昔鄭武姜謀殺嚴公，嚴公誓之黃泉；秦始皇怨母失行，久而隔絕，後感潁考叔、茅焦之言，循復子道。書傳美之。今諸閻新誅，太后幽在離宮，若悲愁生疾，一旦不虞，主上將何以令於天下？如從禪議，後世歸咎明公。宜密表朝廷，令奉太后，率屬群臣，朝覲如舊，以厭天心，以答人望。（卷 61）

王先謙《後漢書集解》引沈欽韓評曰：

> （陳）禪乃閻氏故吏，既免阿黨之誅，顧昧潁考叔之義，欲隔絕帝母子，何其愚而悍乎？

案閻太后與順帝名位已定，則奉太后以盡子道，本爲倫理綱紀之常，何可輕易廢絕，否則如何率群臣以統理天下？而陳禪本爲閻氏故吏，閻氏既敗，不能守默以忠於主，反急欲表功以媚上，其人品不足論矣。周舉獨排眾議，引《左傳》隱公元年，鄭武姜生莊公及共叔段，愛叔段，謀害莊公。公誓之曰：

賀，以淫亂廢之，迎立宣帝，仍秉政。地節間卒，諡宣成。光資性端正，沈靜詳審，秉政二十年，未嘗有過，惟權傾內外，族黨滿朝，屢行廢立，威震人主，既卒，宣帝親政，收霍氏兵權，遂以謀反夷族。見《漢書》卷 68。

〔註 3〕九服：九畿也，服謂服事天子。《周禮》夏官職方氏云：方千里曰王畿，其外方五百里曰侯服，又其外方五百里曰甸服，以下外方五百分別爲男服、采服、衛服、蠻服、夷服、鎮服、藩服。

「不及黃泉，無相見也。」既而悔之。潁考叔曰：「若掘地及泉，隧而相見，其誰曰不然！」公從之，遂爲母子如初。又引茅焦事，見《說苑》：

> 秦始皇遷太后於咸陽宮，又撲殺兩弟。齊人茅焦解衣伏質入諫，始皇乃迎太后歸於咸陽，爵茅焦爲上卿，焦辭不受。

潁考叔、茅焦之諫言，皆在諫帝恢復母子倫常，以解決緊張對立之態勢，對以孝治天下之漢朝而言，更不容傷於母子之恩義。周舉取法經義，義正詞嚴，順帝乃朝于東宮，太后由此以安。

第六節　議帝婚

順帝陽嘉元年春，有司奏立皇后。《後漢書·順烈梁皇后紀》：

> 順帝……有司奏立長秋宮，以乘氏侯商先帝外戚，《春秋》之義，娶先大國，梁小貴人宜配天祚，正位坤極。帝從之，乃於壽安殿立貴人爲皇后。（卷10下）

案《春秋》指《公羊傳》桓公二年，經文曰：「紀侯來朝」，何休汧云：

> 稱侯者，天子將娶於紀，與之奉宗廟，傳之無窮，重莫大焉，故封之百里。……天子得娶庶人女，以其得專封也。〔註4〕

紀本非侯爵，因天子將娶於紀，故得褒賞而封之百里，封褒爲侯，此言王者不娶於小國也。梁小貴人即大將軍梁商之女，恭懷皇后弟之孫也，既有顯赫之家世，故得依經義而擇立爲后。

《後漢書·桓帝懿獻梁皇后》載：桓帝立，有司奏梁太后曰：

> 《春秋》迎王后于紀，在塗則稱后。今大將軍冀女弟，膺紹聖善。結婚之際，有命既集，宜備禮章，時進微幣。請下三公、太常案禮儀。（卷10下）

案桓帝初爲蠡吾侯，與后爲婚，未及嘉禮，而質帝崩，及立爲帝，有司乃請依經義行婚禮。《春秋》指《公羊傳》桓公八年，經文載：「祭公來，遂逆王后于紀」，傳文：

> 祭公者何，天子之三公也。……此其稱王后何？王者無外，其辭成矣。

〔註4〕本文依王先謙《後漢書集解》注云：《公羊傳》曰：「天子娶於紀」，遍查《公羊傳》本文，無此記載，儘見於桓公二年，「秋七月，紀侯來朝」之文，特予書正。

王后乃天下之母，桓帝昔爲侯爵，今既即位爲帝，得依經義，備妥禮章，納幣以聘后。《漢舊儀》云：「娉皇后，黃金萬斤」，足證其愼重程度，其後帝乃依禮娶之。

第七節　議出諸園宮人及爲后作注紀

《禮記‧曲禮》下云：「天子有后、有夫人、有世婦、有嬪、有妻、有妾」。〈昏義〉云：「古者天子后立六宮、三夫人、九嬪、二十七世婦、八十一御妻，以聽天下之內治，以明章婦順，故天下內和而家理」。故知古時後宮妃嬪人數有定，然後代宮人往往過於此數。當改朝換代，或新舊主交接之時，後宮妃嬪或繼任內職，或終生禁絕，或無子而守陵園，處境可謂悲涼矣。倘能或遇賢主仁君，出傾宮之女，可謂大幸矣。《尚書大傳》載：

> 武王入殷……歸傾宮之女。

《後漢書‧郎顗列傳》載其上書與順帝云：

> 今陛下多積宮人，以違天意……宜簡出宮女，恣其姻嫁，則天自降
> 福，子孫千億。（卷30下）

可見在順帝時宮人已然有過多之勢，故郎顗諫帝釋出，以恣其姻嫁。和熹鄧皇后亦在和帝葬後，詔免掖庭宮人六百餘人，皆出爲庶人。《後漢書》鄧后詔云：

> 詔諸園貴人，其宮人有宗室同族若羸老不任使者，令園監實覈上名，
> 自御北宮增喜觀閱問之，恣其去留，即日免遣者五六百人。（卷10上）

《東漢會要》「出宮人」載殤帝延平元年，皇太后（鄧后）詔司徒、大司農、長樂少府曰：

> 自建武之初，以至於今，八十餘年，宮人歲增，房御彌廣。又宗室
> 坐事沒入者，猶託名公族，甚可愍焉。今悉免遣，及掖庭宮人，皆
> 爲庶民，以舒幽隔鬱滯之情。諸官府郡國王侯家奴婢姓劉，及疲癃
> 羸老，皆上其名，務今實覈。（卷2）

足證光武以來，至和殤年間，宮人日增，不儘造成「房御彌廣」之苦，而白頭宮女，幽隔鬱滯之情，亦難排遣，鄧后有鑒於此，乃使掖庭宮人，皆出爲庶人，還其自由之身，其仁心實恩同再造，亦經義之實現也。

鄧后多德政，安帝元初五年，平望侯劉毅，乃上書爲后作注紀，《後漢書‧和熹鄧皇后》載：

伏惟皇太后……興滅國，繼絕世，錄功臣，復宗室。追還徒人，蠲
除禁錮。……古之帝王，左右置史，漢之舊典，世有注紀。……上
考詩書，有虞二妃，周室三母，修行佐德，思不踰閾。未有……功
德巍巍若茲者也。宜令史官著長樂宮注、聖德頌。（卷10上）

二妃源於《尚書・堯典》：「釐降二女于媯汭，嬪于虞」，二女指舜妻娥皇女英，
三母謂后稷母姜嫄、文王母大任、武王母大姒。《詩經・大雅・大明》：「大任
有身，生此文王」，二妃三母，皆修身佐德之閨閫典範，而劉毅則以爲其功德
偉業皆不如鄧后，其德足可「勒勳金石，縣之日月」，故上書請求安帝依漢家
舊典，爲后作注紀，使其德業得以著之史籍，流傳于後，安帝從之。

　綜合本章，論立廢之制，由皇帝即位、立嗣、立后、以至廢太子、廢后、
帝婚、釋出諸園宮人，以及爲后作注紀等，皆需有政治考量，盱衡實際狀況
而作評估；然最要者，須有經典之依據，方可落實而服人心。由本章所引經
義次數，可作一通盤統計：計有《詩經》三次，《尚書》一次，《禮》一次，《左
傳》五次，《公羊傳》五次，《穀梁傳》一次，其中以春秋經義援引之次數爲
最多，或可證明此經與當代政治關係之密切。

第三章 議封讓

賞善罰惡，向爲制衡人心之利器，故人君褒功以勸善，表義以厲俗，使有德者在位，不肖者得以見賢思齊，不僅可提振朝綱，亦可淨化風俗。本章將從封賞與讓爵中找出經義之依據，從而了解君上施政賞罰之內容。

第一節 議上尊號

《後漢書·馮異列傳》載：光武與群雄逐鹿之年，諸將勸光武即帝位，馮異曰：

> 三王（張卬、廖湛、胡殷）反畔，更始敗亡，天下無主，宗廟之憂，在於大王。宜從眾議，上爲社稷，下爲百姓。光武曰：「我昨夜夢乘赤龍上天，覺悟，心中動悸。」異因下席再拜賀曰：「此天命發於精神，心中動悸，大王重慎之性也。」異遂與諸將定議上尊號。（卷17）

案光武夜中所夢，正吻合《周易》「乾卦」九五：「飛龍在天，利見大人」。孔穎達《周易正義》云：

> 言九五陽氣盛至於天，故云飛龍在天，此自然之象，猶若聖人有龍德飛騰，而居天位，德備天下，爲萬物所瞻睹，故天下利見，此居王位之大人。

此言有聖德之人，得居王位。光武之夢，正是天人感應、符合人心、實現創立基業之契機，故馮異與諸將遂依此經義所言議上尊號。

沖帝時，亦有議上尊號之舉。《東觀漢記》卷下「陳奏」載：

> 有司奏言：孝順皇帝，弘秉聖哲，龍興統業……《孝經》曰：「愛敬盡于事親，而德教加于百姓」，《詩》云：「敬慎威儀，惟民之則」，

臣請上尊號。

案《孝經》出於「天子章第二」，言天子之孝，在於愛敬其親，又施德教於人，使人皆愛其親，不敢惡其父母也。《詩經‧蕩》言國君當敬慎其舉動威儀，以成為人民行事之法則。沖帝永嘉時，有司奏言宜依此二經義以明事親教化之道，宜如祖宗故事為順帝上其尊號，卒行之。

第二節　議封皇子

光武初年，大司馬吳漢請封皇子，不許，重奏連歲。建武十五年三月，乃詔群臣議，大司空融、固始侯通、膠東侯復、高密侯禹，太常登等奏議曰：

> 古者封建諸侯，以藩屏京師。周封八百，同姓諸姬並為建國，夾輔王室，尊事天子，享國永長，為後世法。故《詩》云：「大啟爾宇，為周室輔。」高祖聖德，光有天下，亦務親親，封立兄弟諸子，不違舊章。……今皇子賴天，能勝衣趨拜，陛下……抑而未議，群臣百姓，莫不失望。宜因盛夏吉時，定號位，以廣藩輔，明親親，尊宗廟，重社稷，應古合舊，厭塞眾心。臣請大司空輿地圖，太常擇吉日，具禮儀。」制曰：「可。」（《後漢書》卷 1 下〈光武帝紀〉）

吳漢請封皇子，其引用《詩經‧板》：「介人維藩，大師維垣，大邦維屏，大宗維翰」，意即王者乃天下之大宗，當用公卿諸侯及宗室之貴者為藩屏輔弼，無疏遠之意。大啟句見《詩經‧魯頌》，周成王封周公之子伯禽於魯，言大開爾居，以為我周家之輔。引二文經義，皆在諫光武及早封皇子號位，以明親親、尊宗廟之理，借此可穩定政治秩序，以收安定國家社稷之效。

第三節　議封戚宦

靈帝熹平四年，小黃門趙祐、議郎卑整上言：

> 《春秋》之義，母以子貴。隆漢盛典，尊崇母氏，凡在外戚，莫不加寵。今沖帝母虞大家，質帝母陳夫人，皆誕生聖皇，而未有稱號。夫臣子雖賤，尚有追贈之典，況二母見在，不蒙崇顯之次，無以述遵先世，垂示後世也。（《後漢書》卷 10 下「虞美人紀」）

案《春秋》係指《公羊傳》隱公元年云：

桓幼而貴，隱長而卑。……桓何以貴，母貴也。母貴則子何以貴？

子以母貴，母以子貴。

外戚加寵，時可見之，如光武建武十三年，外戚恩澤受封者四十五人，況經傳明白記載「母以子貴」之義，故趙祐等請依經義與漢典，封沖帝、質帝之母爲貴人，帝卒封之。

明帝顯宗在位，明令後宮之家，不得封侯與政。章帝建初元年，帝欲封爵諸舅，太后不聽。明年夏，大旱，言事者以爲不封外戚之故，有司因此上奏，宜依舊典，所謂舊典，即是援引漢制，外戚以恩澤封侯之例。然馬太后仍堅持不許，理由有二：

（一）依先帝（明帝）舊典，爲防愼舅氏，不令在樞機之位。

（二）高帝曾與功臣的約，非劉氏不王，非有功不侯，不如約，天下共
　　　擊之；今馬氏無功於國，故不得封侯。〔註1〕

雖然馬太后辭封外戚，然有司連據舊典，奏封諸舅，累讓不得已（《後漢書》卷 24〈馬廖列傳〉），終於在章帝建初四年，天下豐稔，方垂無事，帝遂封馬廖、馬防、馬光爲列侯（卷 10 上）。

其後，外戚以無功受封，踰制封爵者頗盛。桓帝時，上書諫言者計有趙典、黃瓊、陳蕃等人，皆主張外戚不得無功封侯。趙典見當時恩澤諸侯以無功受封，群臣不悅而莫敢諫，乃獨上奏曰：

「夫無功而賞，勞者不勸，上忝下辱，亂象干度。且高祖之誓，非
　　功臣不封。宜一切削免爵土，以存舊典。」帝不從。（卷 27）

趙典篤行儉靜，博學經書，弟子受業者百有餘人，其引經據典，以「高祖之誓，非功臣不封」據理力諫，以爲不可封賞無功之外戚，惜帝不從。桓帝延熹二年，陳蕃有鑒於當時封賞踰制，內寵猥盛，乃上疏諫曰：

「夫諸侯……藩屏上國。高祖之約，非功臣不侯。而聞……近習以
　　非義授邑，左右以無功傳賞，授位不料其任，裂土莫紀其功，至乃
　　一門之內，侯者數人。……陛下宜採求失得，擇從忠善。……使褒
　　貴誅賞，各有所歸。」……帝頗納其言。（卷 66）

〔註 1〕 參《後漢書》卷 10 上〈明德馬皇后紀〉，及卷 24〈馬廖列傳〉。馬后紀引用「丞
　　　相條侯（周亞夫）言受高祖約，無軍功，非劉氏不侯」，語出《史記》卷 57，
　　　與《漢書》卷 40〈周亞夫傳〉，原文爲「非劉氏不得王，非有功不得侯。不如
　　　約。天下共擊之」。此外，《史記》〈功臣侯表〉，亦有此記載。

陳蕃所諫，亦以「高祖之約，非功臣不侯」立議，足證當時外戚以恩澤無功受封，已成爲政治人情之包袱，也造成官制之缺失，桓帝雖納其言，但卻不能完全加以扼止。元嘉元年，桓帝欲襃崇大將軍梁冀，使中朝二千石以上議其事；當時如胡廣等咸稱梁冀之勳德，宜比照周公制度封賞，賜之山川、土田、附庸。黃瓊獨持異議曰：

> 「昔周公輔相成王，制禮作樂，化致太平，是以大啓土宇，開地七百。又諸侯以戶邑爲制，不以里數。蕭何識高祖於泗水，霍光定傾危以興國，皆益戶增封，以顯其功。冀……合食四縣，賞賜之差，同於霍光，使天下知賞必當功，爵不越德。」朝廷從之。（同書卷 61）

案梁冀在朝，勢力龐大，冀一門前後七封侯、三皇后、六貴人、二大將軍、夫人、女食邑稱君者七人，尚公主者三人，其餘卿、將、尹、校五十七人，可謂滿門朱紫，貴顯之極。同書本傳載：

> （梁冀）在位二十餘年，窮極滿盛，盛行內外，百僚側目，莫敢違命，天子恭己而不得有所親豫。（卷 34）

案胡廣等係據《詩經·魯頌·閟宮》：「乃命魯公，俾侯于東，錫之山川，土田附庸」，意謂周成王告周公以封伯禽，策命伯禽，使爲君於東，加錫山川、土田及附庸，令專統之，以周公有功於國故也。黃瓊則依據周公、高祖、霍光三例證駁議。周公事見《禮記·明堂位》云：

> 周公相武王以伐紂，武王崩，成王幼弱，周公踐天子之位，以治天下。六年，朝諸侯於明堂，制禮作樂，頒度量而天下大服。七年，致政於成王，成王以周公爲有勳勞於天下，是以封周公於曲阜，地方七百里，革車千乘，命魯公世世祀周公以天子之禮樂。

周公曾輔成王踐天子之位治天下，使天下大服，故於天下百姓實有重大之勳勞，是以封周公土地七百里。蕭何佐高祖，具汗馬之勞，後拜爲相國，食邑一萬五千戶。〔註2〕霍光廢昌邑王，立孝宣皇帝，益封萬七千戶。〔註3〕此三

〔註2〕《後漢書》卷 61〈黃瓊列傳〉王先謙《集解》云：「高祖爲泗上亭長，蕭何佐之，後拜何爲相國，益封五千戶」。所言不甚明確。案《漢書》卷 39〈蕭何傳〉載：漢高祖五年，已殺項羽，即皇帝位，論功行封，群臣爭功，歲餘不決。高祖以蕭何功最盛，先封爲酇侯，食邑八千戶。且曰：「諸君獨以身從我，多者三兩人；蕭何舉宗數十人皆隨我，功不可忘也！」是日，悉封何父母兄弟十餘人，皆食邑，乃益封何二千戶。其後拜蕭何爲相國，益封五千戶，故合爲一萬五千戶，王先謙所注非是。

〔註3〕《漢書》卷 68〈霍光傳〉載：漢昭帝崩，亡嗣，迎立武帝之孫昌邑王賀，即位

人者，皆於國有大功也，然僅「益戶增封，以顯其功」而已。今梁冀之功，宜可比照經典之記載，務使「賞必當功，爵不越德」也。黃瓊因論述有據，又能舉一反三，終於得到當政者之接納。

至於宦官之封爵，亦為時人非議。《後漢書・左雄列傳》載：順帝乳母宋娥與黃門孫程等共議立帝，其後，帝以宋娥有前謀之功，遂封為山陽君，邑五千戶。左雄上封事曰：

> 「夫裂土封侯，王制所重。高皇帝約，非劉氏不王，非有功不侯。孝安皇帝封江京、王聖等，遂致地震之異。永建二年，封陰謀之功，又有日食之變。數術之士，咸歸咎於封爵。」帝不聽。（卷61）

雄復諫曰：

> 臣伏見詔書顧念阿母舊德宿恩，欲特加顯賞。案尚書故事，無乳母爵邑之制，唯先帝時阿母王聖為野王君。聖造生讒賊廢立之禍，生為天下所咀嚼，死為海內所歡快。……百姓深懲王聖傾覆之禍，民萌之命，危如累卵，常懼時世復有此類。……乞如前議，歲以千萬給奉阿母，內足以盡恩愛之歡，外可不為吏民所怪。（同上）

雄三諫曰：

> 臣前後瞽言封爵至重，王者可私人以財，不可以官，宜還阿母之封，以塞災異。（同上）

左雄以順帝執意封爵，反覆三次力諫，措辭強硬有力，其理論依據在：「高皇帝約，非劉氏不王，非有功不侯」，職是之故，乳母宋娥既非劉氏，又非於國有功，自無封官之理。左雄又舉安帝時阿母王聖事，同書〈宦者列傳〉：

> 時鄧太后臨朝，（安）帝不親政事。小黃門李閏與（安）帝乳母王聖常共譖太后兄執金吾（鄧）悝等，言欲廢帝，立平原王（翼），帝母忿懼。及太后崩，遂誅鄧氏而廢平原王。……王聖、聖女伯榮扇動內外，競為侈虐。（卷78）

安帝乳母「造生讒賊廢立之禍」，即指乳母王聖譖言太后兄鄧悝言欲廢帝之禍事，而今順帝欲裂土封賞乳母宋娥，難保又發生所謂「百姓深懲王聖傾覆之禍」之事，基於二事考慮，既違高帝之遠慮，又有傾覆之近憂，故切諫順帝不宜封爵乳母，惜帝戀戀不能已，卒封之，後宋娥以交遘失爵。

後，行淫亂，霍光廢之，立孝宣皇帝。以「宿衛忠正，宣德明恩，守節秉誼，以安宗廟」，帝以河北、東武陽益封霍光萬七千戶，與故所食合計凡二萬戶。

與左雄同時之李固，亦力言封爵帝乳母宋娥之敝。其曰：

「前孝安皇帝變亂舊典，封爵阿母，因造妖孽。……漢興以來，三百餘年……十有八主。豈無阿乳之恩？豈忘貴爵之寵？然上畏天威，俯案經典，知義不可，故不封也。今宋阿母雖有大功勤謹之德，但加賞賜，足以酬其勞苦；至於裂土開國，實乖舊典。……」順帝覽其對，多所納用，即時出阿母還弟舍，諸常侍悉叩頭謝罪，朝廷肅然。（卷63〈李固列傳〉）

李固博通五經，窮神知變，四方有志之士，多慕其風而來學，為當代知名人士，朝廷曾多次辟舉，〔註4〕多辭以疾。觀其對策，能窮本追源，言辭亦溫和理性，處處以經典為指歸，終於得到順帝之接納。

至於朝臣與內宦交結，而得封爵，以其不合經義，亦備受朝臣之抨擊。同書〈楊震列傳〉安帝乳母王聖之女伯榮，與故朝陽侯劉護從兄劉瓌交通，瓌遂妻之，因得襲劉護爵位，位至侍中，楊震深以為疾，上疏曰：

臣聞高祖與群臣約，非功臣不得封，故經制父死子繼，兄亡弟及，以防篡也。伏見……朝陽侯（劉）護……同產弟威，今猶見在。臣聞天子專封封有功，諸侯專爵爵有德。今瓌無佗功行，但以配阿母女，一時之間，既位侍中，又至封侯，不稽舊制，不合經義，行人諠譁，百姓不安。」書奏不省。（卷54）

案楊震提出二點質疑：其一：不稽舊制，即指高祖非功臣不封之制。其二：不合經義，係出於《公羊傳》昭公二十二年云：

劉子、單子以王猛入于王城，王城者何？西周也。其言入何？篡辭也。冬十月，王子猛卒。此未踰年之君，其稱王子猛卒何？不與當也。不與當者，不與當父死子繼，兄亡弟及之辭也。

蓋王子猛以避王室之亂，出居于皇，及得晉國之助，故得還王都，然其未得京師之擁護，又未正式即位，又未踰年，故《公羊傳》評其「不與當」，以其不符合「父死子繼、兄亡弟及」之例也。而今楊震援引「兄亡弟及」之例，則劉威當襲其兄劉護之封爵，以合經義也。惜安帝並未採納其議。

順帝即位，中黃門孫程等十九人聚謀成功，收閻顯送獄，斬閻顯之弟閻景，於是遂定。順帝論功封賞，下詔曰：

〔註4〕謝承《後漢書》卷3「李固」曾載：「（李）固五察孝廉，益州再舉茂才，不應。五府連辟，皆辭以疾。」後為梁冀誣死，為一代良臣。

「夫表功錄善，古今之通義也。……閻顯兄弟謀議惡逆，傾亂天下。中黃門孫程、王康……等，懷忠憤發，戮力協謀，遂埽滅元惡，以定王室。《詩》不云乎：『無言不讎（用也），無德不報。』程爲謀首，康……協同。其封程爲浮陽侯，食邑萬戶；康爲華容侯……各九千戶。……」是爲十九侯。加賜車馬金銀錢帛各有差。（《後漢書》卷78〈孫程列傳〉）

案無言不讎句，見《詩經·大雅·抑》，意謂德加於民，民則以義報之。此謂十九侯滅元惡、定王室有大功，既有德惠於國，自當表功錄善，以回報之。

綜合本段，就外戚而言：漢初，光武封外戚四十五人，明帝不封外戚，章帝封之。其後東漢諸帝常以幼年即位，外戚母后、諸舅與政，成爲常例，帝封外戚，以至於無功受封，踰制封爵，而受到當代朝臣如趙典、黃瓊、陳蕃之異議，他們所依據的理由始終如一，皆引用「高祖之約，非功臣不侯」之舊典，而帝或從或拒，亦無常法可循。其次，就宦官封侯而言，如安帝封乳母王聖爲野王君，順帝封乳母宋娥爲山陽君、又封助帝謀聚成功之中黃門孫程等十九人爲侯、以及與內宮交結，而得襲爵之劉瓌，左雄三諫無功不侯，李固以爲變亂舊典，楊震提出不稽舊制，然對於「手握王爵，口含天憲」之宦官而言，則何異以卵擊石，論議之效果自然有限了。

第四節　議封功臣

建武元年正月，光武即位於鄗，及封功臣，至鄧禹，策曰：

制詔前將軍禹：深執忠孝，與朕謀謨帷幄，決勝千里。孔子曰：「自吾有回，門人日親。」斬將破軍，平定山西，功效尤著。百姓不親，五品（父義、母慈、兄友、弟恭、子孝）不訓，汝作司徒，敬敷五教，五教在寬。今……封爲酇侯，食邑萬戶。（《後漢書》卷16〈鄧禹列傳〉）

案鄧禹能誦《詩》，光武比之爲「運策帷幄，決勝千里」之張良，而於帝創業時，禹曾輔帝平定山西有功，光武又引《史記》：「自吾有回，門人日親」〔註5〕之語讚賞鄧禹之領導力，及其施政能力，故封爲酇侯。

建武二年，光武封功臣皆爲列侯，大國四縣，餘各有差，博士丁恭則以

〔註 5〕見《史記》卷67〈仲尼弟子列傳〉云：（顏）回年二十九，髮盡白，蚤死，孔子哭之慟，曰：「自吾有回，門人益親」。

為不合法制，議曰：

> 古帝王封諸侯不過百里，故利以建侯，取法於雷，強幹弱枝，所以
> 為治也。今封諸侯四縣，不合法制。（卷1上〈光武帝紀〉）

案周武王、成、康所封不過數百，而同姓五十，地不過百里。《易經》屯卦震下坎上，震為雷，初九曰：「利建侯」。王先謙《後漢書集解》引惠棟曰：《逸禮》王度記曰：「諸侯封不過百里，象雷震百里，所潤與同也」。《孝經援神契》曰：「王者之後稱公，大國稱侯」，皆千乘，象雷震百里。封侯有制，所以強幹弱枝。《尚書大傳》：「強幹弱枝，尊天子、卑諸侯也」。博士丁恭以為封侯宜取法古制，俾使尊卑本末有節，以防患於未然也，而光武則以為歷來亡國之主因，在於「無道」，而非封爵功臣，終不採納。觀東漢滅亡之主因，亦不在諸藩，可知光武之慧見與高明。

建武九年，征虜將軍潁陽侯祭遵卒，博士范升上疏曰：

> 臣聞先王崇政，尊美屏惡。昔高祖大聖……班爵割地，與下分功。……
> （陛下）封賞功臣，同符祖宗。……古者臣疾君視，臣卒君弔，德
> 之厚者也。……臣竊見（祭）遵……竭忠於國，北平漁陽，西拒隴、
> 蜀，先登坻上，深取略陽。……所得賞賜，輒盡與吏士，身無奇衣，
> 家無私財。同產兄午以遵無子，娶妾送之，遵乃使人逆而不受，自
> 以身任於國，不敢圖生慮繼嗣之計。臨死遺誡牛車載喪，薄葬洛
> 陽。……遵為將軍，取士皆用儒術……又建為孔子立後，奏置五經
> 大夫。……禮，生有爵，死有謚，爵以殊尊卑，謚以明善惡。臣愚
> 以為宜因遵薨，論敍眾功，詳案謚法，以禮成之。顯章國家篤古之
> 制。為後嗣法（卷20〈祭遵列傳〉）

文中論及經義取證如下：一見《漢書》五十一〈賈山傳〉：「古之賢君於其臣也，尊其爵祿而親之；疾則臨視之亡數，死則往弔哭之，臨其小斂大斂，已棺塗而後之服錫衰麻絰，而三臨其喪；未斂不飲酒食肉，未葬不舉樂……可謂盡禮矣」。《禮記・王制》：「王者之制祿爵，公侯伯子男凡五等」，〈郊特牲〉：「古者生而無爵，死無謚」，鄭樵注：「古無謚，謚起於周，周人卒哭而諱，將葬而謚」。《論語・堯曰》：「尊五美，屏四惡」，〔註6〕乃從政之道。范升以

〔註6〕所謂「尊五美，屏四惡」見《論語・堯曰》二十：五美指君子惠而不費，勞而不怨，欲而不貪，泰而不驕，威而不猛。四惡指不教而殺謂之虐、不戒視成謂之暴，慢令致期謂之賊，出納之吝謂之有司。此乃指為政之道，在賞善

為祭遵竭忠於國，於國有大功，又能好禮悅樂，守死善道，實值得國家表彰，故范升乃上疏光武依《禮記》經義成之以禮，所謂「爵以殊尊卑，謚以明善惡」，以顯揚國家篤古之制，光武卒以隆重之禮厚葬之。

建武十三年，功臣增邑更封，凡三百六十五人。〔註7〕同年，其宗室及絕國封侯者一百三十七人。光武詔曰：

> 長沙王興、眞定王得、河閒王邵、中山王茂，皆襲爵為王，不應經義。其以興為臨湘侯，得為眞定侯，邵為樂成侯，茂為單父侯。(《後漢書》卷1下〈光武帝紀〉)

案唐李賢注：「以其服屬既疏，不當襲爵為王」，所謂「不應經義」，當係出於《公羊傳》昭公二十二年云：「父死子繼，兄亡弟及」之謂也。長沙王興等既以服屬疏遠，故光武乃改諸王為侯，以別親疏也。

建武十五年，朱祐上奏二事：

（一）古者人臣受封，不加王爵，可改諸王為公。

（二）宜令三公並去「大」名，以法經典。(《後漢書》卷22本傳)

案此古者，乃指周朝，周制頒爵不過五等（公侯伯子男），無封王者。然光武十七年，光武又復舊，人臣受封，仍可進爵為王（《後漢書》卷1下〈光武帝紀〉)。司空、司徒、司馬為三公，係採自《韓詩外傳》，《周禮》三公則為大司徒、大司馬、大司空，朱祐議採前者，帝從其議。

除了光武為絕國功臣封侯之外，安帝時亦有此舉，永初六年，詔曰：

> 夫仁不遺親，義不忘勞，興滅繼絕，善善及子孫，古之典也。昔我光武受命中興……建武元功二十八將，佐命虎臣……傳繼於今……或至乏祀，朕甚愍之。其條二十八將無嗣絕世，若犯罪奪國，其子孫應當統後者，分別署狀之。將及景風，章敘舊德，顯茲遺功焉。(《後漢書》卷17〈馮異列傳〉)

安帝時緬懷開國元勳二十八將，〔註8〕或無嗣絕世，或犯罪奪國，皆予以封爵。

去惡之意。

〔註7〕　《後漢書》卷一下〈光武帝紀〉：建武十三年夏四月，大饗將士，班勞策勳，功臣增邑更封，凡三百六十五人。其外戚恩澤封者四十五人。

〔註8〕　《後漢書》卷22篇末載：明帝永平中，追感前世功臣，乃圖畫二十八將於南宮雲臺，其外又有王常、李通、竇融、卓茂等，合為三十二人。計有鄧禹、吳漢、賈復、耿弇、寇恂、岑彭、馮異、朱祐、祭遵、景丹、蓋延、銚期、耿純、臧宮、馬成、王梁、陳俊、杜茂、傅俊、堅鐔、王霸、任光、李忠、萬脩、邳彤、劉植、馬武、劉隆共二十八人。王常、李通、竇融皆輔光武創

其根據之經義有二：一、《論語・堯曰》：「興滅國，繼絕世，舉逸民，天下之民歸心焉」，以及《公羊傳》昭公二十年：「君子之善善也長，惡惡也短。惡惡止其身，善善及子孫。賢者子孫，故君子爲之諱也」。孔子曾說：「慎終追遠，民德歸厚矣」，安帝於永初七年將絕國之功臣，皆紹封之，以彰厥功，實取義於經典故也。

順帝時，以度遼將軍有邊功，卒時特爲賜錢。策曰：

> 太中大夫宋漢……前在方外，仍統軍實，懷柔異類，莫匪嘉績，戎車載戰，邊人用寧……因病……而終。《詩》不云乎：「肇敏戎功，用錫爾祉。」其令將相大夫會葬，加賜錢十萬。」（《後漢書》卷 26 本傳）

案《詩經》出自於〈大雅・江漢〉之詩，本意謂宣王美吉甫能興衰撥亂，宜加恩賜，並命召公平定淮夷之詩也。今宋漢既有戎功，宜依經義行事，加以封賞，順帝以錢十萬賜之。

綜合本段，受封功臣，以開國元勳雲臺二十八將爲主，如鄧禹、征虜將軍祭遵等，不僅於光武創業輔之有功，對儒術教化亦有貢獻，故予以特別嘉勉。安帝則封賞有邊功之宋漢，又追念二十八將絕國功臣者，重加封侯，以成「興滅繼絕」之德。此外，光武採朱祐之議，三公去其「大」名，以法經義。博士丁恭曾對光武封侯過度，不符古制強榦弱枝之理，因而提出質疑，而光武則以爲封爵功臣，非關國之存亡，故不予採納，足見制度之採行，仍在君主本身智慧之抉擇。

第五節　議封賢仁異行

《論語・堯曰》：「舉逸民，天下之民歸心焉」，故光武即位之初，即訪求不仕王莽之卓茂，並下詔曰：

> 前密令卓茂，束身自修，執節淳固，誠能爲人所不能爲。夫名冠天下，當受天下重賞，故武王誅紂，封比干之墓，表商容之閭。今以茂爲太傅，封褒德侯，食邑二千戶，賜几杖車馬，衣一襲，絮五百斤。（《後漢書》卷 25 本傳）

案比干事見《史記・殷本紀》：紂淫亂不止，比干爲紂叔父，諫紂三日不去，

業有功勳，卓茂不仕王莽，名重當時，光武即位，特爲表彰，以茂爲太傅，封褒德侯。此四人，明帝並加以表功刻圖。

紂剖其心。比干、商容事亦見諸《禮記・樂記》：「武王克殷反商……封王子
比干之墓……使之行（視也）商容而復其位」。鄭玄注云：「商，禮樂之官也」。
殷紂時，商容爲大夫，以直諫被貶。武王即位，即表彰比干、商容之忠節。
光武據此經義，優辭重禮以表彰卓茂不仕王莽。隱逸之氣節，致使天下之民
歸於一心，而東漢表彰氣節之風，於焉始盛。

明帝時鮑駿曾上書表彰丁鴻云：

> 「臣聞武王克殷，封比干之墓，表商容之閭，二人無功，下車先封
> 之，表善顯仁，爲國之砥礪也。伏見丁鴻經明行修，志節清妙。」
> 由是上賢之也。（司馬彪《後漢書》卷 3）

丁鴻經明行修，正是東漢士人之典範，鮑駿比之如比干、商容，其表彰依據
之經典與前述相同，明帝賜錢二十萬。

明帝永平二年，帝封賞五更桓榮。《東觀漢記》卷上：

> 上曰：榮以《尚書》授朕，十有餘年。《詩》云：「日就月將，示我
> 顯德行」，乃封榮爲關內侯。

案《詩經》出自於〈周頌・敬之〉之辭，意即日月漸積，學習漸進，能導我
以顯明的德行。明帝習《尚書》於桓榮，十餘年矣，甚見親重，多年請益實
有莫大之助益，故以《詩經》爲其印證，特予封侯，食邑五千戶。

明帝時，曾封賞清高之臣。時大守張恢，坐臧伏法，帝以張恢臧物詔賜
群臣。鍾離意得珠璣，悉以委地而不拜賜。帝怪而問其故。對曰：

> 臣聞孔子忍渴於盜泉之水，曾參回車於勝母之閭，惡其名也。此臧
> 穢之寶，誠不敢拜。（《後漢書》卷 41 本傳）

案「盜泉」在山東省泗水縣東北。《泗水縣志》：「縣境之泉凡八十有七，惟盜泉
不流，餘皆匯爲泗河」。「勝母」：里名。《鹽鐵論》：「里名勝母，曾子不入，蓋
以名不順也」。《說苑》：「邑名勝母，曾子不入；水名盜泉，仲尼不飲，醜其名
也」。孔子、曾子尚且因其地名之醜而不入、不飲，況收受臧物，有辱清譽乎！
故鍾離意棄臧於地，詔賜不拜，帝嗟歎其清高之節，乃賜以庫錢三十萬。

章帝元和元年，下詔封賞鄭均、毛義之異行。帝詔告廬江太守、東平相
曰：

> 議郎鄭均，束脩安貧，恭儉節整，前在機密，以病致仕，守善貞固，
> 黃髮不怠。又前安邑令毛義，躬履遜讓，比徵辭病，淳絜之風，東
> 州稱仁。《書》之云乎：「章厥有常，吉哉！」其賜均、義穀各千斛，

常以八月長吏存問，賜羊酒，顯慈異行。

案《書經》出自於〈皋陶謨〉之辭，謂人君彰明有德之人，擇而官之，則政之善。鄭均安貧守善，毛義遜讓賢仁，其異行皆足爲士人風範、教化之資，故章帝依《尚書》經義，「顯茲異行」，並加封賞。

章帝元和中，帝賞賜「巨孝」江革，制詔齊相曰：

> 諫議大夫江革，前以病歸。……夫孝，百行之冠，眾善之始也。……
>
> 縣以見穀千斛賜「巨孝」，常以八月長吏存問，致羊酒，以終厥身。
>
> 如有不幸，祠以中牢。（《後漢書》卷 29 本傳）

案《孝經·開宗明義章》云：「夫孝，德之本也，教之所由生也」，〈三才章〉云：「夫孝，天之經也，地之義也，民之行也」，《孝經》以孝爲天經地義之事，以孝爲所有道德之根本。《呂氏春秋·孝行》：「執一術（孝）而百善至」。《白虎通·考黜》：「孝，道之美，百行之本也」，故孝成爲百行之冠、人倫之本。江革遭天下亂，負母逃離，採拾爲養，賊欲劫母，革涕泣求哀，賊不忍犯之。轉客窮貧，裸跣行傭以供母。自在轅中輓其母，不用牛馬，由是鄉里稱爲「江巨孝」。章帝聞其至孝之行，乃依經義加以表彰封賞，及卒，詔復賜穀千斛。

順帝時，亦曾表彰東海王臻及弟儉之孝行。永建二年，詔曰：

> 東海王臻……少襲王爵……而能克己率禮，孝敬自然，事親盡愛，送終竭哀，降儀從士，寢苫三年。和睦兄弟，恤養孤弱，至孝純備，仁義兼弘，朕甚嘉焉。夫勸善屬俗，爲國所先。曩者東平孝王敞兄弟行孝，喪母如禮，有增戶之封。《詩》云：「永世克孝，念茲皇祖。」今增臻封五千戶，儉五百戶，光啓土宇，以酬厥德。（《後漢書》卷 42〈光武十王列傳〉）

東海王臻及弟蒸鄉侯儉並有篤行，母卒，皆吐血毀瘠，至服小祥之後，因追念幼小喪父之哀，又復重行喪制。當時喪制衰服依爵位而異，而臻等「降儀從士」，所行乃士人之喪也。詔中所引係出自《詩經·周頌·閔予小子》之辭，謂念我先祖，能以孝行作爲子孫法度，使長見行也。順帝依循東平孝王敞兄弟行孝增戶之封事例，又以經義爲佐，遂有增封之舉。

桓帝建和元年，梁太后下詔增封至孝之孝王次。詔曰：

> 濟北王次以幼年守藩，躬履孝道，父沒哀慟，焦毀過禮，草廬土席，哀杖在身，頭不枇沐，體生瘡腫。諒闇已來二十八月，自諸國有憂，

未之聞也，朝廷甚嘉焉。《書》不云乎：「用德章厥善。」《詩》云：
「孝子不匱，永賜爾類。」今增次封五千戶，廣其土宇，以慰孝子
惻隱之勞。(《後漢書》卷55〈章帝八王傳〉)

漢家以孝治天下，對表彰氣節士風之東漢而言，對孝之提倡與發揚更是不遺
餘力。詔書中所引《書經》，乃出自〈盤庚〉：「無有遠邇，用罪伐厥死，用德
彰厥善」，意謂無遠近之分，死刑止而不用，明察其德，加以賞祿，使競慕為
善。《詩經》出於〈大雅·既醉〉，謂孝子之行，無耗竭之時，能廣之以教導
天下也。濟北王次，九歲喪父，哀慟過禮，至於草廬土席，體生瘡腫。梁太
后引證經典孝義，彰顯其孝行，使能廣被天下，並賜其封邑。

除封賞孝子外，建和三年，桓帝賜錢封賞賢臣周舉，詔曰：

周舉，性悖（伯）夷、（史）魚·忠踰隨（會）、管（仲）。……予
錄乃勳，用登九列。……《詩》不云乎：「肇敏戎功，用錫爾祉。」
其令將大夫以下到喪發日復會弔，加賜錢十萬。(《後漢書》卷 61
本傳)

案孟子稱伯夷為聖之清，〔註9〕稱史魚為正直。〔註10〕隨會，後人評為「利君
不忘其身，謀身不遺其友」，〔註11〕管仲，孔子曾許之為仁。〔註12〕故知周舉
具有清、直、忠、仁四德。《詩經》係節自〈大雅·江漢〉，〔註13〕原指召穆
公奉周宣王命平淮夷之功。而周舉既具四德於內，又能經營戎功於外，故桓
帝特加賜錢封賞。

〔註 9〕　見《孟子·萬章下》：「伯夷目不視惡色，耳不聽惡聲，非其君不事，非其民
　　　　不使，治則進，亂則退」，又曰：「聞伯夷之風者，頑夫廉，懦夫有立志」，故
　　　　孟子評為「聖之清」者也。

〔註10〕　《論語·衛靈公》第十五載孔子評語：「直哉史魚，邦有道如矢，邦無道如矢」。
　　　　案《韓詩外傳》載：史魚係春秋衛人，名鰌。靈公不用蘧伯玉而任彌子瑕，
　　　　鰌死以尸諫，靈公乃進伯玉而退子瑕。故《三國志·魏志·崔林傳》曾歎曰：
　　　　「忠直不回，則史魚之儔」。

〔註11〕　《新書·雜事》：「晉文學咎犯、隨會」。案隨會即晉士會也，春秋人，封於隨
　　　　故稱隨會。

〔註12〕　《論語·憲問》載孔子二次評論管仲，一則回答子路：「桓公九合諸侯，不以
　　　　兵車，管仲之力也，如其仁，如其仁」。一則回答子貢：「管仲相桓公，霸諸
　　　　侯，一匡天下，民到于今受其賜，微管仲，吾其被髮左衽矣」。孔子評人鮮少
　　　　允以仁字，許管仲，可謂推崇備至矣。

〔註13〕　《後漢書》作：「肇敏戎功，用錫爾祉」，查《詩經·大雅·江漢》原文應作
　　　　「戎公」，公與功，皆事之意，特此校正。

建安中，曹操封賞賢者之後，其告守令曰：

> 盧植，名著海內，學為儒宗，士之楷模，國之楨幹也。昔武王入殷，
> 封商容之閭；鄭喪子產，仲尼隕涕。孤到此州（涿郡），嘉其餘風。
> 《春秋》之義，賢者之後，宜有殊禮。亟遣丞掾除其墳墓，存其子
> 孫，并致薄醊，以彰厥德。（《後漢書》卷 64〈盧植列傳〉）

案商容事見《禮記·樂記》，參前段，不贅述。子產事見《左傳》昭公二十年，
孔子讚賞子產為政：「不競（強）不絿（急），不剛不柔，和之至也」，及子產
卒，仲尼聞之，出涕曰：「古之遺愛也」。〔註 14〕《春秋》之義見《公羊傳》
昭公二十年「惡惡止其身，善善及子孫」（見前），盧植為當代儒宗，士之表
率，范蔚宗在本傳之後曾論曰：「風霜以別草木之性，危亂而見貞良之節」，
又曰：「君子之於忠義，造次必於是，顛沛必於是」，給予極大之讚譽，想見
其人之節操風範也。曹操因景仰其人，故依《春秋》經義，以封賞盧植之後
代，所以禮敬一代儒者。

綜合本段，議封仁賢異行之臣，有不仕王莽之卓茂，經明行修之丁鴻，
為王者師之桓榮，清高不拜贓物之鍾離意，守善賢仁之鄭均、毛義，巨孝江
革，以及東海王臻、弟儉、濟北王次之孝行，集清、直、忠、仁四德之周舉，
以及大儒盧植之後，皆以表彰道德為主，觀《後漢書》諸傳中，往往見重仁
義、表死節、褒正直之人物，與朝廷之獎倡道德節義，實大有影響也。

第六節　議追封

東漢追加封賞之例頗多，《後漢書》載光武建武九年，有盜劫殺陰皇后母
鄧氏及弟訢，帝甚傷之，乃詔曰：

> 吾微賤之時，娶於陰氏……以貴人有母儀之美，宜立為后，而固辭
> 弗敢當，列於媵妾。朕嘉其義讓，許封諸弟。未及爵土，而遭患逢
> 禍。……〈小雅〉曰：「將恐將懼，惟予與汝。將安將樂，汝轉棄予。」……
> 其追爵謚貴人父陸為宣恩哀侯，弟訢為宣義恭侯，以弟就嗣哀侯後
> （卷 10 上〈光烈陰皇后紀〉）

〔註 14〕《左傳》昭公二十年，亦載仲尼評子產為政：「善哉，政寬則民慢，慢則糾之
　　　　以猛，猛則民殘，殘則施之以寬，寬以濟猛，猛以濟寬，政是以和」，茲錄之
　　　　以資參考。

案《詩經》出自於〈小雅・谷風〉之辭，謂昔遭厄難勤苦之時，獨我與你同其憂苦，及今志達安樂，你轉棄我而去。光武有感經義中哀樂與共之意，而今陰后之母與弟不幸遭禍，故不能同其安樂，乃追加爵謚而封侯，蓋恩及陰后之家也。

和帝永元九年，竇太后崩，竇憲兄弟伏誅，梁松之子扈遣從兄梁禮奏記三府，以為漢家舊典，崇貴母氏，而梁貴人親育聖躬，不蒙尊號，求得申議，太尉張酺訊問事理，帝於會後召見張酺並問其意，酺曰：

> 《春秋》之義，母以子貴。漢興以來，母氏莫不隆顯，臣愚以為宜
> 上尊號，追錄聖靈，存錄諸舅，以明親親。（《後漢書》卷34「梁竦
> 列傳」）

案章帝納梁竦二女，皆為貴人。小貴人生和帝，竇皇后養以為子，而梁竦家私相慶幸，諸竇聞之，恐梁氏得志，終為己害，建初八年，遂譖殺二貴人，而陷梁竦等以惡逆，詔使漢陽太守鄭據傳考竦罪，死獄中，家屬復徙九真。今竇太后崩，梁氏終有昭雪之機。張酺依據《春秋》之經義，[註15] 見《公羊傳》隱公元年：「子以母貴，母以子貴」之義，於是追封梁貴人為「恭懷皇后」。並制詔追命外祖，詔曰：

> 夫孝莫大於尊尊親親，其義一也。……太宗、中宗，寔有舊典，追
> 命外祖，以篤親親。其追封謚皇太后父竦為褒親愍侯……好爵顯服，
> 以慰母心。（《後漢書》卷34〈梁竦列傳〉）

案此出於《禮記・大傳》：「上治祖禰，尊尊也。下治子孫，親親也」。孔穎達《正義》：「上主尊敬，故云尊尊。下主恩愛，故云親親」，此乃君主制親屬之禮。太宗、中宗舊典，指漢昭帝母趙婕妤，帝即位，追封婕妤父為順成侯，漢宣帝即位，追封母王夫人父迺始為恩成侯，並各置園廟之事。和帝本經義尊尊親親之孝，與舊典之依據，追封外祖為侯。

安帝時，鄧太后崩，有司上言為皇考、皇妣追加尊號，曰：

> 清河孝王至德淳懿，載育明聖。……漢興，高皇帝尊父為太上皇，
> 宣帝號父為皇考，序昭穆，置園邑。大宗之義，舊章不忘。宜上尊
> 號曰孝德皇，皇妣左氏曰孝德后，孝德皇母宋貴人追謚曰敬隱后。
> （《後漢書》卷55〈清河孝王慶傳〉）

案宣帝父諱進，武帝時坐戾太子事遇害。宣帝即位，即追尊皇考，立廟。《禮記・

祭統》：「夫祭有昭穆，昭穆者，所以別父子、遠近、長幼、親疏之序，而無亂也」。〈中庸〉云：「宗廟之禮，所以序昭穆也，序爵所以辨貴賤也」，安帝據先祖舊典，又以經義中宗廟昭穆之序爲考量，遂爲其皇考、皇妣上尊號。

以上乃追加封號（帝皇親戚）、上尊號之例。此外，亦有爲烈士賢臣追封之例。章帝時，曾下詔追封烈士朱勃之後。詔曰：

> 故雲陽令朱勃，建武中，以伏波將軍（馬援）爵土不傳，上書陳狀，
> 不顧罪戾，懷旌善之志，有烈士之風。《詩》云：「無言不讎，無德
> 不報」，其以縣見穀二千斛賜勃子若孫。（《東觀漢記》卷 16）

案《詩經》出自於〈大雅・抑〉之辭，謂以德報德之意，參前。朱勃與馬援爲舊識，勃傷援「事朝廷二十二年，北出塞漠，南度江海……名滅爵絕，國土不傳。海內不知其過，眾庶未聞其毀，卒遇三夫之言，橫被誣罔之讒，家屬杜門，葬不歸墓，怨隙並興，宗親怖慄。死者不能自列，生者莫爲之訟，臣竊傷之。」馬援於國有戰功，出生入死，效忠於朝廷，爲當代名將。一旦遇讒言而葬不歸墓，爵土不傳，故朱勃挺身而爲之陳狀。朱勃又引經義論証云：

> 臣聞《春秋》之義，罪以功除；聖王之祀，臣有五義。若援，所謂
> 以死勤事者也。願下公卿平援功罪，宜絕宜續，以厭海內之望。（《後
> 漢書》卷 24〈馬援列傳〉）

案《春秋》係指《公羊傳》僖公 17 年：

> 夏滅項，孰滅之，齊滅之，曷爲不言齊滅之，爲桓公諱也。春秋爲
> 賢者諱，此滅人之國，何賢爾？君子之惡惡也疾始，善善也樂終，
> 桓公嘗有繼絕存亡之功，故君子爲之諱也。

齊桓公爲五霸之首，孔子對其尊王攘夷之功，曾推崇備至。所謂「繼絕」，指立僖公；「存亡」，指存邢衛杞，「春秋爲賢者諱」，儘管齊滅項，《春秋》仍尊其德，彰其功，以隱惡揚善也。祭祀五義，見《禮記・祭法》：

> 夫聖王之制祭祀也，法施於民則祀之，以死勤事則祀之，以勞定國
> 則祀之，能禦大災則祀之，能捍大患則祀之。

觀聖王祭祀之「五義」，馬援正合於其中「以死勤事」之列，故朱勃以爲朝廷宜彰德表功，還其爵土。建初三年，肅宗使五官中郎將持節追策，諡援曰忠成侯。而朱勃亦以「不顧罪戾」之「烈士旌善之志」，而得享封賜其子孫。

安帝永初二年，鄧太后下詔追封忠吏王渙之後，詔曰：

昔大司農朱邑、右扶風尹翁歸，政跡茂異，令名顯聞，孝宣皇帝歎惜，而以黃金百斤策賜其子。故洛陽令王渙……盡心奉公，務在惠民……不幸早世，百姓追思，爲之立祠（王渙祠，在洛陽）。自非忠愛之至，孰能若斯者乎！今以渙子石爲郎中，以勸勞勤。(《後漢書》卷 76〈王渙列傳〉)

案朱邑與尹翁歸，皆漢宣帝時人，以其政績優異，百姓爲之立祠，及其卒，帝下詔各賜其子黃金百斤，並奉其祭祀。〔註16〕而李渙奉公惠民，百姓追思，爲之立祠，故安帝乃援引前例追封王渙之子爲郎中。靈帝中平元年，司空楊賜薨，天子素服，三日不臨朝。策曰：

故司空臨晉侯（楊）賜……三葉宰相，輔國以忠。……禮設殊等，物有服意。今使左中郎將郭儀持節追位特進，贈司空驃騎將軍印綬。
(《後漢書》卷 54〈楊賜列傳〉)

案《漢書》卷 81〈張禹傳〉載：「（禹）明習經學，試爲博士，元帝時詔禹授太子《論語》。成帝即位，尊以師禮，河平中拜相，封安昌侯，以病乞骸骨。以列侯朝朔望，位特進，見禮如丞相，國家每有大政，必與定議」。張禹以老罷就第，天子仍加以特進。《漢雜事》：「諸侯功德優盛，朝廷所敬異，賜位特進，在三公下」。靈帝時，楊賜曾侍講《尚書》于華光殿中，直言進諫，公忠體國，及其薨也，靈帝乃依張禹舊典，追位特進，以昭其功。

此外，桓帝時，有上書加禮處士者。李固之子李燮上書求加禮於种岱，曰：

伏見故處士种岱，淳和達理，耽悅詩書，富貴不能回其慮，萬物不能擾其心。稟命不永，奄然殂殞。……昔先賢既沒，有加贈之典，《周禮》盛德，有銘誄之文。而岱生無印綬之榮，卒無官謚之號。雖未建忠效用，而爲聖恩所拔，遐邇具瞻，宜有異賞。(《後漢書》卷 56〈种岱列傳〉)

案李燮所據經義有二：一、《左傳》隱公五年，臧僖伯（隱公之親叔父）卒，

〔註16〕朱邑，見《漢書》卷 89，舉賢良，爲桐鄉嗇夫，有德政，遷北海太守，治行第一，入爲大司農。病且死，屬其子曰：「我故爲桐鄉吏，其民愛我，我死，必葬我桐鄉，民必祀我。」及死，其子葬之桐鄉西郭外，民果起冢立祠。尹翁歸，事見《漢書》卷 76：爲東海太守，東海大治，以高第入守右扶風，扶風大治。爲政任刑，然清廉自守，不以行能驕人，甚得名譽於朝廷。病卒，家無餘財，天子賢之。

隱公葬之加一等。〔註17〕杜預注：「加命服之等」。二、《周禮・司勳》：「凡有功者，銘書於王之太常」。〈小史〉：「卿大夫之喪，賜謚讀誄」（列生時行跡而讀之）。种岱好學養志，舉孝廉、茂才，辟公府，皆不就。公車特徵，病卒。李燮以爲种岱爲賢德之人，雖爲處士，無官謚之號，宜如經義所示，加贈異賞，以彰先賢，惜桓帝不能從。

順帝永和元年，因災異數見，詔召公、卿、中二千石，尚書議事，帝以爲「北鄉侯親爲天子而葬以王禮，故數有災異，宜加尊謚，列於昭穆」，群臣議者多謂宜如詔旨，周舉獨有異議，曰：

> 北鄉侯本非正統，姦臣所立，立不踰歲，年號未改，皇天不祐，大命天昏。《春秋》王子猛不稱崩，魯子野不盡葬。今北鄉侯無它功德，以王禮葬之，於事已崇，不宜稱謚。疢昚之來，弗由此也。（《後漢書》卷61〈周舉列傳〉）

案魯召公二十二年，《春秋》經：「王子猛卒」。杜預注云：「未即位，故不言崩」。襄公三十有一年，經曰：「秋九日癸巳，子野卒」。注曰：「不書葬，未成君」。而北鄉侯係安帝崩後，閻太后與后兄閻顯定策禁中所立，〔註18〕即位未踰歲而薨，中黃門孫程等十九人，收閻顯入獄誅之，斬顯弟景等，迎濟陰王於德陽殿西鍾下，即皇帝位，是爲順帝。〔註19〕北鄉侯既正式即位，卻以王禮葬之，故《後漢書》皆言薨而不言崩，群臣議者皆以爲不當。周舉則以爲北鄉侯爲閻顯等姦臣所立，繼位非出自正統，且即位未踰年，而年號未改，依《左傳》經義載：「未即位，未成君，皆不書崩，而書卒」。今既以王禮葬之，不宜追加謚號。時司徒黃尚、太常桓焉等七十人讚同周舉之論議，順帝從之。

獻帝時，太傅馬日磾卒，及喪還，朝廷議欲加禮，孔融獨特異議，曰：

> 日磾以上公之尊，秉髦節之使，銜命直指，寧輯東夏，而曲媚姦臣⋯⋯

〔註17〕《左傳》隱公五年春，公將如棠（魯地）觀魚（捕魚），臧僖伯勸諫，以爲人君大事，在祀與戎，遊宴戲樂，非君所爲。隱公言欲案行邊境，遂往焉，僖伯稱疾不從。史官書曰：「公矢魚于棠，非禮也，且言遠地也」。案：臧僖公曾諫隱公觀魚不聽，致有非禮之行，僖公卒，隱公弗忘其勸諫之事，乃加命服一等，嘉其賢也。

〔註18〕案安帝崩，閻太后臨朝，以后兄大鴻臚閻顯爲車騎將軍，定策禁中，立章帝孫濟北惠王壽子北鄉侯懿。詳參《後漢書》卷5〈孝安帝紀〉。

〔註19〕案安帝延光三年，安帝乳母王聖、大長秋江京等共譖太子乳母王男、廚監邴吉，殺之。王聖等懼有後禍，遂與京等共搆陷太子，太子坐廢爲濟陰王，後得中黃門迎立，即皇帝位，是爲順帝。見《後漢書》卷6〈孝順帝紀〉。

姦以事君。……袁術僭逆，非一朝一夕，日磾隨從，周旋歷歲。漢
律與罪人交關三日已上，皆應知情。《春秋》魯叔孫得臣卒，以不發
揚襄仲之罪，貶不書日。鄭人討幽公之亂，斲子家之棺。聖上哀矜
舊臣，未忍追案，不宜加禮。（《後漢書》卷70〈孔融列傳〉）

案馬日磾（馬融之族子）奉使山東，及至淮南，數有意於袁術。術輕侮之，
遂奪取其節，求去又不聽，因欲逼為軍帥。日磾以失節屈辱憂恚，遂嘔血而
斃。孔融所引經義，一見《公羊傳》宣公五年曰：「叔孫得臣卒」。何休注曰：

不日者，知公子遂欲弑君，為人臣知賊而不言，明當誅。

一見《左傳》宣公十年曰：

鄭子家卒，鄭人討幽公之亂，斲子家之棺而逐其族。

杜預注曰：「斲薄其棺，不使從卿禮」，為其殺君故也。馬融以為袁術久欲僭逆，
眾所皆知，而馬日磾與之周旋歷歲，附下罔上，有違漢代律法明矣。依《春秋》
律法，亂臣賊子，或以春秋筆法加以褒貶，或斲棺逐族以懲其罪，馬日磾既為
曲媚姦臣，帝未忍追案，已示聖上之哀矜，自不宜加禮，朝廷從之。

　　綜合本段，議追封，乃依據經義，論其事實功過，重新給予追加封賞。
其中，有帝追加貴人爵諡封侯者；有即位後，重加申議，為其皇考、皇妣上
尊號者；亦有為烈士賢臣追封其子之例；有建請加禮處士而朝廷不從；亦有
朝廷議欲加禮，經論議而終致否決者。總之，經義之引證，是追封之主要之
因素，廷議以之定是非，君主因之下判斷，而東漢論議方為客觀而有其論據。

第七節　議貶官

　　光武建武七年，有司劾奏王梁開渠無功，帝下詔曰：

（王）梁將兵征伐，眾人稱賢，故擢典京師。建議開渠，為人興利……
迄無成功，百姓怨讟，談者讙譁。雖蒙寬宥，猶執謙退，「君子有成
人之美」，其以梁為濟南太守。（《後漢書》卷22本傳）

王梁為光武開國功臣二十八將之一，屢有戰功，擢升京師為官，卻以開渠無
功，而迭遭怨讟，王梁慚懼，上書乞骸骨。《論語·顏淵》：「君子成人之美，
不成人之惡」，光武成其謙退之美，貶為地方太守。

　　章帝建初中，有告阜陵質王延與子男魴造逆謀，有司奏請詔獄，肅宗下
詔曰：

> 王前犯大逆，罪惡尤深，有同周之管、蔡，漢之淮南，經有正義，律有明刑。……今天曾莫悔悟，悖心不移，逆謀內潰，自子魴發，誠非本朝之所樂聞。朕惻然傷心，不忍致王于理，今貶爵爲阜陵侯，食一縣。（《後漢書》卷 42〈阜陵質王延列傳〉）

案管叔、蔡叔，爲周文王之子，武王之弟，後叛亂，滅之。〔註20〕淮南王劉安，漢高帝之孫，襲父爵封爲淮南王。後有逆謀，事發，自殺。〔註21〕所引「經有正義」，見《公羊傳》莊公三十二年與昭公元年，皆載：「君親（父母）無將（將爲弒逆之事），將而必誅」。律有明刑，見《漢書》卷 22〈刑法志〉載：「謀逆者，行三族（父母、妻子、同產）之誅。」章帝將逆謀不軌之阜陵質王延，喻爲叛亂被誅之管、蔡，與淮南王安。又依經義與漢律，謀逆者得誅之例證，減其死罪，卒以貶爵懲其罪。

和帝永元九年，竇太后崩，未及葬，而梁貴人姊上書陳貴人枉歿之狀。太尉張酺等上奏，宜依光武黜呂太后故事，貶竇太后尊號，不宜合葬先帝，百官亦多上言者。帝手詔曰：

> 竇氏雖不遵法度，而太后常自減損。朕奉事十年，深惟大義，禮，臣子無貶尊上之文。恩不忍離，義不忍虧。案前世上官太后亦無降黜，其勿復議。（《後漢書》卷 10 上〈梁貴人〉）

案章帝時，梁貴人生和帝，竇后養爲己子，欲專名外家而忌梁氏，乃作飛書以陷貴人父竦，貴人以憂卒。〔註22〕呂太后事見〈光武帝紀〉，中元元年，光武使司空告祠高廟曰：

> 高皇帝與群臣約，非劉氏不王。呂太后賊害三趙（高帝子趙幽王友、趙恭王恢、趙隱王如意），專王呂氏，賴社稷之靈，（呂）祿、（呂）產（呂后兄弟子）伏誅，天命幾墜，危朝更安。呂太后不宜配食高

〔註20〕《史記》〈管蔡世家〉：管叔鮮、蔡叔度者，周文王之子，武王弟也。武王克殷平天下，封功臣昆弟，於是封叔鮮於管，封叔度於蔡。武王既崩，成王少，周王旦專王室，管叔、蔡叔疑周公之爲不利於成王，乃挾武庚以作亂。周公承成王命，伐誅武庚，殺管叔，而放蔡叔，管、蔡之亂始定。

〔註21〕《漢書》卷 44〈淮南王傳〉：淮南王安襲父封，好書鼓琴，善爲文辭。亦欲以行陰德拊循百姓，流名譽。招致賓客方術之士數千人。後以遊士妄作妖言阿諛王，又以太子事漸生反謀之心，後伍被（以材能任淮南中郎）具告與淮南王謀反，淮南王安自殺，后、太子諸所與謀皆收夷。上下公卿治，所連引與淮南王謀反列侯、二千名、豪桀數千人，皆以罪輕重受誅。

〔註22〕梁貴人事，參本節「議追封」，和帝永元九年，追封梁貴人爲「恭懷皇后」。

廟，同祧至尊（《後漢書》卷 1 下）

光武以呂后危及劉氏子孫，專寵外戚，幾動搖王室安危，故遷呂廟主于園，使其不得配食高廟。上官太后，漢昭帝后也。父安與燕王謀反誅。太后以年少，又為霍光外孫，故得不廢也。〔註 23〕呂后貶，上官太后則不貶，和帝則引用「臣子無貶尊上之文」，見於《公羊傳》宣公元年云：「內無貶于公之道也」，後乃從上官太后免降之例，令百官不再論議。

綜合本段，貶議內容中，有無功而貶官者，有逆謀而貶爵者，有百官議貶尊號，終獲保全者等。貶議大抵針對個人之德行作法而論，唯有慎始慎終，方能保其晚節，而得不畏眾議，所謂實至名歸也。

第八節　議辭讓

孔子說：「能以禮讓為國乎，何有？（《論語・里仁》），《尚書・堯典》贊美堯帝曰：「允恭克讓」，可見儒家崇尚謙讓之意，所謂「君興讓則息兵，臣興讓則息貪，庶民興讓則息訟。故天下莫不亂於爭，而治於讓」（孔廣森）。儒家政治全在天下為公，故重禪讓政治、選賢舉能，故政治上，常稱美堯舜。降及漢代，太史公《史記》特為褒重崇讓之德，如本紀敘帝王，特褒美堯舜讓天下之德；世家敘王侯，而以吳世家為始，亦稱泰伯有讓國之美；列傳敘士庶，以伯夷叔齊為首篇，二人皆具讓國之德。司馬遷並於自序云：「末世爭利，維彼奔義，讓國餓死，天下稱之。」蓋名利、富貴、權位，皆人之所爭也，能讓，可謂難能；讓國、讓天下，真乃人情之最難，故史公最予讚賞。

東漢士人之推讓，可分讓爵、讓舉、讓財等，今依《後漢書》等相關資料，加以分類，可歸納如下：

（一）讓　爵

1. 讓弟：耿國（卷 19）、丁鴻（卷 37）、劉愷（卷 39）、鄧彪（卷 44）、徐衡（同上）、郭賀（卷 46）

〔註23〕《漢書》卷 97 上〈外戚傳〉：載「孝昭上官皇后」，祖父桀：武帝以其斬反者有功，封安陽侯。父安取霍光女。後因昭帝長姊鄂邑蓋長公主之故，后得入宮為倢伃，月餘，遂立為皇后，年甫六歲，帝八歲。燕王旦為昭帝之兄，不得立，怨望，桀、安因與霍光有積怨，遂與燕王結黨，欲謀殺霍光，事發覺，燕王自殺，桀、安宗族既滅，皇后以年少不與謀，亦霍光外孫，故得不廢。

2. 讓兄子：桓郁（卷 37）

3. 讓侯爵：王閎（卷 76）

4. 襲父爵不受：張奮（卷 35）

（二）讓 舉

1. 讓兄：封觀（卷 45）、童翊（卷 76）、田輝（《風俗通義》卷 5）

2. 讓弟：魯恭（卷 25）、許武（卷 76）、皇甫規（《風俗通義》卷 4）

3. 讓父：劉矩（《風俗通義》卷 5）

4. 讓友：陳重、雷義（卷 81）

5. 讓鄉人：郭丹（卷 27）

（三）讓 財

1. 讓兄子：張堪（卷 31）、樊梵（卷 32）、樊準（同上）、高鳳（卷 83）、
   鄭均（《東觀漢記》卷 18）

2. 讓兄：戴幼起（《風俗通義》卷 4）

3. 讓弟：陰慶（卷 32）

4. 讓兄：韓稜（卷 45）

5. 讓九族：荀恁（卷 53）

6. 賑宗族鄉里之貧者：張奮（卷 35）、朱暉（卷 43）、种暠（卷 56）

7. 讓友：桓鸞（《東觀漢記》卷 16）

8. 推財相讓二百餘人：何敞（卷 43）

此外，周燮始在髫齔，而知廉讓（卷 53），孔融四歲而知讓梨（卷 70），
〔註 24〕故知崇讓風氣，已爲舉世崇尙，是以或讓於父、於兄、於弟、於九族、
於邑里之貧，於孤寡友朋，甚至一郡之內，推財相讓者達二百餘人，是不僅
讓財於血親手足，進而推諸九族孤寡貧窮，東漢民風之篤厚，可謂情義深而
施澤廣矣。

然辭讓於經義之依據究爲如何？東漢士人辭讓之內容大要又如何？以下
將依時代加以探討：

光武建武九年，封陰興爲關內侯，興辭讓，其姊陰貴人問其故，興曰：

〔註 24〕見拙著《東漢經術與士風》下編第四章「東漢士風之形成」、第三節「士風內
　　　容之分析」五、「崇讓之風」，其中將東漢士人推讓之實際內容與例證，有相
　　　當詳細之說明與探討。

「貴人不讀書記邪?『亢龍有悔』。夫外戚家苦不知謙退,嫁女欲配

侯王……富貴有極,人當知足,夸奢益為觀聽所譏。」貴人感其言,

深自降挹,卒不為宗親求位。(《後漢書》卷32〈陰興列傳〉)

案陰興辭封爵之主因,乃依據《易經》乾卦上九爻曰:「亢龍有悔,窮之災也」。
《正義》曰:「上九,亢陽之至,大而極盛,故曰亢龍,此自然之象。以人事
言之,似聖人有龍德上居天位,久而亢極,物極則反,故有悔也。」陰興以
物極必反,位窮而致災,災則必悔之道,以明辭爵之由,其至誠懇切,感動
發中,帝遂聽其辭爵。觀其作為,可謂持盈保泰,謙退自抑矣,及其卒後,
顯宗即位,永平元年詔曰:

故侍中衛尉關內侯(陰)興,典領禁兵,從平天下,當以軍功顯受

封爵,又諸舅比例,應蒙恩澤,安乎里巷。輔導朕躬……在家仁孝……

賢者子孫,宜加優異。其以汝南之銅陽封興子慶為銅陽侯,慶弟博

為濾強侯。(《後漢書》卷32本傳)

陰興以辭讓封爵,顯宗嘉其德,卒封其子孫為侯,豈非以辭讓而庇蔭子孫乎?
其姊陰貴人,亦以讓德為美,不汲汲營營於名位,光武建武十七年,帝廢郭
皇后,卒立陰貴人為后。及顯宗即位,尊后為皇太后,卒能善保其終,謙退
故也。

　　光武降服群雄,郭丹嘗為更始大夫,更始敗,諸將歸光武,獲封爵,郭
丹為更始發喪,衰絰盡哀,並涉歷險阻,求謁更始妻子,奉還節傳,因歸鄉
里。太守杜詩請為功曹,郭丹薦鄉人長者自代而去。杜詩乃歎曰:

昔明王興化,卿士讓位,今功曹推賢,可謂至德。勒以丹事編署黃

堂(太守之廳事),以為後法。(《後漢書》卷27本傳)

案杜詩所云:「明王興化,卿士讓位」,係出於《詩經・大雅・緜》:

虞芮質(成也)厥成(平也),文王蹶(動也)厥生。

毛萇《詩傳》曰:

虞芮之君,相與爭田,久而不平,乃相謂曰:「西伯,仁人也,盍往

質焉。」乃相與朝周,入其竟,則耕者讓畔,行者讓路。入其邑,

男女異路,斑白不提挈。入其朝,士讓為大夫,大夫讓為卿,二國

之君感而相謂曰:「我等小人,不可以履君子之庭」,乃相讓。……

天下聞之而歸者四十餘國。

虞、芮二國之君爭田,原欲往西伯處請以裁成其事,直至入周,見「耕者讓

畔，行者讓路」、「士讓爲大夫，大夫讓爲卿」，二君深受其感召，轉互相讓。杜詩以郭丹之辭讓，推崇爲至德，並舉其爲吏，以之爲賢者教化之典範。

明帝永平四年，東平憲王蒼，乞退就藩國。上疏曰：

> 臣蒼疲駑……爲百僚先……辱汙輔將之位，將被詩人「三百赤紱」
> 之制。……昔象封有鼻，不任以政，誠由愛深，不忍揚其過惡。前
> 事之不忘，來事之師也。自漢興以來，宗室子弟無得在公卿位者。
> 惟陛下審覽虞帝優養母弟，遵承舊典，終卒厚恩。乞上驃騎將軍印
> 綬，退就蕃國，願蒙哀憐。（《後漢書》卷 42 本傳）

東平憲王蒼好經書，顯宗甚愛重之。及即位，拜爲驃騎將軍，置長史掾史員四十人（特置以優之），位在三公之上。蒼在朝數載，多所隆益，而自以至親輔政，聲望日重，意不自安，故而上疏請求退就藩國。所謂「三百赤紱」，〔註25〕 出於《詩經·曹風·侯人》：「彼其之子，三百赤芾」，案大夫以上赤芾乘軒，赤紱指大夫之服也。二句本意爲刺其無德居位者多也，蒼以之喻己。有鼻，在今湖南省道縣地。《史記》：「舜弟象封於有鼻」，《漢書·昌邑王傳》：「舜封象於有鼻，死不置後。」憲王蒼爲光烈陰皇后所生，顯宗之親弟，顯宗於諸弟中特爲愛重，其上疏自承無德居高位之失，並希冀顯宗依循舊典，宗室子弟無得任位公卿之例，而能如舜封弟象於有鼻之例，乞退歸就藩國。明帝優詔不聽。其後數陳乞，辭甚懇切，明年，乃許還國。

章帝建初元年，欲依漢家舊典，外戚以恩澤封侯之例，封爵諸舅，馬太后不聽，其後帝復重請，以爲「太后誠存謙虛，奈何令臣獨不加恩三舅（馬廖、馬防、馬光）乎？太后報曰：「豈徒欲獲謙讓之名，而使帝受不外施（恩澤封侯外家）之嫌哉！」然后終以「馬氏無功於國，不得受封」，辭讓章帝所請封爵外戚之事。其後建初四年，帝遂封二舅爲列侯，馬廖等並辭讓，願就關內侯。馬太后聞之，曰：

> 聖人設教，各有其方，知人情性莫能齊也。吾少壯時，但慕竹帛，
> 志不顧命。今雖已老，而復「戒之在得」，故日夜惕屬，恩自降損。……
> 冀乘此道，不負先帝。所以化導兄弟，共同斯志，欲令暝目之日，
> 無所復恨。何意老志復不從哉？萬年之日長恨矣！（《後漢書》卷
> 10 上〈明德馬皇后〉）

〔註25〕 本文作「三百赤紱」，《詩經·曹風·侯人》作「三百赤芾」，芾者，韠也，韋蔽膝也。大夫以上赤芾乘軒。意謂佩赤芾者三百人。

案《禮記・王制》：「中國戎夷五方之民，皆有性也，不可推移。」《論語・季氏》孔子曰：「及其老也，戒之在得」。太后自謂其情性本然，不易遷移。少壯時，志慕古人，不顧命之長短；及年事已大，戒其貪嗇，不欲濫封親戚也，懷存謙抑之道，希冀不負先命，豈知此志反不得終老，故心懷憤恨。其後馬廖等不得已，乃受封爵而退位歸第，以成全太后謙退之志。考查《後漢書》本傳，馬廖「每有賞賜，輒辭讓不敢當，京師以是稱之」，馬防「以顯宗寢疾，入參醫藥，又平定西羌，增邑千三百五十戶，屢上表讓位，俱以特進就第」，馬光「小心周密，喪母過哀，帝以是特親愛之」（俱見卷 24）。及馬太后崩，有司奏馬防等兄弟奢侈踰僭，濁亂聖化，悉免就國，惜其不能善體太后謙退為美之用心，故亦難保其善終。

　　和帝時，侍賈逵上書劉愷讓爵於弟，遁逃避封，於今七年，宜成其全德。曰：

> 孔子稱「能以禮讓為國，於從政乎何有。竊見居巢侯劉般嗣子愷……讓封弟憲，潛身遠跡。有司不原樂善之心，而繩以循常之法，懼非長克讓之風，成含弘之化。前世扶陽侯韋玄成，近有陵陽侯丁鴻、鄳侯鄧彪，並以高行絜身辭爵，未聞貶削，而皆登三事。今愷景仰前脩，有伯夷之節，宜蒙矜宥，全其先功，以增聖朝尚德之美。（《後漢書》卷 39〈劉愷列傳〉）

案孔子所稱，係出於《論語・里仁》，〔註26〕謂從政者能以禮節民，讓則不爭，則為政治國必不難也。辭讓固為美事，然小違背君上之旨意，故有如張奮當襲父（純）爵而不受，光武以其違抗詔命，處以下獄之懲。〔註27〕然辭讓實有其教化功效，所謂「長克讓之風，成含弘之化」，故賢德君主，多能成全其美，而少貶削之事，如西漢韋玄成當襲父（韋賢）爵，讓於兄弘，宣帝高其節，以為河南太守。〔註28〕東漢丁鴻讓國於弟盛，和帝任之為司徒（卷 37），

〔註26〕《論語・里仁》原文作「能以禮讓為國乎，何有？」謂治國者必須禮讓，則從政必不難也。

〔註27〕見《後漢書》卷 35，光武封張純為武始侯，臨終勅家丞曰：「司空無功於時，猥蒙爵土，身死之後，勿議傳國」。光武詔其子孔奮嗣奪，奮稱純遺勅，固不肯受。帝以奮違詔，勅收下獄，奮惶怖，乃襲封。

〔註28〕《漢書》卷 73〈韋玄成傳〉：韋賢曾進授昭帝詩，宣帝時，以先帝師，為丞相五歲，初以弘當為嗣，弘坐宗廟事繫獄，罪未決。宗室計議，以玄成為後，及賢薨，玄成知非賢雅意，即陽為病狂，臥便利，妄笑語昏亂，以病狂不應召。章下案驗。玄成友人上疏：「聖王貴以禮讓為國，宜優養玄成，勿枉其志，

〔註29〕鄧彪讓國於弟荊、鳳，明帝時爲太尉（卷44），觀劉愷讓爵之德，亦法諸前賢，具有伯夷讓國之節，〔註30〕故賈逵上書和帝，不宜繩以逃封之罪，而應嘉其讓爵之美，帝於是徵拜劉愷爲郎。及其入朝，在位者莫不仰其風行，朝廷稱之。

安帝永初中，鄧太后兄大將軍鄧騭以母憂，上書乞身，太后不欲許，以問班昭，班昭之觀點，可以代表當政者所以引身而退之由。昭上疏曰：

> 妾聞謙讓之風，德莫大焉。……昔夷齊去國，天下服其廉高；太伯違邠，孔子稱爲三讓。所以光昭令德，揚名于後者也。《論語》曰：「能以禮讓爲國，於從政乎何有。」由是言之，推讓之誠，其致遠矣。今四舅深執忠孝，引身自退，而以方垂未靜，拒而不許；如後有毫毛加於今日，誠恐推讓之名不可再得。（《後漢書》卷84〈列女傳〉）

《易傳・謙卦》：「天道虧盈而益謙」、「鬼神害盈而福謙」、「人道惡盈而好謙」、「謙謙君子，用涉大川（大難），吉」、「勞謙君子，萬民服也」。〈繫辭上〉：「謙也者，致恭以存其位者也」、「謙，德之柄也」，《易經》將謙讓釋爲一切道德之基礎，由致恭存位之修身齊家，推及萬民景服之治國平天下之道，此種由德性之涵容至從政之運用，正是經義精神的最大致用。班昭舉二例，伯夷、叔齊，已見前，不贅。太伯見《論語・泰伯》：

> 子曰：泰伯其可謂至德也已矣。三以天下讓，民無得而稱焉。

周太王生三子，少子季歷賢，又生聖子文王昌，昌必有天下，故泰伯以天下三讓於王季，據邢昺疏：「太王疾，太伯因適吳越採藥，太王歿而不返，季歷爲喪主，一讓也。季歷赴之，不來奔喪，二讓也。免喪之後，遂斷髮文身，三讓也。」三讓之美，皆無跡可尋，故人無得而稱焉。〔註31〕夷、齊、泰伯，

使得自安衡門之下。」而劾奏者報以實不病，有詔勿劾，引拜。玄成不得已受爵。宣帝高其節，以玄成爲河南太守。可參《史記》卷96。

〔註29〕《後漢書》卷37：丁鴻之父綝從光武帝征伐，丁鴻獨與弟丁盛居住，憐盛幼小而共寒苦。及綝卒，鴻當襲封，上書讓國於盛，不報。既葬，乃挂縗絰於冢廬而逃去，鴻經學明，善論難，章帝時，嘗論定五經同異於白虎觀，以論難最明，時人歎曰：「殿中無雙丁孝公」。

〔註30〕《孟子・萬章下》：「故聞伯夷之風者，頑夫廉，懦夫有立志。」《史記・蘇秦傳》：「今使孝如曾參，廉如伯夷。」伯夷讓國，後以義不食周粟隱居餓死，後代史家多稱讚其廉風清節。

〔註31〕泰伯事，《史記・吳世家》載之頗詳。其云：「吳太伯，太伯弟仲雍，皆周太王之子，而王季歷之兄也。季歷賢，而有聖子昌，太王欲立季歷以及昌，於太伯、仲雍及奔荊蠻，文身斷髮，示不可用，以避季歷，季歷果立，是爲王

皆以讓德而揚名顯世也，至於能「以禮讓爲國，則從政必易」(《論語‧里仁》)。故知謙讓之德，退而可立身揚名，進而可達教化之效。今鄧騭如欲預舖從政之路，則可先致推讓之名，以爲基礎，否則將來或有纖微之過，則美名不可再得，豈不盡失其利，而難保其善終。太后然其言，於是鄧騭等各還其里第。

　　桓帝延熹八年，徵陳蕃爲太尉，蕃以謙遜辭讓，帝不許。靈帝即位，竇太后「褒功以勸善，表義以厲俗」，欲封「輔弼先帝有功，忠孝德冠本朝」之陳蕃爲侯，食邑三百戶，蕃上疏讓曰：

> 臣聞讓，身之文，德之昭也，然不敢盜以爲名。竊惟割地之封，功德是爲。臣孰自思省……無它異能……臣雖無素絜之行，竊慕「君子不以其道得之，不居也。」若受爵不讓，掩面就之，使皇天震怒，災流下民，於臣之身，亦何所寄？願惟陛下哀臣朽老，戒之在得。(《後漢書》卷66本傳）

陳蕃辭讓之因有二：其一，他以爲辭讓是「身之文，德之昭也」，不可欺世盜名，必須名實相符。又引《論語‧里仁》：

> 富與貴，是人之所欲也，不以其道得之，不處也。

富與貴，既是君子所愛，然取必有道也。其二，若不辭讓，反受封爵，則於己於民，皆有大害。《論語‧季氏》云：

> 及其老也，血氣既衰，戒之在得。

得者，朱注：「貪也」，貪之不以其道，必反受其殃。陳蕃以經義佐證，論述有理，然太后不許，陳蕃復固讓，章奏前後十上，竟得不受封，上亦不制裁，可見東漢士人在當代之道德尊嚴，備受禮敬矣。

　　靈帝中平元年，楊賜因上書捕討黃巾之策有功，帝下詔封侯，賜不願獨自受封，上書願分邑於同爲侍講之劉寬與張濟。帝嘉歎，拜賜爲尙書令，數日出爲廷尉，辭曰：

> 三后成功，惟殷于民，皋陶不與焉，蓋吝之也。(《後漢書》卷54〈楊賜列傳〉)

案《尙書‧呂刑》：

> 伯夷降典，折民惟刑，禹平水土，主名山川，稷降播種，農殖嘉穀，三后成功，惟殷于民。

季，而昌爲文王」。此外，〈周本紀〉以及《詩經‧皇矣》：「自大伯王季」皆載此事，可以並參。

案伯夷以禮法教民，禹治洪水山川，后稷教民播種，此三人者，各成其功，使民足衣食，禮教完備。皋陶，亦作咎繇，《尚書・大禹謨》載舜勉皋陶：「明于五刑，以弼五教……刑期于無刑，民協于中時」，又載皋陶自敘其刑法之要：「罰弗及嗣，賞延于世，宥過無大，刑故無小，罪疑惟輕，功疑惟重……好生之德，洽于民心。」楊賜之言，意謂三后（伯夷、禹、稷），既能施禮教於百姓，使民豐衣足食，其德教實已完備，自不必採用皋陶以刑法教民之方式，蓋德爲上，刑法次之，故靈帝任之爲廷尉，楊賜以爲以刑法治民，自非良策，遂堅持辭退封位。

靈帝時，皇后父大將軍竇武，以援立靈帝有功，朝議欲加封爵。盧植時爲布衣，以竇武有名譽，乃獻書規勸其辭退封爵。曰：

> 今足下之於漢朝，猶旦、奭之在周室，建立聖主，四海有繫。論者以爲吾子之功，於斯爲重。……尋《春秋》之義，王后無嗣，擇立親長，長均以德，德均則決之卜筮。今同宗相後，披圖案牒，以次建之，何勳之有？……宜辭大賞，以全身名。又比世祚不競（彊），仍外求嗣，可謂危矣。而四方未寧，盜賊伺隙……宜依古禮，置諸子之官，徵王侯愛子，宗室賢才，外崇訓道之義，內息貪利之心，簡其良能，隨用爵之，彊幹弱枝之道也。（《後漢書》卷64〈盧植列傳〉）

案《春秋》出之於《左傳》昭公二十六年，王子朝曰：

> 先王之命，王后無適，則擇立長。年鈞以德，德鈞以卜，古之制也。
> 〔註32〕

《左傳》提出立嗣之制，在立嫡、立長，而以德性優劣爲決定先後次序之條件。桓帝崩，無嗣，太后臨朝定策，后父竇武召侍御史河閒劉鯈，參問其國中王子侯之賢者，劉鯈舉薦解瀆亭侯宏，於是武入白太后，遂徵立之，是爲靈帝（卷69）。孝靈皇帝，爲肅宗之孫，曾祖河閒孝王開，祖、父世封解瀆亭侯，帝襲侯爵，母董夫人。〔註33〕靈帝之立，雖然史稱是「河間國中王子侯之最賢者」，然觀其日後行事，如：賣官鬻爵、輸錢就職、荒淫逸樂等，〔註34〕其淫暴昏庸，

〔註32〕《左傳》之言，參前第一節「議立廢」，二、議立嗣。

〔註33〕《續漢志》載：靈帝既立，其母永樂太后好聚金以堂室，雖積金錢，猶感不足，遂教帝賣官受錢，天下忠篤之士怨望不已。

〔註34〕見拙著《東漢經術與士風》下編第五章「東漢士風與政局」第一節「桓靈荒淫」，對東漢末年晚期之政局有詳細之探究。

致使賢良被辜，政荒民散，於是忠良擯位，百姓騷動，司馬光所謂「桓靈昏虐，積多士之憤，蓄四海之怒」，東漢亡國，帝王荒淫，實是主因。而盧植所規諫之論據，乃在竇武立帝非嫡、非長，毫無經義論事之依據，而竇武於國又無功勳可言，故諫竇武宜深謀遠慮，防患於未然，況盜賊伺隙，四方不寧，恐一朝有變，難於意料，以保朝夕，故宜辭封賞，以全身名。而於朝廷，則宜依古禮以為取法，即所謂彊幹弱枝也。《尚書大傳》有云：「彊幹弱枝，尊天子、尊諸侯也」，如此內息貪利，外崇訓道，方是可行之道。惜竇武不能從。靈帝熹平四年，果如盧植而言，九江蠻反，其後竇武誅剪宦官（曹節、王甫）失敗而自殺，宗親、賓客、姻屬，悉誅之，竇太后迫遷於雲臺，不納忠言故也。

由本段，可知辭讓風氣之盛行，已為社會所崇尚，而成為東漢獨特之道德節操。《大學》云：「一家仁，一國興仁；一家讓，一國興讓」，東漢從貴戚（馬太后、陰貴人、陰興、東平憲王蒼、鄧騭），至名臣大夫（陳蕃、楊賜、劉愷、郭丹），皆以謙退辭封為德，其中亦見班昭之女性閨閣觀點，與布衣盧植規諫臨朝定策之竇武辭封之理由，他們以泰伯、伯夷、叔齊以及西伯治國，為儒家理想辭讓之典範，陳蕃所謂「讓，身之文，德之昭也」，即為其主要之思想表徵；他們也以《易經》「亢龍有悔」，與《論語》「戒之在得」，作為全其身名，以退為進之行事方針，故能俯仰自得，進退有據。雖然，辭封究為違背帝旨大逆不道之大罪，然觀察楊賜堅持辭位，陳蕃章奏前後十上，堅不受封，足見知識份子在當代之自主性，隱然之間敢與帝權相抗衡，而不致淪為威權之下附從擺盪之工具而已。東漢士人在儒家經義薰陶之下，自有其行事之依據，與特立之堅持，此亦有別於其他朝代之處，而值得進一步加以探究。

綜合本章，議封讓，共分議上尊號、議封皇子、議封戚宦、議封功臣、議封賢仁異行、議追封、議貶官、議辭讓八個單元討論。所謂封，即是生受爵祿、死賜褒賜。讓，謙退止爭也，封所以賞有功，讓所以去乖戾、興祥和，社會秩序自能趨於和諧，故明王在世，皆極力提倡，以導正社會風氣也。議上尊號、議封皇子，二者皆重在政治因素之考量；議封功臣主要以開國功臣二十八將為主，其中又特封儒術教化之功臣，予以表揚；議封賢仁異行，乃對至孝、至清，至仁以及大儒之表彰，亦證明光武崇尚氣節講明經學時代之具體成效。議追封，除貴戚外，亦追封烈士、處士，以示不忘尊有德。議戚宦，篇幅頗多，更突顯此問題在當代之嚴重性，戚宦以無勞受功，踰制封爵，當代儒者質之以經典，據之以史實「高祖之誓，非功臣不封」之例，儘管甘

冒不諱而勸諫，仍無法扼阻戚宦封爵之形勢使然，足見戚宦對政治王室之干
預力與影響力。議貶爵，以逆謀大罪，及其他政治因素，及處事不利而致貶
爵者居多。議辭讓，在東漢封官加爵之議論中，更能顯出其特異之姿采與風
範，所謂「人到無求品自高」，從王侯到布衣，從治國到修身，多見能摒棄自
身進退的利害考量者，實屬難得，故知辭讓之於東漢，已蔚爲一代風氣。本
章經義論據，茲統計如下：《詩經》十六次，《禮記》、《論語》各十一次，《公
羊傳》十次，《左傳》、《尚書》各六次，《易經》四次，《周禮》、《孟子》各三
次，《孝經》二次，其他如《史記》、《呂氏春秋》、《說苑》、《新序》、《鹽鐵論》
亦時有徵引。

第四章　議舉才與德教政治

　　人才之舉發，攸關一國之興盛，東漢學者郎顗曾說：「夫賢者化之本，雲者雨之具也。得賢而不用，猶久陰而不雨也」（《後漢書》卷 30 下），足見求賢之重要性。故知明君在位，必以求賢為要務，如此不僅可得匡弼之益，亦可收移風改政之效。孔子說：「君子之德風，小人之德草，草上之風必偃」。《尚書》亦云：「君為元首，臣作股肱」，君臣一體，同心戮力，方能風行草偃，上行下效。本章將討論東漢選舉人才之經義依據，以明瞭當代國君拔舉人才的普遍典型及其意義。並探討賢能政治下之德教內容，從而對於東漢官吏實際經義之實現，有一具體之印證。

第一節　舉逸民

一、隱者之德

　　《易經》「遯卦」曾云：「遯之時義大矣哉」，《正義》：「歎美遯德相時度宜，避世而遯，自非大人照幾，不能如此，其義甚大。」蓋遯者，乃隱退逃避之名，當君子道消，小人道長之時，若不隱遯避世，即受其害，故能相時度宜，與時進退，方是通達之人。孔子曾讚美蘧伯玉：「君子哉蘧伯玉，邦有道則仕，邦無道則可卷而懷之」（《論語·衛靈公》），以邦有道，則肆其聰明而在仕；國若無道，則韜光養晦，柔順不忤，是以謂之君子也。當國家處於改朝換代，鼎革易祚，或篡位奪權，非其正統之時，君子貴能全節而終，以俟良機。及至新朝更位，若能舉用節行超逸，隱居未仕之民，則能吸納人心，

使百姓接納誠服，故孔子云：「舉逸民，天下之民歸心焉」（《論語·堯曰》）。
《後漢書·逸民列傳》，載光武新即位，便汲汲於逸民之訪求，其云：

> 漢室中微，王莽篡位，士之蘊藉義憤甚矣。是時裂冠毀冕，相攜持
> 而去之者，蓋不可勝數。……光武側席幽人，求之若不及，旌帛蒲
> 車之所徵賁，相望於巖中矣。（卷83）

光武舉用不仕莽朝之逸民，求之唯恐不及，致使「群方咸遂，志士懷仁」（同
上）。范仲淹在其〈嚴先生祠堂記〉一文中有云：「在蠱之上九，眾方有爲，
而獨不事王侯，高尚其事。……在屯之初九，陽德方亨，而能以貴下賤，大
得民也。」又說：「而使貪夫廉，懦夫立，是大有功於名教也」。蠱、屯二卦，
皆出於《易經》，意謂嚴光不承事王侯，不復以世事職位累於心，其志清虛高
尚；而草創之世，民思其主，光武既能以貴下賤，所以能大得民心也。如此，
於風俗人心之教化必有裨益。范氏之語，最能說明此中喻意。

統計《後漢書》中，隱居以求其志，不仕以求其高之逸民，及其所習經
典，今依年代先後整理于後：

光武—逢萌（春秋經）、徐房、李子雲、王君公（易）、周黨（春秋）、譚
　　　賢、殷謨、王霸、嚴光、井丹（五經）、鄭敬、向長（易經）、楊
　　　寶（歐陽尚書）、龔勝、龔舍、蔣詡。

章帝—梁鴻（博覽無不通）、高恢、高鳳（名儒）、臺佟。

安帝—周燮（詩、禮、易）、馮良（詩、禮、易）〔註1〕、廖扶（韓詩、
　　　歐陽尚書）、任棠。

順帝—法眞（博通內外圖典，爲關西大儒）、張楷（嚴氏春秋、古文尚書）。

安桓之際—矯慎、馬瑤。

桓帝—韓康、漢陰老父、陳留老父、魏桓、徐穉（嚴氏春秋、京氏易、
　　　歐陽尚書）、徐穉〔註2〕、姜肱（五經、星緯）、袁閎（經典）、韋

〔註1〕馮良事見《後漢書》卷53：「馮良字君郎，出於孤微，少作縣吏，年三十，爲
　　　尉從佐（隨從而已，不主案牘之事）。……恥爲廝役，因壞車殺馬，毀裂衣冠，
　　　乃遁至犍爲從杜撫學。」杜撫習韓詩，據卷79下〈儒林列傳〉：「杜撫……受
　　　業於薛漢，定韓詩章句……沈靜樂道，舉動必以禮，弟子千餘人。」然依王
　　　先謙《集解》引惠棟曰：眞誥云：『從師受詩傳、禮、易，復學道術占候。』」
　　　案：《後漢書》與《集解》所載馮良所習經典各異，今兼存其說。

〔註2〕徐穉所習經典，《後漢書》卷53並無記載。然可見於《謝承後漢書》卷3云：
　　　「穉少爲諸生，學嚴氏春秋、京氏易、歐陽尚書，兼綜風角、星官算歷、河
　　　圖七緯、推步。」

著（京氏易、韓詩）〔註3〕、李曇、姜岐、董班、孟嘗。

靈帝—孫期（京氏易、古文尚書）、陸褒。

獻帝—龐公。〔註4〕

此外，尚有不詳時代之隱逸之士，計有鮑昂、孔嵩、段翳（易經）、戴良、延篤（尚書、春秋、詩經）、孔喬（古文尚書、春秋左氏傳）、尹勤（韓詩）、張匡（韓詩）。〔註5〕

從右列資料五十一人，可以明瞭逸士研習經典之普遍性，然其不為致君澤民，圖國利世之舉，卻選擇養志修道，懷德避世之行，究其行止，試分析如下：

（一）東德隱逸人士，大抵可分為三類

1. 不仕王莽，守節隱居，如逢萌、徐房、李子雲、王君公、周黨、譚賢、殷謨、王霸、楊寶、龔勝、龔舍、蔣詡等，皆光武時人。

2. 清志高世，隱居不仕，此類人物最多，其中以嚴光「不仕王侯，高尚其志」為代表。

3. 養親行孝，終身不仕，以李曇、孫期、尹勤、鮑昂為代表。

此外，袁閎於桓帝延熹末年，見黨禍將作，遂散髮絕世，以母老不宜遠遁，乃築土室，且於室中東向拜母；母思閎時，往就視，母去，便自掩閉，兄弟妻子莫得見也（卷45）。觀袁閎欲投跡深林，然以孝親之故，不得不築土室隱居於戶旁，就其行跡而言，乃介於2、3類之間，故別為言之。

（二）東漢隱逸人士之行止，可從時代政治之變革中，明其進退動靜，大抵而言，光武之時，隱逸之主因，多以不仕王莽之守節精神為尚。章帝以至安、桓二帝之際，則以保終性命，存神養和之清高淡泊人士為主，法真所

〔註3〕韋著所習經典，《後漢書》卷26本傳，以及卷53只載其「經行知名」、「德行純備」，並無明確記錄，史料中可見於《謝承後漢書》卷1：「著少修節操，持京氏易、韓詩，博通術藝。」

〔註4〕以上統計，其出處為：鄭敬見《後漢書》卷29，陸褒見卷31，張楷見卷36，袁閎見卷45，任棠、姜岐見卷51，魏桓、周燮、馮良、徐稺、姜肱、韋著、李雲、徐胤、申屠蟠俱見卷53，袁閎事跡亦可於此卷參看。楊寶、龔勝、龔舍、蔣詡見卷54，董班見卷63注引《楚國先賢傳》所引，孫期見卷79上，廖扶見卷82上，餘皆見卷83〈逸民列傳〉。

〔註5〕鮑昂見《後漢書》卷29、延篤見卷64、孔嵩見卷81、段翳見卷82上、孔喬見《謝承後漢書》卷6、尹勤見姚輯《東觀漢記》卷19、張匡見《兩漢三國學案》卷6。

謂「幽居恬淡，不交人間事」（卷 83），即其心態。桓帝以後，二次黨禍，海內塗炭二十餘年，諸所蔓衍，皆天下善士，甚至身被極刑，破族屠身而禍及朋友，士類殲滅而國隨以亡，當此之時，朝政既不能持於一統，人倫綱紀於是乎大壞，士人睹政局之黑暗，傷天道之不能振，慟衰世之不能挽，失望之極，乃歸於遁世之途。如徐稺謂茅容曰：「爲我謝郭林宗，大樹將顛，非一繩所維，何爲栖栖不遑寧處？」（卷 53）；徐稺之意，謂時將衰亂，非一人所能救，蓋所謂「天下無道，則可卷而懷之」之意。此外，姜肱以政在閹豎，隱身避命；袁閎於漢末世亂之時，乃散髮絕世（同上）；龐公爲保全一身，隱居採藥不仕（卷 83），皆隱居以求避患也。由以上可知隱逸人士進退動靜階段之轉變，皆與時代之脈動息息相關也。

（三）綜合隱逸人士所效法之人物，計有伯夷、叔齊、原憲、巢父與許由。其中，周黨法夷、齊；鄭敬法巢、許；張楷法原憲、夷、齊；矯愼法巢、許、夷、齊；周燮法綺季等，以下將略述上述人物之性格典型及其事跡。

1. 伯夷、叔齊

皆有讓國之賢名，及周武王伐商，伯夷以其非人臣之道，叩馬而諫，及周統一天下，恥食周粟，隱於首陽山，遂餓死。此二人，不僅成就難得之讓國之美，且能於國亡之後，守節隱居而死，故前人評價多稱譽之辭，故爲儒家聖之清之理想典型。〔註6〕

2. 原 憲

春秋魯人，或曰宋人，字子思，亦稱原思，孔子弟子，清靜守節，貧而樂道，孔子相魯，憲嘗爲邑宰，孔子卒，憲退隱於衛。〔註7〕《論語・雍也》：「原思爲之宰，與之粟九百，辭。曰：『毋，以與爾鄰里鄉黨乎！』」孔子當時任政爲魯司寇，以原憲爲家邑宰，孔子依祿法給予合理之俸祿，憲則辭讓不受，孔子以其爲當受無讓，乃君子之義，並建議其可推善施粟於鄰里鄉黨之人。由此事觀之，原憲有讓財之美，與伯夷之讓國，同具有推讓之美德，原憲並能貧而守節，樂而踐道，與伯夷同具有「清」之特質。

〔註 6〕 伯夷、叔齊事可參前第三章「議辭讓」一節，參註38，另見《論語》〈公冶長〉、〈述而〉、〈季氏〉、〈微子〉；以及《孟子》〈公孫丑上〉、〈滕文公下〉、〈離婁上〉、〈萬章上〉、〈盡心上〉等篇，《史記》〈伯夷列傳〉亦有詳述，可以并參。

〔註 7〕 見《史記》卷 67「仲尼弟子列傳」。原憲即原思，可參《論語》〈雍也〉、〈憲問〉篇。

3. 巢　父

陶唐高士，山居不出，年老以樹為巢，而寢其上，故號巢父。堯以天下讓之，不受；堯又讓許由，由以告。巢父曰：「汝何不隱汝形，藏汝光，若非吾友也」。〔註8〕巢父，許由二人，以其行事風格類似，史籍由來並稱之。《漢書·鮑宣傳》：「堯舜在上，下有巢由」；〈白居易詩〉：「巢許終身隱」。堯舜為儒家理想人物之代表，巢、由則為隱逸無為人物之表徵。巢父擺落世俗價值觀之束縛，以樹為巢，為當代之有巢氏，其視天下名位如俗物，棄而不受，甚至責備其友許由不能韜光養晦，泯滅形跡，以超然物外，不為物役，故知其宅心深處，自有一「天風飄渺，白雲邈然」（錢穆先生語）之襟懷，而凌乎王侯將相遠矣。

4. 許　由

陶唐高士，陽城槐里人。字武仲，隱居沛澤中，堯讓以天下，不受。遁居於穎水之陽，箕山之下。堯又召為九州長，由不欲聞，洗取於穎水之濱。〔註9〕傳說中又有「許由掛瓢」之記載。〔註10〕許由逃名，棄天下至尊之帝位而逃遁，然名亦隨之；故堯又召為九州長，或為惜才，或再一次名位之試煉，許由終以名位為染、為累；遂於穎水之濱洗耳，以示己志。誠所謂「不仕王侯，高尚其志」也，其境界較諸「形跡俱泯」之巢父，自略遜一籌，然其作風，亦為隱逸人士之理想典型，而為凡人所難企及。

5. 綺　季

《漢書·王貢兩龔鮑傳序》：「漢興有園公、綺里季、夏黃公、角里先生，此四人者，當秦之世，避而入商雒深山，以待天下之定也。」漢高祖聞而召之，不至。其後呂后用留侯計，使皇太子迎而致之，卒安太子。綺季或曰綺里季夏，或曰居綺里，季其字也。或曰姓朱名暉，未知孰是。此四人皆避世隱居，度時出仕之典型。

二、隱者之恥

值得注意者，則為當代隱逸人士視為「我輩之恥」之行止，當可與上述

〔註8〕見《潛夫論·交際》，以及《史記》卷67〈仲尼弟子列傳〉。

〔註9〕見《史記·燕世家》、〈高士傳上〉。

〔註10〕「許由掛瓢」或作「許由一瓢」，出於蔡邕所撰《琴操》一書。謂許由隱箕山，無杯器，以手掬水飲，人遺一瓢，始得操飲，飲終掛樹上，風吹歷歷有聲，由以為煩擾，遂捐棄之。

類型作一對照。《後漢書》載：

> 韋著……少以經行知名，不應州郡之命，大將軍梁冀辟不就。延熹
> 二年，桓帝公車備禮徵至霸陵，稱病歸，乃入雲陽山，采藥不反。
> 有司舉奏加罪，帝特原之，復詔京兆尹重以禮敦勸著，遂不就徵。
> 靈帝即位，中常侍曹節以陳蕃、竇武既誅，海內多怨，欲借寵時賢
> 以爲名，白帝就家，拜著東海相。詔書逼切，不得已，解巾之郡，
> 政任威刑，爲受罰者所奏，坐論輸左校。又後妻憍恣亂政，以之失
> 名，竟歸，爲姦人所害，隱者恥之。（卷26）

韋著三次辭絕公府之徵聘，以明隱逸之決心，桓帝時，甚且稱病入山採藥而不
返，其飄然不群，塵埃不染之獨立風姿，誠爲時人所欽慕；惜其不能保其晚節，
卒誘於名位，遂爲中常侍曹節所辟。在位期間，又不能以德治民，卻以威刑理
政，卒遭貶謫之途，而縱妻恣亂，致使失名失官，竟爲姦人所害。觀其一生，
前期隱逸不仕，清志高世；後期守節不篤，爲官無德，治妻無方，竟不能全身
而終，其與「不仕王侯，高尚其志」之隱者相較，何啻天壤，故爲隱者所恥。

三、由隱而仕

　　變節失德，誠爲隱者之輩所恥，此與眞正不交人間事，守道隱居者而言，
相去何若雲泥，而東漢士人由隱逸而出仕，進而能於政治有所建樹，教化百
姓者，頗不乏其人，如《後漢書》載東漢初年，會稽都尉任延禮聘隱者龍丘
萇，即爲此類之典型。文云：

> 吳有龍丘萇者，隱居太末，志不降辱。王莽時，四輔（太師、太傅、
> 國師、國將）、三公（太司馬、司徒、司空）連辟，不到。掾史白
> 請召之。延曰：「龍丘先生躬德履義，有原憲、伯夷之節。都尉埽
> 灑其門，猶懼辱焉，召之不可。」遣功曹奉謁，修書信，致醫藥，
> 吏使相望於道。積一歲，萇乃乘輦詣府門，願得先死備錄。延辭讓
> 再三，遂署議曹祭酒。萇尋病卒，延自臨殯，不朝三日。（卷76）

龍丘萇躬德履義，不仕王莽，雖在位者連辟，誘以名位，仍不爲之降志辱身，
《孟子》所謂「富貴不能淫」〈滕文公下〉是也。及至東漢初年，任延欲召
之爲吏，猶懼辱焉，故而「遣功曹奉謁，修書記，致醫藥，吏使相望於道」，
積一年，龍丘萇乃請編名錄於郡職，願爲其吏。任延延聘隱者出仕之模式，
使隱者得到莫大禮遇與尊敬，以致「郡中賢士大夫爭往宦焉」，故會稽頗稱

多士。

其他由隱而仕之例證，茲簡述歸列如下：

1. 光　武

(1) 周澤：少習《公羊嚴氏春秋》，隱居教授，門徒常數百人。光武中元元年，遷黽池令。奉公剋己，矜恤孤羸，吏人歸愛之。明帝永平十年，拜太常，在朝果敢直言，數有據爭，帝特爲蒙賜，是時京師翕然，在位者咸自勉勵。(《後漢書》卷 79 下)〔註11〕

(2) 王丹：西漢哀、平時，仕州郡。王莽時，連徵不至。家累千金，隱居養志，好施周急。行之十餘年，其化大洽，風俗以篤。將軍鄧禹西征關中，軍糧乏，王丹率宗族上麥千斛。禹表丹領左馮翊，稱疾不視事，免歸。後徵爲太子少傅、太子太傅。(卷 27)

2. 和　帝

(1) 司馬均：均字少賓，安貧好學，隱居教授，不應辟命。信誠行乎州里，鄉人有所計爭，輒令祝〔詛也〕少賓，不直者終無敢言。位至侍中，以老病乞身，和帝賜以大夫祿，歸鄉里。(卷 36)

(2) 汝郁：性仁孝，及親歿，遂隱處山澤。後累遷爲魯相，以德教化，百姓稱之，流人歸者八、九千戶。(同上)〔註12〕

3. 桓　帝

(1) 劉淑：少學明五經，遂隱居，立精舍講授，諸生常數百人。州郡禮請，五府連辟，並不就。桓帝永興二年，司徒种暠舉淑賢良方正，辭以疾。桓帝聞淑高名，切責州郡，使輿病詣京師。淑不得已而赴洛陽，對策爲天下第一，拜議郎。又陳時政得失，再遷尚書，納忠建議，多所補益。(卷 67)

(2) 楊秉：少傳父業，習《歐陽尚書》，兼明《京氏易》，博通書傳，常隱居教授。年四十餘，乃應司空辟，拜侍御史，遷任城相。計日受奉，餘祿不入私門，故吏齎錢百萬遺之，閉門不受，以廉潔稱。尚書令周景與尚書邊韶議奏薦舉，召拜太常，在位以淳白稱。(卷 54)

〔註11〕周澤事，亦見姚輯《東觀漢記》卷 17「列傳」，以及《兩漢三國學案》卷 8。
〔註12〕司馬均與汝郁，皆爲和帝時侍中賈逵所薦，帝即徵之，並蒙優禮。事見《後漢書》卷 36〈賈逵列傳〉。

4. 靈　帝

（1）荀悅：年十二，能說春秋。靈帝時閹宦用權，士多退身窮處，悅乃託
　　　疾隱居，時人莫之識。獻帝頗好文學，荀悅及少府孔融侍講禁中，累
　　　遷祕書監、侍中。（卷 62）

　　由上文可知，隱者之所以為隱，或為仁孝於親，或不為二臣以全忠節，
或隱居教授以求其志；及其為官，由隱而仕，或奉公剋己，吏人歸愛，如周
澤；或德化大治，風俗以篤，如王丹；或信誠行乎州里，不直者終無敢言，
如司馬均；或以德教化，百姓稱之，流人自歸，如汝郁；或對策天下第一，
納忠建議，多所補益，如劉淑；或計日受奉，廉潔淳白，如楊秉；當其隱也，
則獨善其身，守默養志；及其仕也，則兼善天下，利澤百姓，其進退動靜，
皆足為天下之典型，此亦為隱士所以「天子有所不得臣，諸侯有所不得友」
之因也。

四、隱逸之經典依據

　　隱逸既為東漢之所尚，就天子而言，其所以樂舉逸民之因，可由《孟子・
公孫丑》作一佐證（孟子在當代乃諸子之一）：

　　　故將大有為之君，必有所不召之臣，欲有謀焉則就之，其尊德樂道，
　　　不如是不足與有為也。故湯之於伊尹，學焉而後臣之，故不勞而王。
　　　桓公之於管仲，學焉而後臣之，故不勞而霸。

趙岐注曰：

　　　言古之大聖大賢，有所興為之君，必就大賢臣而謀事，不敢召也。
　　　王者師臣，霸者友臣也。

王者既為非常之君，則必有非常之作為，其所以異於霸者之「以力服人」（《孟
子・公孫丑》）者，則不僅以德修身，行仁政於民，使百姓「中心悅而誠服」
（同上），且於賢士貴能「尊德樂道」，往而就教，「學焉而後臣之」，絕不可
以權位驕人，召之必來，揮之即去，此賢士之所以歸心，而王者之所以為王
者也，故孟子云：「故將有有為之君，必有所不召之臣」。司馬光《資治通鑑》：

　　　是故有道德足以尊主，智能足以庇民，被褐懷玉，深藏不市，則王
　　　者當盡禮而已以從之，然後能利澤施于四表，功烈格于上下。蓋取
　　　其道不取其人，務其實不務其名也。（卷 51）

司馬光以為懷玉深藏之隱逸之士，道德足為君主所尊，智能足能庇護人民，

故王者當竭誠盡禮，屈己克己，訪之從之，期能使利益澤及國家，功烈傳諸久遠，味其言，最能將孟子經義作一深度之引申與發揮，亦將王者與隱逸之士彼此應有之對待一語道盡。

而王者一旦虛心盡禮，徵召逸民而至，於朝廷而言，究有何助益？《後漢書·逸民列傳》，載順帝時，田弱薦同郡關西大儒「法眞」。曰：

> 處士法眞，體兼四業（詩、書、禮、樂），學窮典奧，幽居淡泊，樂以忘憂。……臣願聖朝就加袞職，必能唱清廟之歌，致來儀之鳳矣。
> （卷83〈法眞列傳〉）

案法眞「恬靜寡欲，不交人間事」，博通內外圖典，弟子自遠方至者數百人，曾辟公府，舉賢良，不就。順帝虛心欲致，前後四徵，其深自隱絕，終不降屈，友人郭正曰：「逃名而名我隨，避名而名我追」，故譽之爲「百世之師」，並共刊石頌之，號爲「玄德先生」。觀田弱之引文，係出於《詩經·周頌·清廟》：

> 於穆清廟，肅雝顯相，濟濟多士，秉文之德。

案〈詩小序〉：「清廟，祀文王也。周公既成洛邑，朝諸侯，率以祀文王焉」。《正義》：

> 以朝廷之臣，親受文王之化，故言秉文之德。則外臣疏遠，言其自有光明，亦所以互相通也。

意謂廟堂重臣與疏遠外臣，皆同受君主之教化。「來儀之鳳」，見《書經·益稷》：

> 簫韶九成，鳳皇來儀。

注曰：

> 雄曰鳳，雌曰皇，靈鳥也。儀，有容儀。備樂九奏而致鳳皇，則餘鳥獸不待九而率舞。

來儀，言鳳凰感帝盛德而來，有容儀也，即瑞應也。田弱之語，謂順帝徵召隱者法眞，必能使君主之德教，化及朝野之士，而感瑞應之事，就爲政者而言，實爲一件美事。

其次，就隱者而言，其所以隱居守志，連徵不至，可由王霸之言窺其心意。《後漢書》本傳云：

> 王莽篡位，棄冠帶，絕交宦。建武中，徵到尚書，拜稱名，不稱臣。有司問其故。霸曰：「天子有所不臣，諸侯有所不友。」……以病歸。

> 隱居守志，茅屋蓬戶。連微不至，以壽終。（卷83）

同書〈周黨傳〉云：

> 及光武引見，（周）黨伏而不謁，自陳願守所志，帝乃許焉。……詔
> 曰：「自古明王聖主必有不賓之士。伯夷、叔齊不食周粟，太原周黨
> 不受朕祿，亦各有志焉。其賜帛四十匹。」黨遂隱居黽池，著書上
> 下篇而終。邑人賢而祠之。（同上）

王霸所言：「天子有所不臣，諸侯有所不友」，以及光武所言：「自古明王聖主
必有不賓之士」，其言係出於《禮記‧儒行》：

> 儒有上不臣天子，下不事諸侯。

所謂「不賓之臣」，即不召之臣，謂賢能而不可招致之臣。以其不可招致，故
能突顯士人本身不爲名利屈身之尊貴，故〈儒行〉言：「上不臣天子，下不臣
諸侯」。除《禮記》外，其他經典，如《孟子》一書，亦多處提及相似觀點，
〈告子〉篇云：

> 孟子曰：有天爵者，有人爵者，仁義忠信，樂善不倦，此天爵也。公
> 卿大夫，此人爵也。古之人脩其天爵而人爵從之，今之人脩其人爵以
> 要人爵，既得人爵而棄其天爵，則惑之甚者也，終亦必亡而已矣。

又載：

> 孟子曰：欲貴者，人之同心也。人人有貴於己者，弗思耳矣。人之
> 所貴者，非良貴也，趙孟之所貴，趙孟能賤之。詩云：「既醉以酒，
> 既飽以德」，言飽乎仁義也，所以不願人之膏梁之味也，令聞廣譽施
> 於身，所以不願人之文繡也。（同上）

孟子以爲「仁義忠信，樂善不倦」，乃上天賦予人人尊貴之爵位，故以德自飽，
猶如以酒自醉，可以自修以達內聖之境界。至於「公卿大夫」，乃別人給予之
爵位，故可能因人之好惡而予取予奪，孟子所謂「趙孟之所貴，趙孟能賤之」，
故名位之於君子，誠屬外在不易掌控之因素，君子亦不妄加追求。唯有修其
天爵，高標自持，方可突顯士人以道自重之尊嚴，而不至追求「人爵」而失
去「天爵」，故王霸之「拜稱名，不稱臣」，周黨之「及光武引見，黨伏而不
謁」，皆緣於以上所引經典之行爲依據。

其他經典，如《禮記‧大學》：「自天子以至於庶人，壹是皆以脩身爲本」，
修身爲本，其目的在具備人之所以爲人之基本道德，而此種道德乃「君子所
性，雖大行不加焉，雖窮居不損焉，分定故也」〈盡心〉，至於得天下與否，

無關乎德性之增損，「有天下」，僅爲「在其位，謀其政」之工具，並非修身之目的。儒家以修養人格爲本，本末不可混同，更不可歧路亡羊，捨本而逐末，故〈大學〉云：「其本亂而末治者否矣」。修身既爲根本，舜乃視天下若敝屣，孔子曰：「巍巍乎舜禹之有天下也，而不與焉」（《論語・泰伯》）。孟子曰：「非其義也，非其道也，祿之以天下，弗顧也」〈萬章〉，又曰：「行一不義，殺一無罪，而得天下，皆不爲也」〈公孫丑〉。以上引證經典，在在皆說明天下爲末，修身爲本之理，人格一旦扭曲變質，縱然「祿之以天下」，毋寧棄而弗顧，故君子可以隱居以求其志，亦可以入世以求其道，此乃儒家士人從政之根本大義，亦爲士人在仕與隱之間之最大分際。

　　隱逸在求內在精神自由之徹底實踐，就修身之層面而言，可謂是另一種從政之方式。《後漢書・郅惲列傳》載隱士鄭敬之言曰：

> 今幸得全軀樹類，還奉墳墓，盡學問道，雖不從政，施之有政，是亦爲政也。……勉正性命，勿勞神以害生。（卷29）

鄭敬所言，係出於《論語・爲政》：

> 或謂孔子曰：「子奚不爲政？」子曰：「書云：『孝乎惟孝，友于兄弟』，施於有政，是亦爲政，奚其爲爲政。」〔註13〕

儒家以孝來規範人與人之親情關係，即爲「倫常」。《禮記・祭統》：「孝者，畜也。順於道，不逆於倫，是之謂畜」。〈祭義〉：「至孝近乎王，至弟近乎霸。至孝近乎王，雖天子必有父；至弟近乎霸，雖諸侯必有兄。先王之教，因而弗改，所以領天下國家也。」儒家把起源於親情之「孝」，納入倫理政治之範疇，推此善事父母親親之心，以至於指導社會國家之政令，故云：「施於有政，是亦爲政。」鄭敬雖隱逸而不從政，然其以爲隱遁好道，在家孝悌，亦從政之義也，非必規規然於在朝仕宦，方是從政之道，蓋小我之完成，亦即大我之實踐，孟子所謂「推恩足以保四海，不推恩無以保妻子」（梁惠王），即此義也。此爲隱逸中人較近於入世者。

　　除孝悌之實行外，隱者之所以爲隱者，其決定之動機，常緣於時代現象觀機度時之抉擇。《後漢書・周燮列傳》：

〔註13〕　《論語・爲政》所引《書經》，乃出於〈周書〉〈君陳〉：「王若曰：君陳，惟爾令德孝恭，惟孝友于兄弟，克施有政。」言其有令德，善事父母，行己以恭，善事父母者，必友于兄弟，推此親親之心，以至於疏遠，故能施於政令，皆仁恕之心也。

（安帝）延光二年，以玄纁羔幣聘（周）燮，燮曰：「吾既不能隱處
巢穴，追綺季之跡，而猶顯然不遠父母之國，斯固以滑泥揚波，同
其流矣。夫修道者，度其時而動，動而不時，焉得亨乎！」（卷 53）

所謂「度其時而動」，經典中，對時機之掌握，言之詳矣。《書經・說命》篇
云：「慮善以動，動惟厥時」，《易經・蒙》：「時，中也」。〈大有〉：「應乎天而
時行，是以元亨」。〈艮〉：「時止則止，時行則行，動靜不失其時」。〈繫辭下〉：
「君子藏器於身，待時而動，何不利之有」。《禮記・中庸》則以「時中」區
分君子與小人，其云：

仲尼曰：「君子中庸，小人反中庸，君子之中庸也，君子而時中。小
人之中庸也。小人而無忌憚也。」（卷 52）

所謂庸者，常也。君子以用中為常道，小人則以無畏難為常行，故曰反中庸
也。《書經》、《易經》、《禮記》等經典，皆在闡明「動靜不失其時」之智慧，
而孔子乃是深諳其中機趣之聖者。《孟子・公孫丑》載孔子：

可以仕則仕，可以止則止，可以久則久，可以速則速，孔子也。

孟子以為孔子是最擅長掌握仕與隱分際之人，其動靜觀瞻，皆能順乎天而應
乎人，故孟子譽為「聖之時者也」〈萬章〉。東漢士人周燮「十歲就學，能通
《詩》、《論》；及長，專精《禮》、《易》。不讀非聖之書，不脩賀問之好。……
非身所耕漁，則不食也」（卷 53），其學行可謂俱佳，故當安帝以玄纁羔幣聘
召之時，宗族勸之曰：「夫修德立行，所以為國」，懷器在身，當奉獻所學；
而周燮則以為修道之人，所以異於常人者，在於具有「度時而動」之智慧，
「動而不時，焉得亨乎！」即《易經・大有》所言：「應乎天而時行，是以
元亨」（亨，通也），周燮既專精《易經》，其於「時中」之義，必有深切之
體會，故乃遣門生還其所致之禮，遂辭疾而歸。

由以上可知：東漢隱逸之士，或不為二臣，或清志高世，或養親行孝，
終身不仕，考諸經典實有其行事之依據。士人既以修身為本，則「祿之以天
下」，為名利而屈身逢迎，則必失去君子守道修身之本義，故為隱者所恥。而
隱居既可修身以行孝，行孝則不分位之高下，以行孝之心施於天下政治，必
為良政，故隱居亦不失為政之形式。然隱居必度時而後動，方為明智之舉。
總之，就為政者而言，對待隱者，若能尊其德，樂其道，竭誠盡禮以待之，
方能收歸民心，使普天之下，同受其化，所謂「舉逸民，而天下歸心」，即此
義也。

第二節 舉經明行修之士

一、選舉科目

秦朝統一天下之後,為中國社會職官選舉法樹立新制度與雛型,其於後代之選舉,影響可謂深遠。漢承秦制,前修未備,後出轉精,終於形成一套較能符合國情之選舉制度。兩漢選舉科目,頗為繁複,大抵可分為下列科目,今列表如下:

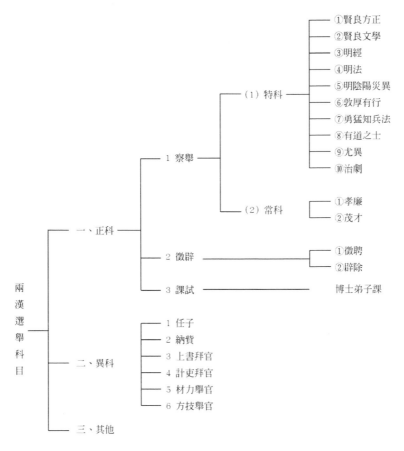

```
                                            ┌─ ①賢良方正
                                            ├─ ②賢良文學
                                            ├─ ③明經
                                            ├─ ④明法
                              ┌─(1) 特科 ─┤─ ⑤明陰陽災異
                              │             ├─ ⑥敦厚有行
                              │             ├─ ⑦勇猛知兵法
                    ┌─1 察舉 ─┤             ├─ ⑧有道之士
                    │         │             ├─ ⑨尤異
                    │         │             └─ ⑩治劇
                    │         │
                    │         └─(2) 常科 ─┬─ ①孝廉
          ┌─一、正科─┤                       └─ ②茂才
          │         │
          │         ├─2 徵辟 ──────────┬─ ①徵聘
    兩     │         │                    └─ ②辟除
    漢     │         │
    選 ────┤         └─3 課試 ──────── 博士弟子課
    舉     │
    科     │         ┌─1 任子
    目     │         ├─2 納貲
          ├─二、異科─┤─3 上書拜官
          │         ├─4 計吏拜官
          │         ├─5 材力舉官
          │         └─6 方技舉官
          │
          └─三、其他
```

(一)察舉的本意在考察與推舉人才。由丞相、列侯、刺史等,對入選者之品行、儀表、年齡等,實行嚴格考察,經過考核合格,即授與官職。其中可分為特科與常科。就特科可分為:賢良方正、明陰陽災異、敦厚有行三項,多發生在日蝕、地震、山崩等重大自然災害之後,皇帝為表示「罪己」,或求賢取官,以詢訪政治得失;或直接選拔官吏,以賑濟民間疾苦。賢良文

學、明經二科，用意皆在提倡儒家學術，前者重在尊崇儒術，以達政治之儒化；後者主要爲選拔通曉儒家經學之官吏。明法是針對法學人才之選拔，勇猛知兵法乃拔擢剛毅武猛、明曉戰陣、足任將帥者，以配合國家軍事之所需。有道之士科之察舉，是對孝廉、茂才科之補充，不同的是：孝廉爲歲舉常科性質，而有道之士則爲臨時性之設科而已。尤異科係指政績卓著而言，察舉對象儘限於具有優秀政績之在任官員，通過政績考核而晉升更高一級之職務，故此科實有利於鼓勵政績卓著、品行廉潔之官吏，對於政治之清明有一定之積極意義。治劇科之選拔宗旨，與尤異科近似。所謂「劇」，是指難以治理之郡縣，尤異科察舉是以政績好壞作爲擇升職官之標準，而治劇科之察舉，目的則在選拔治難治亂之項尖人才，如此不僅社會可維持一定秩序，對於中央有效行使對地方之職權管轄，亦有重大之意義。

以上特科，就成立時間而言，除「有道之士」一科，成立於東漢末年，[註14] 其餘大抵皆在西漢之際。特科十類，其科目皆較有代表性，此外，還有一些零星之雜舉，諸如「可充博士位者」，「能浚川疏河者」，「可勝仕大司馬者」，「明當世之務、習先經之術」等，多爲依據當時形勢之需要，臨時增列，並無具體而微之條件設定，故不列入表格之內。

就察舉常科而言，可分爲孝廉與茂才兩科。舉孝廉每年固定舉行，屬歲舉常科。孝廉，原爲舉孝、察廉兩科目，《漢書》卷六〈武帝紀〉顏師古注：「孝謂善事父母者，廉謂清潔有廉隅者」，前者指孝事，後者指廉政。據統計，西漢歲舉孝廉約二百人，東漢和帝永元以後，每年約舉孝廉二百三十人，孝廉乃由郡國選送中央，西漢時不需考試，東漢順帝時，經由左雄提出考試之改革方案，[註15] 此後必經考試合格，先授予郎官或令丞之官職，再依其政

[註14] 「有道」一科又稱「有道之士」科，創立於東漢末年。《後漢書》卷5〈安帝紀〉載：「（永初元年）三月……詔公卿內外眾官、郡國守相，舉賢良方正、有道術之士，明政術、達古今、能直言極諫者，各一人。」其後，安帝永初五年詔「有道術」科之察舉，建光元年再舉「有道之士」。

[註15] 《後漢書》卷61〈左雄列傳〉載其上書順帝云：「自今孝廉年不滿四十，不得察舉。皆先詣公府，諸生試家法，文吏課牋奏，副之端門（集解引通鑑胡注：宮之正南門），練其虛實，以觀異能，以美風俗。」左雄有鑒於舉孝廉之不實，故而提出年齡與考試項目之鑑定。考順帝之前和帝時，中央已依現有人口比例，中原各郡每二十萬口舉一人，邊遠少數民族地區十萬以上舉一人，不滿十萬兩年舉一人，五萬以下三年舉一人（《後漢書》卷4〈和帝紀〉），至此察舉孝廉之方式乃更形完整。

績優劣逐步晉升。茂才原稱秀才，〔註16〕選拔首重奇才，西漢時仍爲不定期察舉，東漢光武時方定爲歲舉科目。〔註17〕東漢所舉茂才，約六十餘人，較東漢時所舉孝廉約四萬左右，此例懸殊很大，其主因，除在察舉時，茂才比孝廉限制較爲嚴格，數量自然減少，聲譽也較孝廉崇高。

（二）就徵辟而言：起於西漢時期，可分爲徵聘與辟除兩類。徵聘是禮聘德高望重人士入朝參政，凡徵召者，多安置爲顯要官職，不必經由正常順序之升遷管道，故爲當代所尊崇，亦反映漢代尊儒重賢之時代特色。辟除又稱自辟，是公府（丞相府、太尉府、御史大夫府）與州郡（地方長官）自行選拔幕僚屬員之制度，所謂「名公巨卿，以能致賢才爲高；而英才俊士，以得所依秉爲重」。〔註18〕而被辟除者，是否接受任官，去留自便，其無強制性，以選舉制度而言，實具有相當程度之彈性運用，故爲後代政治家所推崇。

（三）課試：博士弟子課試，是通過考試之後，再由博士弟子中選補官吏。首創於武帝元朔五年，立五經博士，并招收首批博士弟子五十人，西漢末年，人數已超過三千人。東漢光武設五經十四博士，且增招博士弟子，至質帝本初元年（146），人數已劇增至三萬餘人，從數量上而論，除了顯示當代經學之盛行與出路外，亦顯示其「倚席不講、浮華相尙」質量不等之危機。課試之檢覈，內容皆以經學爲主，依成績優劣再定立官位品級之授任。其後靈帝光和元年，置鴻都門學，諸生以尺牘辭賦代替經學，於是博士弟子考試制度乃名存實亡，而經學亦隨之而轉爲衰微。

除了正科之選舉外，漢代選拔科目尙有異科一途，其任官非經正常考選之方式，故曰異途，茲略述如下：

（一）任子：凡有功勳和較高官位之人，子孫可繼承其職權，此即襲蔭之任子制度。兩漢之任子官，或父任、兄任、宗家舉任、外戚任、姊任、族父任、族長任等，所涵蓋之範圍頗廣，然由於過於浮濫，亦影響正常之選任制度無法通暢運作。

〔註16〕茂才科首見於漢武帝時代。《漢書‧武帝紀》：「元封五年……詔曰：『其令州郡察吏民有茂材異等可爲將相及使絕國者』。」茂材即茂才，東漢初年，因避漢光武帝劉秀名諱，故改爲茂才。

〔註17〕《後漢書‧百官志》載光武建武十二年八月特頒詔書：「三公舉茂才各一人……光祿歲舉茂才四行各一人……監察御史、司隸、州牧歲舉茂才各一人。」由本文可知茂才至此始成爲定期之歲舉科目。

〔註18〕見《東漢會要》卷27〈選舉〉下。

（二）納貲：賣官鬻爵爲選舉制度中最爲腐朽不合理之制度，漢自文帝時始承襲秦始皇，漸形成制度。武帝時，爲解決對外匈奴之戰爭與民生財政之窘境，一則實行鹽鐵官營，一則公開「入物者補官，入財者補郎」〔註19〕之賣官政策，故知此制當代頗爲興盛。東漢初，一度因時代提倡氣節而轉趨平和，直到東漢末年，尤其是桓、靈二帝，竟然公開賣官，〔註20〕不僅印證當時吏治之腐敗，亦造成當代職官選舉制度之危害，東漢政治之衰敗，由此可窺其端倪。

（三）上書拜官：即上書議論人主長短、群臣得失、或陳述國家政治利弊，而得到君主賞識因獲官職之方式。漢武帝時頗爲盛行，終漢不衰。

（四）計吏拜官：郡國上計吏攜帶上計簿至京城匯報，而爲朝廷賞識而留任爲官。此制始於漢武帝，其後一度終止，漢和帝永元十四年（102），又恢復郡國上計補郎官。〔註21〕至桓帝時，因「帑藏空虛，浮食者眾」，〔註22〕引起朝廷之質疑，從此停止計吏拜官之仕途。

（五）材力舉官：即以武勇、戰術、軍功入仕之官。始於西漢初年，此類舉拔多出於特定之戰爭條件，國家選擇勇猛之將才，以保衛邊塞與發展外

〔註19〕《西漢會要》卷45：「武帝即位，干戈日滋，財路衰耗而不贍，入物者補官，選舉陵遲，廉恥相冒，興利之臣，自此始也。其後，府庫益虛……元狩四年，除故鹽鐵官家富者爲吏，吏道益雜，不選而多賈人矣。元鼎二年，始令吏得入穀補官，郎至六百石。元鼎三年……乃召諸犯令，相引數千人，命曰『株送徒』。入財者得補郎，郎選衰矣。」由以上資料可知：武帝爲解決「府庫益虛」之困難，故而「賣官鬻爵」，所幸當時鑑於輿論壓力，納錢買官者所謀之官位較低，尚未造成官制不平與更大之政治問題。

〔註20〕《後漢書》卷7〈桓帝紀〉載延熹四年：「占賣關內侯、虎賁、羽林、緹騎營士、五大夫錢各有差。」同書卷8〈靈帝紀〉載光和元年：「初開西邸賣官，自關內侯、虎賁、羽林，入錢各有差。私令左右賣公卿，公千萬，卿五百萬。」桓、靈不僅公開賣官，且明標所賣官爵價格。唐李賢注引《山陽公載記》曰：「時賣官，二千石二千萬，四百石四百萬，其以德次應選者半之，或三分之一，於西園立庫以貯之。」故知靈帝將賣官錢貯藏於西園之庫，以作爲肥飽私囊之用。

〔註21〕《後漢書》卷4〈孝和帝紀〉載永元十四年，「初復郡國上計補郎官」，注引《前書音義》曰：「武帝元朔中令郡國舉孝廉各一人與計偕，拜爲郎中。」中廢，和帝時，始又復之。

〔註22〕《後漢書》卷54〈楊秉列傳〉載桓帝延熹五年，「時郡國計吏多留拜爲郎，（楊）秉上言三署見郎七百餘人，帑藏空虛，浮食者眾，而不良守相，欲因國爲池，澆擢糞穢。宜絕橫拜，以塞覬覦之端。自此終桓帝世，計吏無復留拜者。」楊秉見計吏留拜爲郎，不僅造成國家財政上之負擔，也無形助長不良守相之覬覦，桓帝採其奏議，故而罷之。

交爲目的，故仍採不定期之選舉。

　　（六）方技舉官：主要在擇選有特殊技藝之人才，如以歌舞（吾丘壽王）、鼓牙琴（龔德）、醫術（周仁）、善作頌（徐生）、方士（東郭先生）〔註23〕等，以其有特技奇術，若能得到君主寵信，往往權重勢大。此制始於漢武帝時期，至東漢末年，已趨沒落。

　　其他如明於古今王事之體（武帝元光元年）、可親民者（宣帝神爵四年）、敦厚有行能直言之士（成帝河平四年）、能指朕之過失者（章帝建初五年）、有道德之士、明政術、達古今（安帝永初元年）、有道術、達於政化（同上，永初五年）、能惠利牧養者、寬博有謀、清白行高者（同上，元初六年）、能探賾索隱者（順帝漢安元年）、幽逸修道之士（同上，建康元年）〔註24〕等，或附加於各項選舉之後，或因一時之需，或因君主有所偏好，而決定作應詔之部分資格與條件，故列其項目於此，不再另定類別。

　　東漢光武時，曾頒令丞相，審四科辟詔：

　　　方今選舉，賢佞朱紫錯用，丞相故事，四科取士。一曰德行高妙，志節清白（如孝廉、賢良方正）；二曰學通行修，經中博士（如文學、明經）；三曰明達法令，足以決疑，能案章覆問，文中御史（如明法）；四曰剛毅多略，遭事不惑，明足以決，才任三輔令（如治劇），皆有孝悌廉公之行。（《續漢書·百官志》24注引應劭《漢官儀》）

　光武建武十二年，又有「光祿四行」。據《文獻通考·舉士》：

　　　建武十二年，詔令三公舉茂才各一人，光祿勳歲舉茂材四行（謂敦厚、質樸、謙遜、節儉）各一人。（卷28）

　「四科取士」或「光祿四行」，其中異同，可歸納如下：

1. 四科取士是光武帝所訂立之取士標準，漢代選舉科目之設立多由此發展演變而來，而光祿四行則僅限用於光祿勳擇吏之單項法規。

2. 四科取士，必須具備「孝悌廉公之行」，而光祿四行（敦厚、質樸、謙遜、節儉），仍著重「德行高妙」，二者皆以德行爲取士之基本要件，此與東漢之褒崇節義有關，蓋西漢末年，王莽專僞，誦六藝以文姦言，士人飾巧以要名釣利，其時上書誦功者「四十八萬七千五百七十二人」，士風蕩然，故光武即位，對不仕王莽之氣節之士，特加旌顯，故

〔註23〕以上俱見本傳。
〔註24〕以上各項詔舉，皆見於《漢書》、《後漢書》帝王本紀。

東漢特擢德行之士，乃蔚爲一代潮流。

3. 各項選舉，都明確以儒家思想爲指導，由倫理之「孝悌」，推展爲政事之「廉公」；從儒者立身之志節行修（四行），到爲人處事之「明法」、「治劇」，皆修己治人之儒家精神之延伸與發揮。

二、經明行修

皮錫瑞《經學歷史》云：

> 後漢取士，必經明行修；蓋非專重其文，而必深考其行。前漢匡、張、孔、馬皆以經師居相位，而無所匡救。光武有鑒於此，故舉逸民，賓處士，褒崇節義，尊經必尊其能實行經義之。後漢三公，如袁安、楊震、李固、陳蕃諸人，守正不阿，視前漢匡、張、孔、馬大有薰蕕之別。儒林傳中所載如戴憑、孫期、宋登、楊倫、伏恭等，立身皆有可觀。

皮氏比較兩漢儒者，他以爲西漢經師徒居相位，而對政事無所匡救，雖尊經而無益於時世；後漢取士，必「經明行修」，重在經行合一，「尊經必尊其能實行經義之人」，能實行經義，立身有可觀之人，然後舉拔爲吏。觀東漢官吏往往皆有惠政，並以其德政化及於民，茲歸納討論於下：

（一）薦舉必符經明行修之條件

光武建武六年，南陽太守杜詩推薦伏湛曰：

> 「臣聞唐虞以股肱康，文王以多士寧，是故《詩》稱『濟濟』，《書》曰『良哉』。臣（杜）詩竊見故大司徒陽都侯伏湛……篤信好學，守死善道，經爲人師，行爲儀表。前在河內朝歌及居平原，吏人畏愛，則而象之。……湛容貌堂堂，國之光暉；智略謀慮，朝之淵藪。……古者選擇諸侯以爲公卿，是故四方回首，仰望京師。……湛公廉愛下，好惡分明，累世儒學，素持名信，經明行修，通達國政，尤宜近侍，納言左右，舊制九州五尚書，令一郡二人，可以湛代。」（《後漢書》卷 26〈伏湛列傳〉）

杜詩所引經典，《詩經》乃據〈大雅·文王〉：

> 思皇多士，生此王國，王國克生，維周之楨，濟濟多士，文王以寧。

「濟濟」，傳云：「多威儀也。」意謂皇天命眾多賢士，生于周，而爲周家幹

事之臣，賢士眾多，國家安寧。《書經》出於〈益稷〉：

> 元首明哉，股肱良哉，庶事康哉。

孔安國傳曰：「先君後臣，眾事乃安，以成其義。」杜詩引《詩》、《書》之意，皆在強調股肱良善，多士必寧之理。觀其推薦伏湛之理由，強調「經為人師，行為儀表」、「累世儒學，素持名信，經明行修，通達國政」，[註25]足證經學之實用性，不僅為當代人所看重，亦為「良士」、「股肱」必具之條件。經杜詩之上疏推薦，光武建武十三年夏，乃徵勑伏湛為尚書。

明帝時，驃騎將軍東平王蒼上疏薦吳良曰：

> 臣聞為國所重，必在得人；報恩之義，莫大薦士。竊見臣府西曹掾齊國吳良……治尚書，學通師法，經任博士，行中表儀。宜備宿衛，以輔聖政。（《後漢書》卷27〈吳良列傳〉）

東平王蒼推薦吳良，以其具備「經任博士，行中表儀」[註26]之條件，故可以備宿衛而輔聖政，顯宗以之示公卿，不復考試，即以不次之擢，舉以為議郎。

時班固亦以東平王蒼能「開東閣，延英雄」，奏記薦蒼曰：

> 竊見幕府新開，廣延群俊，四方之士，顛倒衣裳。……期於總覽賢才，收集明智，為國得人，以寧本朝。……竊見故司空掾桓梁，宿儒盛名，冠德州里，七十從心，行不踰矩，蓋清廟之光暉，當世之俊彥也。京兆祭酒晉馮，結髮修身，白首無違，好古樂道，玄默自守，古人之美行，時俗所莫及。扶風掾李育，經明行著，教授百人……論議通明……行能純備，雖前世名儒，國家所器……無以加焉。京兆督郵郭基，孝行著於州里，經學稱於師門，政務之績，有絕異之效。……涼州從事王雍，躬卞嚴之節，[註27]文之以術藝，涼州冠

〔註25〕伏湛之「累世儒學」，實指西漢伏生所傳之「齊詩」而言，伏湛以後，伏無忌亦傳家學。《後漢書》卷26：「初，自伏生已後，世傳經學，清靜無競，故東州號為『伏不鬥』。」今古文之爭，為當代之盛事，伏氏經學，能於爭位門派之際，別立不爭之蹊徑，誠為難得之事。

〔註26〕《後漢書》卷27〈吳良〉本傳注引《東觀記》曰：「良習大夏侯尚書。」故知吳良所習《尚書》師法，即指大夏侯而言。

〔註27〕卞嚴，即卞莊子也。《論語‧憲問》載子路問成人，子曰：「若藏武仲之知，公綽之不欲，卞莊子之勇，冉求之藝，文之以禮樂，亦可以為成人矣。」故知卞嚴之節，乃指勇言，據《新序》一書所載，莊子好勇，養母戰而三北；及母死之年，請戰，獲甲首而獻，曰：「吾聞之，節士不以辱生。」則可知卞嚴具有孝、勇二德。

蓋，未有宜先雍者也。……弘農功曹史殷肅，達學洽聞，才能絕倫，誦《詩》三百，奉使專對。此六子者，皆有殊行絕才，德隆當世，如蒙徵納，以輔高明……願將軍隆照微之明，信（申）日昊之聽。(《後漢書》卷 40 上〈班固列傳〉)

班固所舉六人，其中桓梁、李育、郭基、王雍、殷肅，皆經行兼美之人，晉馮終生樂道，玄默自守，以德自持，為偏重德行修養之人。故知當時所重，在以個人德行操守為衡量之本，以經學致用所達績效為舉才之要件。東平王蒼卒悉數納之。

章帝時，班固為文薦謝夷吾曰：

竊見鉅鹿太守會稽謝夷吾……才兼四科，行包九德，仁足濟時，知周萬物。加以少膺儒雅，韜含六籍……據其道德，以經任務。昔為陪隸，與臣從事，奮忠毅之操，躬史魚之節。……及其應選作宰，惠敷百里，降福彌異，流化若神，爰牧荊州，威行邦國。……宜當拔擢，使登鼎司。(《後漢書》卷 82 上)

班固所以薦謝夷吾，以其具有「才、行、仁、知」之德，以及「韜含六籍」、「據其道德，以經王務」，其為政之態度，具有史魚之正直，〔註28〕與忠毅之節操，觀其所在，造福百姓，愛育人物，有善績。故知謝夷吾亦為經行合一之人，能將儒家道德學術，用以經略王務，底於實現。

其後安帝永寧年間，尚書陳忠上疏推薦劉愷與周興，《後漢書》載劉愷：

伏見前司徒劉愷……道德博備，克讓爵土，致祚弱弟……頻歷二司，舉動得禮。……進退有度，百僚景式，海內歸懷。(卷 39)

劉愷當襲其父劉般爵位，卻讓與其弟劉憲，遁逃避封，後蒙賈逵上書稱其德美，和帝乃徵拜為吏。其在位，論議引正，辭氣高雅，在位者莫不仰其風行，〔註29〕故陳忠以其經行俱佳，特以推薦。周興事見本傳，永寧中，陳忠上疏薦興曰：

臣竊見光祿郎周興，孝友之行，著於閨門，清屬之志，聞於州里。蘊匵古今，博物多聞，三墳之篇，五典之策，無所不覽。屬文著辭，有可觀採。(《後漢書》卷 45)

周興於學，則三墳五典古今之策，無所不覽；觀其行也，則孝友之行，著於閨門，其經行兼美，自不待言，故經推薦，安帝乃詔拜為尚書郎。

〔註28〕史魚之正直，參第三章註 10。
〔註29〕俱見《後漢書》卷 39〈劉愷〉本傳。

順帝時，郎顗上書推舉黃瓊、李固云：

> （臣聞）……騁賢選佐，將以安天下也。……《詩》云：「赫赫王命，
> 仲山甫將之。邦國若否，仲山甫明之。」……臣考之國典，驗之聞
> 見，莫不以得賢爲功，失士爲敗。……臣伏見光祿大夫江夏黃瓊，
> 耽道樂術，清亮自然……含味經籍，又果於從政，明達變復。……
> 又處士漢中李固，年四十，通游夏之藝，履顏閔之仁。絜白之節，
> 情同皦日，忠貞之操，好是正直，卓冠古人，當世莫及。……宜蒙
> 特徵，以示四方。……若還（黃）瓊徵（李）固，任以時政……則
> 可垂景光，致休祥矣。臣（郎）顗明不知人，伏聽罪言，百姓所歸，
> 臧否共歎。願汎問百僚，覈其名行，有一不合，則臣爲欺國。惟留
> 聖神，不以人廢言（《後漢書》卷30下〈郎顗〉本傳）

本文爲精彩之舉人文字記載，郎顗先將「得賢爲功，失士爲敗」之重要性加
以陳述，再將所舉人才之特質引經據典一一論證，故格外動人視聽。其中所
引《詩經》，係出自〈大雅・烝民〉，小序云：

> 烝民，尹吉甫美宣王也。任賢使能，周室中興焉。

詩序此詩爲尹吉甫所作，其旨在頌美周宣王能親任賢德，使既衰之周室得以中
道復興。仲山甫，爲宣王之臣，其能內奉王命，外治諸侯，又能明曉善惡，故
爲賢能之人。郎顗舉此詩用以說明得賢實爲國君功業之助益。觀其所舉之人，
黃瓊「含味經籍，果於從政」，李固則經藝仁德兼具，又備忠貞正直絜白之節，
可謂冠絕古人。此二人者，皆經行卓著於當代，足堪任以政務。故知當代用人
貴在經、行兼備，經由推舉爲官吏者，顯然爲一順理成章之途徑，而一般士人，
皆在名行可資考核，並受當代人尊崇之下才致舉才之機會，此點應可以得到證
明。同時，李固亦於順帝時，推舉周舉與杜喬，李固上疏陳事曰：

> 臣聞氣之清者爲神，人之清者爲賢。……安國者以積賢爲道。……
> 光祿大夫周，才謨高正，宜在常伯，訪以言議。侍中杜喬，學深行
> 宜，當世良臣，久託疾病，可令起。（《後漢書》卷63〈李固列傳〉）

李固所舉，重在「才謨高正」、「學深行直」，學行俱佳，薦帝宜加拔擢爲吏。
此外，尚書史敞亦上書順帝推舉胡廣曰：

> 臣聞德以旌賢，爵以建事，「明試以功」，典謨所美，「五服五章」，
> 天秩所作。……竊見尚書僕射胡廣……六經典奧，舊章憲式，無所
> 不覽。柔而不犯，文而有禮，忠貞之性，憂公如家。不矜其能，不

伐其勞，翼翼周慎，行靡玷漏。密勿夙夜，十有餘年，心不外顧，
志不苟進。……陳留近郡，今太守任缺。廣才略深茂，堪能撥煩，
願以參選，紀綱頹俗，使束脩守善，有所勸仰。(《後漢書》卷44〈胡
廣列傳〉)

本文中，「明試以功」，是出自《尚書·舜典》，原文作：「明試以功，車服以
庸」，與〈益稷〉：「明庶以功，車服以庸」，然《後漢書》李賢注則曰：「『舜
典』、『咎繇謨』皆有此言，故云『典謨所美』也」，實誤，特予訂正。所謂「典
謨」所美，實指〈舜典〉、與〈益稷謨〉，其意謂「明白考試之，有功者則授
之以官也」。「五服五章」，天秩所作，出自《尚書·皋陶謨》，原文作：

天秩有禮，自我五禮有庸哉。……天命有德，五服五章哉。

所謂「五服」謂天子、諸侯、卿、大夫、士之服也。五者之服必須章服。秩、
序也，謂五服典禮，皆從天出，以為人倫之序。國君以五服以命有德，以彰
賢者之功，而舉才試職，實為有效擇賢之法。史敞所舉胡廣，在其窮於六經
典奧，又具有公忠謙孝之德，經學明而德能備，符合儒家入仕之要件，故為
當代所推舉。

靈帝末，大將軍何進辟舉之人，即為後代譽為「經神」之鄭玄。玄於經
學著作頗豐，依《後漢書》本傳載其著作：

《周易》、《尚書》、《毛詩》、《儀禮》、《禮記》、《論語》、《孝經》、《尚
書大傳》、《中侯》、《乾象歷》，又著《天文七政論》、《魯禮禘祫義》、
《六藝論》、《毛詩譜》、《駁許慎五經異義》、《答臨孝存周禮難》，凡
百餘萬言。(卷35)

鄭玄經傳洽孰，齊魯間宗之，稱為純儒。獻帝建安元年，玄自徐州還高密，
道遇黃巾賊數萬人，見玄皆拜，相約不敢入縣境（同上），經學之濡染教化，
至於盜賊竟乃拜之，而不敢犯，此皆東漢士人之修德立名，致使賊曹崇敬若
是，士人以德教影響社會之力量，可謂既深且鉅矣。孔子曰：「君子之德風，
小人之德草，草上之風必偃」，可資證明。靈帝時，國相孔融深敬於玄，乃告
高密縣為玄特立一鄉，〔註30〕曰：

昔齊置「士鄉」，越有「君子軍」，皆異賢之意也。鄭君好學，實懷
明德。……今鄭君鄉宜曰「鄭公鄉」。……鄭公之德……可廣開門衢，

〔註30〕《後漢書》卷35〈鄭玄列傳〉載：鄭玄字康成，北海高密人也。北海在今山
東省。孔融所以告縣為鄭玄設鄉，以其嘗為北海相，世稱「孔北海」。

令容高車，號爲「通德門」。（卷35）

「士鄉」原爲管仲所設，「君子」，注云：「王所親近有志行者」，查其本事，「君子軍」爲越王句踐所置，用以攻吳者；東漢齊越之地之所以設立，意在「異賢」，孔融以鄭玄經義通深，爲一代純儒，故建議宜於玄鄉設「通德門」，開門衢，容高車，以爲彰顯禮敬賢者之意，此爲儒者至高之榮寵。觀玄以書戒子「益恩」曰：「顯譽成於僚友，德行立於己志。若致聲稱，亦有榮於所生，可不深念邪！可不深念邪！」（同上），則君子之德，端成乎己，若能以德而致聲名，亦生時之榮耀也。其勉子以德自期之苦心，再三致意，可以知矣。

獻帝時，孔融上書舉薦謝該曰：

> 竊見故公車司馬令謝該，體曾、史之淑性，兼商、偃之文學，博通群藝，周覽古今……清白異行，敦悅道訓。求之遠近，少有疇匹。……今該實卓然比跡前列，閒以父母老疾，棄官欲歸，道路險塞，無由自致。……臣愚以爲可推錄所在，召該令還。……尊儒貴學，惜失賢也。（《後漢書》卷79下〈謝該列傳〉）

謝該善明《春秋左氏》，爲世名儒，門徒數百千人。建安中，河東人樂詳條左氏疑滯數十事以問，謝該皆爲通解之，名爲《謝氏釋》，行於世。其後該以父母老，託疾去官，孔融恐爲失賢，故上書薦留。孔融謂謝該俱有「曾、史之淑性」，是指曾參之孝、史魚之正直；〔註31〕「商、偃之文學」，指卜商、言偃也。《論語·先進》：「文學，子游、子夏。」子游專習於《禮》，子夏於《詩》、《公羊傳》、《穀梁傳》三經皆有深究，〔註32〕後世孔門傳經之儒，咸稱游、夏。謝該博通經藝，又具有清白孝行，可謂經行雙美，故經推舉，獻帝詔即徵還，並拜爲議郎。此外，《後漢書》載蔡邕薦舉邊讓於何進，其曰：

> 竊見令史陳留邊讓……初涉諸經，見本知義……非禮不動，非法不

〔註31〕《史記》卷67載曾參事親至孝，嘗耘瓜誤斷其根，其父當戮怒，援杖擊之，幾死。有頃復蘇，鼓琴而歌。孔子聞之，告門人曰：「參來，勿內也。小杖則受，大杖則走，今參陷父不義，安得爲孝乎？」參聞之，遂造孔子謝過焉。曾參以孝著稱，其後作《孝經》，述《大學》，以其學傳子思，子思以傳孟子，後世尊稱宗聖。史魚事跡，可參前。

〔註32〕據《史記》卷67載：子游姓言名偃，特習於禮，尤以文學著。子夏姓卜名商，擅文學，習於《詩》。孔門詩學，由子夏六傳而至孫卿，孫卿授浮丘伯，爲魯詩之祖。復授毛亨，爲毛詩之祖。又《春秋》公、穀二傳，咸傳自子夏。《四庫提要》經、易類收有《子夏易傳》一書，係後人所僞託者也。故子夏所傳，只有魯、毛二詩，與公、穀二傳而已。

言。若處狐疑之論，定嫌審之分，經典交至，撿括參合，眾夫寂焉，
莫之能奪也。……願明將軍回謀垂慮，裁加少納，貢之機密，展之
力用。（卷80下）

邊讓能融通經典，其為人也，處事依經，「非禮不動，非法不言」，並能使「經
典交至」，以定嫌審狐疑，故其經書之致用，與德行之風範，皆屬難能。後果
以高才擢進，屢遷，出為九江太守。

綜合以上人物，依年代先後可列為一表，如下：

人　名	研習經典	德行事蹟	舉薦之人	出　　處
伏　湛	齊　詩	孝友篤信　公廉愛下	杜　詩	《後漢書》卷26
吳　良	大夏侯尚書	公方廉恪　躬儉安貧	東平王蒼	《後漢書》卷27
桓　梁		盛名宿儒　冠德州里	班　固	《後漢書》卷40上
晉　馮		好古樂道　修身自守	班　固	《後漢書》卷40上
李　育	公羊春秋	廉清修絜	班　固	《後漢書》卷40上、卷79下
郭　基	經　書	孝行著名	班　固	《後漢書》卷40上
王　雍	經　書	孝勇知名	班　固	《後漢書》卷40上
殷　肅	詩　經	奉使專對　才能絕倫	班　固	《後漢書》卷40上
謝夷吾	六　經	忠毅正直　居儉履約	班　固	《後漢書》卷82上
劉　愷	經　書	孝友讓爵　謙遜絜清	陳　忠	《後漢書》卷39
周　興	三墳五典	孝友之節　清屬之志	陳　忠	《後漢書》卷45
黃　瓊	經　書	清亮忠諫	郎　顗	《後漢書》卷30下
李　固	五　經	絜白忠貞　好是正直	郎　顗	《後漢書》30下、《謝承後漢書》卷3
周　舉	五　經	忠直密靜　清公亮正	李　固	《後漢書》卷61、63
杜　喬	韓詩、京氏易歐陽尚書	以孝行稱　忠公正直	李　固	《後漢書》卷63、《續後漢書》卷4
胡　廣	六　經	公忠謙孝	史　敞	《後漢書》卷44
鄭　玄	周易、尚書、毛詩、儀禮、論語、禮記、孝經等百餘萬言	以至德顯	何　進	《後漢書》卷35
謝　該	春秋左氏傳	孝行清白　正直之德	孔　融	《後漢書》卷79下
邊　讓	經　書	言動依禮		《後漢書》卷80下

　　右十九人，可歸納以下重點，並以茲作爲本節結論。

　　1. 東漢舉才之標準，著重於經明行修之人，所謂「經爲人師，行爲儀表」、「經任博士，行中表儀」，不僅要能融通經學，並能印證於實際之生活行爲，必「經行合一」，理論與實證並重，方爲時人所敬仰。

　　2. 在具足經學之理論基礎，與德行之實際工夫後，最終則以致用爲目的。亦即本節引文中，一再致意之「據其道德，以經王務」、「經明行修，通達國政」之謂，此與儒家積極用世之精神，實爲相通。《論語》中所謂「誦詩三百，授之以政，不達，使於四方，不能專對，雖多，亦奚以爲？」〔註33〕即此意也。

　　3. 從上表所列人物，於儒家精神所圓成之道德項目中，以忠、孝二德成其聲名者，各佔有八人，足證此二德目，爲東漢人士最爲注重。

　　4. 以上諸人，都具有一定程度之知名度，且多數曾經有爲官經驗。如伏湛「累世儒學」，曾封不其侯。桓梁「宿德盛名，冠德州里」；郭基「孝行著於州里」；謝夷吾曾爲鉅鹿太守，「所在愛育人物，有善績」；劉愷嘗爲司空，「百僚景式，海內歸懷」；周興「孝友之行，著於閨門，清厲之志，聞於州里」，曾任郎中；鄭玄少爲鄉嗇夫，多次爲當道所辟，北海國相孔融深敬其德，特立鄭玄鄉曰「鄭公鄉」，爲其開「通德門」，皆可爲明證。

（二）官吏多備經明行修之特質

　　儒家所組成之「士人政府」，是經由「選賢舉能」之方式所形成，儒家強調「爲政在人」之人治思想，故而特別著重士人本身之行爲修持。一般而言，傳統嚴正之士人，其人生觀多採取「憂以天下，樂以天下」之態度，從孔子所說「爲仁由己」（《論語・顏淵》），以及「我欲仁，斯仁至矣」〈述而〉之「自本自根」、無待於外之修身體證，以達到齊家、治國、平天下之目的；易言之，即是視天下興亡爲己任，所謂「人飢己飢，人溺己溺」之胸懷。考查東漢士人之出仕任官，多具備儒學之道德修養，影響所及，其政治操守，亦多具有經明行修之特質，亦構成東漢官吏廉能愛民之風範。以下，將依時代先後，列出此類士人之特質：

〔註33〕見《論語・子路》篇，朱註曰：「《詩》本人情，該物理，可以驗風俗之盛衰，見政治之得失；其言溫厚和平，長於風諭；故誦之者，必達於政而能言也。」按其意，謂誦詩而仍不達於政，不能專對，則記誦雖多，亦何用乎？

人 名	時代	研 經	士 風	從政風格	薦舉人	薦舉之官	出 處	備 註
馬 援	光武	齊詩	父喪期年，不離墓所，禮敬推財，縱囚亡命	以寬信待下，勸以耕牧，郡中樂業	光武	太中大夫	《後漢書》卷24	
侯 霸	光武	穀梁春秋	篤志好學有德	積善清潔，寬大施下，卒時臨淮吏人共為立祠，四時祭焉	光武	尚書令	《後漢書》卷26	
蔡 茂	光武	以儒學顯	不仕莽朝	清儉匪懈，有政績	光武	議郎	《後漢書》卷26	
韋 彪	光武	當代稱儒宗	孝行純至，祿賜分與宗族	數陳政術，每歸寬厚	不詳	孝廉	《後漢書》卷26	
郭 丹	光武	為都講，諸儒敬重	孝順後母，為舊主更始發喪盡哀，推賢讓位	廉直公正，有清平稱	杜詩、吳漢	舉功曹、舉高第	《後漢書》卷27	
王 良	光武	小夏侯尚書	不仕莽朝	在位恭儉，數有忠言，以禮進止	吳漢	不詳	《後漢書》卷27	
鮑 永	光武	歐陽尚書	事後母至孝，推財孤弟子，守義放故主	抗直不避彊禦	儲大伯	諫議大夫	《後漢書》卷29	
張 堪	光武	不詳	志美行屬，推財數百萬與兄子	仁以惠下，賞罰必信，民以致富，百姓樂用，而自奉清廉	來歙	郎中	《後漢書》卷31	
孔 奮	光武	春秋左氏傳	事母孝謹，自奉儉約，力行清潔	清廉仁賢，為政明斷，舉縣蒙恩，為之改操	竇融	議曹掾	《後漢書》卷31	
張 奮	光武	不詳	節儉行義，分俸卹族	清白			《後漢書》卷35	
车 長	光武	歐陽尚書	不仕王莽		宋弘	博士	《後漢書》卷79上	坐墾田不實免
歐陽歙	光武	伏生尚書	恭儉好禮讓	推用賢俊，吏民從化	光武	河南都尉	《後漢書》卷79上、《東觀漢記》卷13	坐臧罪千餘萬下獄

人　名	時代	研　經	士　風	從政風格	薦舉人	薦舉之官	出　處	備　註
禮　震	光武	伏生尚書	仁義，求代師罪	不詳	光武	郎中	《後漢書》卷79上	
樓　望	光武	嚴氏春秋	操節清白，有稱鄉閭	不詳	趙節王栩	請以爲師	《後漢書》卷79下	
伏　恭	光武	齊詩	事後母孝謹	修學教授，惠政公廉，州舉尤異	光武	劇令	《後漢書》卷79下	
周　堪	光武	經學	清白貞正，節介氣勇	公正清廉，所在有跡，吏人敬仰		仕郡縣	《後漢書》卷79下	
楊　仁	光武	韓詩	讓選	寬惠爲政，勸學拔才，義學大興	明帝	補北宮衛士令	《後漢書》卷79下	
高　詡	光武	魯詩	不仕莽世，信行清操	方正	宋弘	郎	《後漢書》卷79下	
夏　恭	光武	韓詩孟氏易	以恩信待人	和集百姓，得民歡心	光武	郎中	《後漢書》卷80上	
劉　茂	光武	禮經	孝行著於鄉里，忠義事主	不詳	孫福	議郎	《後漢書》卷81	
張　武	光武	太學受業	孝親		第五倫	孝廉	《後漢書》卷81	
索盧放	光武	尚書	求代太守受死	政有能名，數納忠言	光武	洛陽令	《後漢書》卷81	
高　獲	光武	伏生尚書	詣闕求赦師罪	吏人共爲立祠	三公	不詳	《後漢書》卷82上	不應徵辟
井　丹	光武	五經	清高		沛王輔		《後漢書》卷83	隱逸
陳　宣	光武	魯詩	不仕王莽	不詳	光武	諫議大夫	《謝承後漢書》卷6	
承　宮	明帝	春秋經	推讓之德	數納忠言，朝臣畏其節	三府	博士	《後漢書》卷27	
廉　范	明帝	韓詩	父喪盡孝，忠於故主，收斂師屍以當罪，周急好義	隨俗化導，各得治宜	鄧融	功曹	《後漢書》卷31	
鄭　弘	明帝	不詳	詣闕爲師焦貺訟罪	政有仁德，勤行德化	第五倫	督郵	《後漢書》卷33、《謝承後漢書》卷1	

人　名	時代	研　經	士　風	從政風格	薦舉人	薦舉之官	出　處	備註
梁竦	明帝	孟氏易	好施與親族，自無所用				《後漢書》卷34	
桓郁	明帝	尚書	讓爵	數進忠言，多見納錄			《後漢書》卷37	
朱暉	明帝	不詳	進止依禮，義勇好節，飢年賑親族	吏畏其威，人懷其惠	東平王蒼	不詳	《後漢書》卷43	
張禹	明帝	歐陽尚書	推財清廉	吏人懷悅，鄰郡歸之千餘戶，有清平稱	不詳	孝廉	《後漢書》卷44《東觀漢記》卷11	
鄭均	章帝	尚書	安貧恭儉，養寡嫂孤兒，恩義推財	數納忠言	鮑昱	舉直言	《後漢書》卷27、《東觀漢記》卷18	
馮豹	章帝	詩、春秋	事後母孝謹	忠勤不懈，河西稱之	不詳	孝廉	《後漢書》卷28下	
王充	章帝	不詳	鄉里稱孝	數諫爭	董勤	從事	《後漢書》卷49、《袁山松後漢書》本傳	著《六儒倫》、《論衡》
李恂	章帝	韓詩	為舊主送喪還鄉，持喪三年	清約率下，奉公不阿，有威重名	不詳	辟司徒桓虞府	《後漢書》卷51	
召馴	章帝	韓詩	以志義聞，有智讓	不詳		辟司徒府	《後漢書》卷79下、《東觀漢記》卷18	
黃香	章帝	博學經典	鄉人稱至孝，讓官職	忠勤憂公，憂濟惜民	劉護	太守門下	《後漢書》卷80上	
高鳳	章帝	名儒	仁義遜讓，推財與孤兄子		任隗	舉直言	《後漢書》卷83	隱身漁釣不仕
張霸	和帝	嚴氏公羊春秋博覽五經	孝讓著稱，行止合禮，人稱「張曾子」	擢用賢才，郡中爭屬志節，習經千數，以德化賊	不詳	孝廉光祿主事	《後漢書》卷36	
周磐	和帝	古文尚書洪範五行、左氏傳	事母至孝，好禮有行，非典謨不言	有惠政	不詳	謁者	《後漢書》卷39	

人　名	時代	研　經	士　風	從政風格	薦舉人	薦舉之官	出　處	備　註
戴　封	和帝	不詳	師喪、同學喪、送之還鄉	大旱，不惜積薪自焚，縱囚歸家，剋期全歸	不詳	孝廉光祿主事	《後漢書》卷81	
李　充	和帝	立精舍講授	篤於母兄倫理，不惜逐婦	高節不憚貴戚	魯平	太守功曹	《後漢書》卷81	
楊　厚	安帝	夏侯尚書	孝親有高操	直諫，不詔交權貴	州郡、三公、順帝	方正、有道、議郎	《後漢書》卷30上、《謝沈後漢書》本傳	據李賢注引《益部耆舊傳》云：楊厚父統修儒學以夏侯尚書相傳
桓　焉	安帝	歐陽尚書	篤行讓爵	直諫守正			《後漢書》卷37	
馮　緄	安帝	公羊春秋	家富好施，賑赴窮急，州里歸愛	所在立威刑，賊虜弭散		孝廉	《後漢書》卷38、《謝承後漢書》卷2	
周　變	安帝	詩、禮、易	廉讓依經，非身所耕漁不食，室家相待如賓		不詳	孝廉、賢良方正	《後漢書》卷53、《謝承後漢書》卷3	辭疾不仕
楊　震	安帝	歐陽尚書、明經博覽、當世名儒	鄉里稱孝	公廉清白，不受私謁，好切諫，不畏權貴	鄧騭	茂才	《後漢書》卷54、《續漢書》卷4	
虞　詡	安帝	尚書	孝養祖母	好刺舉，不憚權威，剛正忠直	李脩	太尉府郎中	《後漢書》卷58	
李　昺	安帝	魯詩、京氏易	室家相侍如賓		州郡	茂才	《後漢書》卷82注引	不仕
馮　允	順帝	尚書	清白有孝行		不詳	降虜校尉	《後漢書》卷38	
摯　恂	順帝	明禮易，治五經	隱居不仕，行侔顏閔		竇武	賢良方正	《後漢書》卷60上、《兩漢三國學案》卷2	

人　名	時代	研　經	士　風	從政風格	薦舉人	薦舉之官	出　處	備　註
杜　喬	順帝	韓詩、京氏易、歐陽尚書	以孝稱	忠正剛直，好直諫，刺舉權威	不詳	孝廉	《後漢書》卷63、《續漢書》卷4	
楊　匡	順帝	教授門徒	守護故主尸喪，詣闕乞骸骨，成禮殯殮，不畏獲罪	政有異績，恥接宦官，辭官而去			《後漢書》卷63	
孔　喬	順帝	古文尚書、春秋左氏傳	幽居修志		不詳		《後漢書》卷63	不仕
吳　祐	順帝	以經書教授	清節	政唯仁簡，以身率物，吏人懷而不欺	不詳	孝廉	《後漢書》卷64	
羊　陟	順帝	不詳	清直有學行	計日受奉，禁制豪右	不詳	孝廉	《後漢書》卷67	
陳　重	順帝	魯詩、顏氏春秋	讓爵，代人償財，不言惠	政有異化	張雲	孝廉	《後漢書》卷81	
劉　寬	桓帝	歐陽尚書、京氏易、韓詩外傳、人稱通儒	寬容不校	溫仁多恕，吏人感德興行，日有所化	梁冀	不詳	《後漢書》卷25、《謝承後漢書》卷1	
趙　典	桓帝	孔子七經、博學經書、公卿表為國師	篤行儉靜，推財分與諸生之貧者	敢於諫爭	四府（太尉、司徒、司空、大將軍府）	議郎	《後漢書》卷27	
度　尚	桓帝	京氏易、古文尚書	事母至孝	開倉賑疾，百姓蒙濟，為名將，數有功		郎中	《後漢書》卷38、《續漢書》卷3	《後漢書》載其「不修學行，不為鄉里所推舉」與《續漢書》不同
朱　穆	桓帝	學明五經	以孝行稱	立節忠清，守死善道，舉劾權貴，不顧身害		孝廉	《後漢書》卷43、《謝承後漢書》卷2	

人　名	時代	研　經	士　風	從政風格	薦舉人	薦舉之官	出　處	備註
袁　彭	桓帝	孟氏易	諸儒稱其節			司空	《後漢書》卷45	
爰　延	桓帝	通經教授	清苦	仁化大行	楊秉	賢良方正	《後漢書》卷48	
崔　寔	桓帝	五經	至孝	教民織績，以免寒苦，其績效常為邊境之最	桓帝	至孝獨行	《後漢書》卷53	
姜　肱	桓帝	五經	孝仁友愛		桓帝	不詳	《後漢書》卷53	隱身遯命
荀　爽	桓帝	春秋條例、論語、禮、易傳、詩傳、尚書、五經	至孝	引據經典，當世化以為俗	趙典	至孝	《後漢書》卷62	
蔡　衍	桓帝	明經講授	以禮讓化鄉里	拒受權宦請託		孝廉	《後漢書》卷67	
成　瑨	桓帝	不詳	少修仁義，以清名見	懲治貴勢，不畏法網		孝廉	《後漢書》卷67、《謝承後漢書》卷4	
竇　武	桓帝	教授經學	以德行稱	辟名士，避禮賂，清廉推財，賑濟貧民		郎中	《後漢書》卷69	
劉　寵	桓帝	通儒	行修	清約省素，家無貨積，以仁惠為吏民愛，郡中大化		孝廉	《後漢書》卷76、《續漢書》卷5	
孫　期	桓帝	京氏易、古文尚書	事母至孝	里落化其仁讓	郡縣	方正	《後漢書》卷79上	不仕
武　梁	桓帝	韓詩			州郡		《兩漢三國學案》卷6	辭疾不仕
桓　典	靈帝	尚書	事叔母如事親，立廉操，不取於人，為舊主收斂歸葬，不畏獲罪	執政不避權宦		孝廉	《後漢書》卷37、《華嶠後漢書》本傳	

人　名	時代	研　經	士　風	從政風格	薦舉人	薦舉之官	出　處	備註
桓　鸞	靈帝	六經	推財孤寡，分賄友朋，泰於養賢，儉於養己，爲舊主守三年喪	舉賢才，黜佞倖，甚有名跡	向苗	孝廉	《後漢書》卷 37、《東觀漢記》卷 16	
李　咸	靈帝	魯詩、春秋公羊傳、三禮	奉母甚孝	約身率下，食脫粟飯醬菜，政多奇異	三府	茂才	《後漢書》卷 44 注引、《兩漢三國學案》卷 5	
盧　植	靈帝	尚書章句、三禮解詁	貞良之節，士之楷模	深達政宜，忠義直諫，國之楨幹	州郡	博士	《後漢書》卷 64	
孔　融	靈帝	論議經典	忠義行事，不惜爭死保友，賑濟好施，州里稱孝	崇儒興學，貶黜中官，高志剛直	楊賜	司徒府	《後漢書》卷 70	
陶　謙	獻帝	公羊傳	鄉黨稱孝	高潔廉正，抱禮而立，政爲國表	檀謨、陳遵	孝廉	《後漢書》卷 73、《謝承後漢書》卷 5	
侯　瑾	獻帝	不詳	以禮自牧		州郡	有道	《後漢書》卷 80 下	稱疾不仕
范　式	受業太學	不詳	信士死友	有威名	三府	郡功曹	《後漢書》卷 81	

　　從上表中，可作下列說明及歸納：

　　1. 上表共八十一人，不能說全無疏漏，但已極力求其完備。其中光武帝時二十五人，明帝時七人，章帝時七人，和帝時四人，安帝時八人，順帝時七人，桓帝時十五人，靈帝時五人，獻帝時二人，時代不詳者一人。大抵而言，光武之「夜講經聽誦，又喜聽忠臣、孝子、義夫、節士之事」，〔註34〕其於經學德行之表彰講倡，不餘遺力，故以光武時人數最多。其次，桓帝時，閹宦外戚權貴秉政，朝綱敗壞，經明行修之臣，亦爲之激濁揚清，士風爲之

〔註34〕　見姚之駰所輯《東觀漢記》卷 1〈世祖光武皇帝〉載：「（帝）旦聽朝，至日晏，夜講經聽誦，坐則功臣特進在側，論時政畢，道古行事。次說在家所識鄉里能吏，次第比類，又道忠臣、孝子、義夫、節士，坐者莫不激揚悽愴，欣然和悅，群臣爭論上前，嘗連日。」光武喜講經、識能吏、道忠孝義節之士，故能主導東漢一代經明行修之吏治政治，故東漢官吏多用經明行修之人，自可理解。

亢屬，故人數居其次。靈帝以後，則國勢凌遲，不可復振，人數最少。

2. 就時間起迄而言，人物出現時間有一人僅限一帝之內，亦有橫跨二帝以上者，本文則以史載先後爲準；同一時代者，則依《後漢書》所載先後卷數爲準。

3. 從研經方向而言，以《尚書》爲最多，《詩》其次，《春秋》居三，《論語》居末，通習五經者六人，六經者一人，爲當代通經名儒者計六人；史載其研經，未載研何經典者占二十人左右。其中可注意者，則爲一人研習數經之現象，不在少數，足見當代除家學傳承之外，已逐漸打破抱殘守缺固守一經之論，而傾向會通眾家經典之說，故知當代所謂「通儒」、「儒宗」、「國師」，皆爲明經博覽之士。

4. 就士風而論，其道德修養以孝行著稱者計三十人，其次爲推財計十五人，其下依序爲禮讓、忠義、清廉等，足見官吏之薦舉條件，以孝爲最多，約佔總人數三分之一以上，孝道在當代之普遍，自不待言。其次則爲推讓之德，以及律己之清廉，與待人之忠義，儒家倫理著重之「孝」「讓」，與廉能政事之典型，在東漢士人之道德修養中，正可作一印證。

5. 士人因經明行修，而被薦舉爲官，其從政操守，除普遍具備清廉寬惠之特質外，我們可從百姓之反應，見其施政成果。如侯霸原爲淮平大尹，及其徵調，「百姓老弱相攜號哭，遮使者車，或當道而臥，皆願乞侯君復留期年（《後漢書》卷 26）。」張堪爲漁陽太守，百姓歌曰：「桑無附枝，麥穗兩岐。張君爲政，樂不可支」（同上卷 31）。孔奮爲姑臧長，及被徵召，吏民「遂相賦斂牛馬器物千萬以上，追送數百里」（卷 31）。廉范爲蜀郡太守，百姓爲便，乃歌之曰：「廉叔度，來何暮？不禁火，民安作。平生無襦今五絝」（同上）。朱暉爲臨淮太守，吏人畏愛，爲之歌曰：「彊直自遂，南陽朱季。吏畏其威，人懷其惠」（卷 43）。劉寵爲束平陵令，以母病棄官歸，「百姓士女，攀輿距輪，充塞道路，車不得前」（《續漢書》卷 5）。以上所舉官吏，不僅深得民心，百姓至於作歌以頌之，足見其道德之感召，使人民之感念若此。其他如歐陽歙爲政，「吏民從化」（卷 79 上）；周堪從政，「吏人敬仰」（卷 79 下）；夏恭「得民歡心」（卷 80 上）；高獲則「吏人共爲立祠」（卷 82 上），張禹使「吏人懷悅」（卷 44）；張霸爲政，「郡中爭屬志節，習經千數」（卷 36）；吳祐爲官，「吏人懷而不欺」（卷 64）；劉寬使「吏人感德興化」（卷 25）；爰延爲吏，「仁化大行」（卷 48）；荀爽使「當世化以爲俗」（卷 62）；孫期使「里落化其仁讓」

（卷79下）等，故知，在經行兼備之下，官吏確能爲民興利除弊，又能對人民施以道德教化，而使人民得到實質之助益。

（三）經明行修下之施政效益

《孟子·滕文公上》：「學則三代共之，皆所以明人倫也」。《禮記·學記》：「君子如欲化民成俗，其必由學乎……人不學，不知道」。揚子《法言·學行》：「學者，所以修性也」，故知儒學乃是由「學」、「知」之過程，以完成道德修養，人格完善，最終在立足現實社會，以平治天下，進而化民成俗。

《尚書》中「民爲邦本」之觀念，正與此德治觀念互爲表裏，統治者必須落實於人民身上，以民爲主體，從教化上立生民之命。《左傳》文公載：「天生民而樹之君，以利之也」，《尚書·皋陶謨》云：「天聰明，自我民聰明。天明畏，自我民明畏」，〈泰誓〉說：「天視自我民視，天聽自我民聽」。《國語·周語》：「民和，而後神降之福」，又說：「民之所欲，天必從之」，故知儒家思想中，國君其實只是政治中之虛位，而人民才是實體。所以殘民以自逞之暴君污吏，既不能「以一人養天下」，卻要「以天下養一人」，在儒家思想中不會承認其政治地位。本節即要討論東漢官吏在經明行修之下，以德行仁所施行之德政績效。先依時代順序，分爲二類，並各列出一表，再予討論。

表一：經明行修與德教

人　名	時代	研　經	官　職	德　　教	出　　處
寇　恂	光武	明於經書	汝南太守	盜賊清靜，郡中無事，百姓欲復借一年	《後漢書》卷16
耿　純	光武	不詳	東郡太守	視事數月，盜賊清寧，百姓老小數千涕泣願復留任	《後漢書》卷21
卓　茂	光武	詩、禮、稱爲通儒	密令	視人如子，舉善而教，吏人親愛不忍欺之，教化大行，道不拾遺	《後漢書》卷25
伏　湛	光武	詩經	平原太守	吏人畏愛，則而象之	《後漢書》卷26
郅　惲	光武	韓詩、嚴氏春秋	長沙太守	崇教化，表異行	《後漢書》卷29、《華嶠後漢書》卷1
鮑　昱	光武	歐陽尚書	沘陽長	政化仁愛，境內清淨	《後漢書》卷29
衛　颯	光武	不詳	桂陽太守	修庠序之教，設婚姻之禮，邦俗從化	《後漢書》卷76
任　延	光武	詩、易、春秋	九眞太守	化民以禮、教民以學，民多名子爲「任」	《後漢書》卷76、《兩漢三國學案》卷2

人 名	時代	研 經	官 職	德 教	出 處
周 澤	光武	公羊嚴氏春秋	黽池令	奉公剋己，矜卹孤贏，吏人歸愛之	《後漢書》卷 79 下
薛 漢	光武	韓詩	千乘太守	政有異跡	《後漢書》卷 79 下
楊 仁	光武	韓詩	什邡令	寬惠為政，勸民以學，由是義學大興	《後漢書》卷 79 下
牟 融	明帝	大夏侯尚書	豐令	縣無獄訟，政化流行，吏畏而愛之，治有異績，為州郡最	《後漢書》卷 26
玉 況	明帝	五經	陳留太守	善行德教，蝗蟲不集縣界，五穀獨豐	《後漢書》卷 33 注引《謝承後漢書》
袁 安	明帝	孟氏易	河南尹	吏民人人自勵，小大從化	《後漢書》卷 45、《續漢書》卷 3
班 超	明帝	公羊春秋	出使西域	西域五十餘國，悉皆納質，內屬於漢	《後漢書》卷 47
王 景	明帝	易	盧江太守	教民犁耕，境內豐給，為作法制，著于鄉亭	《後漢書》卷 76
鄭 眾	明帝	春秋	左馮翊	在位清止，政有名跡	《後漢書》卷 78、《華嶠後漢書》卷 1
魯 丕	章帝	通五經，為當世名儒	趙相	表賢明，慎刑罰，為政尚寬惠禮讓，為官不廢教	《後漢書》卷 25、《姚輯東觀漢記》卷 19
曹 襃	章帝	慶氏禮	圉令	以禮理人，以德化俗	《後漢書》卷 35
何 敞	章帝	通經傳	汝南太守	寬和為政，百姓化其恩禮，吏人共刻石，頌敞功德	《後漢書》卷 43
張 衡	和帝	通五經	河間相	上下稱為政理	《後漢書》卷 59
王 渙	和帝	習尚書、通五經	溫令、洛陽令	平正居身，得寬猛之宜，商人露宿於道，民思其德，為其祠	《後漢書》卷 76 及注引「古樂府歌」
仇 覽	和帝	不詳	蒲亭長	勸民就學，賑恤窮寡，期年稱大化	《後漢書》卷 76
崔 瑗	安帝	詩、易、春秋	汲令	視事七年，百姓歌之	《後漢書》卷 52
荀 淑	安帝	不詳	朗陵侯相	蒞事明理，稱為神君	《後漢書》卷 62
梁 商	順帝	韓詩	大將軍	寬和肅敬，賑濟饑餒貧民	《後漢書》卷 34、《姚輯東觀漢記》卷 12
陳 球	順帝	儒學	繁陽令	忠直，有異政	《後漢書》卷 56
張 綱	順帝	明經學	廣陵太守	人情悅服，南州晏然，在郡卒，百姓若喪考妣	《後漢書》卷 56

人 名	時代	研 經	官 職	德 教	出 處
欒 巴	順帝	學覽經典	桂陽太守	定婚姻喪紀之禮，興學校，政事明察	《後漢書》卷 57
宋 登	順帝	歐陽尚書	穎川太守	市無二價，道不拾遺，汝陰人配社祀之	《後漢書》卷 79 上
趙 戒	順帝	明經	河間相	糾豪傑、恤吏人，奏免中官貴戚貪濁者	《謝承後漢書》卷 1
霍 諝	桓帝	明經	金城太守	以恩信化誘殊俗，甚爲羌胡敬服	《後漢書》卷 48
橋 玄	桓帝	禮、嚴氏春秋	太中大夫	謙儉下士，劾治奸貪，家無居業，當時稱之	《後漢書》卷 51、《續漢書》卷 3
楊 秉	桓帝	歐陽尚書、京氏易	任城相	計日受奉，餘祿不入私門，以廉潔淳白稱	《後漢書》卷 54
劉 陶	桓帝	尚書、春秋	順陽長	政化大行，道不拾遺，吏民思而歌之	《後漢書》卷 57、《續漢書》卷 4
延 篤	桓帝	左氏傳、博通經傳	京兆尹	政用寬仁，憂恤民黎，正身率下，民不忍侵，郡中歡愛	《後漢書》卷 64、《袁山松後漢書》
張 奐	桓帝	歐陽尚書	武威太守	正身絜己，威化大行，改革妖忌之俗，百姓生爲立祠	《後漢書》卷 65
劉 淑	桓帝	五經	尚書	納忠建議，多所補益	《後漢書》卷 67
李 膺	桓帝	不詳	蜀部太守	修庠序，設條教，明法令，威恩並行，益州紀其政化	《後漢書》卷 67、《謝承後漢書》卷 4
范 冉	桓帝	通經	公府	步行無車，破空囊自隨	《後漢書》卷 81
徐 璆	靈帝	孟氏易、春秋公羊傳、禮記、周官	東海相	劾治奸官，所在化行	《後漢書》卷 48、《謝承後漢書》卷 2
陳 寔	靈帝	立精舍講授	太邱長	修德清淨，百姓以治，死時海內共刊石立碑	《後漢書》卷 62
李 燮	靈帝	專精經學	京兆	恩威並下，吏民愛仰如父母	《後漢書》卷 63、《續漢書》卷 4
皇甫嵩	靈帝	詩書	冀州牧	請一年租以贍飢民，民賴以安居	《後漢書》卷 71
劉 虞	靈帝	五經	幽州刺史	爲政仁愛，念利民物，民夷感其德化，百姓歌悅之	《後漢書》卷 73
張 馴	靈帝	春秋左氏傳、大夏侯尚書	丹陽太守	化有惠政	《後漢書》卷 79 上
高 彪	靈帝	不詳	外黃令	有德政	《後漢書》卷 80 下
華 松	不詳	春秋	河南尹	優賢食民，興崇教化	《謝承後漢書》卷 7

表二：官吏與德教

人 名	時代	官 職	德　　　教	出　　　處
陳　俊	光武	琅邪太守	撫恤貧弱，表有行義，百姓歌之	《後漢書》卷 18
祭　肜	光武	遼東太守	撫夷狄以恩信，皆畏而愛之	《後漢書》卷 20
李　忠	光武	丹陽太守	起學校，習禮容，郡中向慕之，三公奏爲天下第一	《後漢書》卷 21
郭　賀	光武	荊州刺史	有殊政，百姓便而歌之	《後漢書》卷 26
申屠剛	光武	尙書令	正直極諫，數犯顏正色	《後漢書》卷 29、《續漢書》卷 3
郭　伋	光武	并州牧	問民疾苦，聘求耆德雄俊，設几杖之禮，所到縣邑，老幼相攜，逢迎道路	《後漢書》卷 31
杜　詩	光武	南陽太守	誅暴立威，省愛民役，百姓便之，郡內殷足，政化大行	《後漢書》卷 31
陰　識	光武	執金吾	極言正諫，所用吏皆天下俊哲	《後漢書》卷 32
虞　延	光武	南陽太守	修政教，宣德化，寬刑宥罰，囹圄空虛，盜賊弭息	《後漢書》卷 33、《謝承後漢書》卷 1
劉　平	光武	全椒長	政有恩惠，百姓懷感，獄無繫囚	《後漢書》卷 39
第五倫	光武	會稽太守	斷絕巫祝淫俗，百姓以安，深得民心	《後漢書》卷 41
玄　賀	光武	九江、沛郡守	所在化行	《後漢書》卷 41
鍾離意	光武	魯相	爲政愛利，輕刑愼罰，撫循百姓如赤子，人皆大悅	《後漢書》卷 41、《東觀漢記》卷下
茨　允	光武	桂陽太守	教民種殖，勸令養蠶織屨，民得利益	《後漢書》卷 76
錫　光	光武	交阯太守	教導民夷，漸以禮義，有化聲	《後漢書》卷 76
彭　脩	光武	從事	以恩信降賊，數百人降散	《後漢書》卷 81
周　嘉	光武	零陵太守	零陵頌其遺愛，吏民爲立祠焉	《後漢書》卷 81
溫　序	光武	護羌校尉	義不貪生背德，以降夷人，遂殉死	《後漢書》卷 81
許　楊	光武	豫州都水掾	興水利，百姓得其便，及卒，百姓思其功而祭祀	《後漢書》卷 82 上
任　隗	明帝	司空	義行內修，不求名譽，鯁言直議，所歷皆有稱	《後漢書》卷 21
鄧　彪	明帝	太尉	在位清白，爲百僚式	《後漢書》卷 44
秦　彭	明帝	山陽太守	以禮制人，不任刑罰，崇好儒雅，敦明庠序，百姓懷愛	《後漢書》卷 76
李　善	明帝	日南太守	以愛惠爲政，懷來異俗	《後漢書》卷 76

人　名	時代	官　職	德　　　　教	出　　　處
馬　稜	章帝	廣陵太守	賑貧羸，薄賦稅，以利百姓，吏民刻石頌之	《後漢書》卷 24
魏　霸	章帝	鉅鹿太守	以簡朴寬恕爲政，吏皆懷恩，與兄弟子同苦樂，鄉里慕其行化之	《後漢書》卷 25、《東觀漢記》卷 19
汝　都	和帝	魯相	以德教化，百姓稱之	《後漢書》卷 36
陳　寵	和帝	廷尉	附經典，從寬恕，濟活者甚眾	《後漢書》卷 46
許　荊	和帝	桂陽太守	設制度，使知禮禁，父老稱歌，百姓立廟樹碑	《後漢書》卷 76
龐　參	安帝	漢陽太守	抑強助弱，以惠政得民	《後漢書》卷 51
繆　肜	安帝	中牟令	誅姦吏貴戚，有威名	《後漢書》卷 81
岑　熙	順帝	魏郡太守	朝廷多稱其能，百姓歌而美之	《後漢書》卷 17
滕　撫	順帝	涿郡等七縣令	風政修明，流愛于人	《後漢書》卷 38
陳　龜	順帝	五原太守	及卒，胡夷民庶，咸爲舉哀，弔祭其墓	《後漢書》卷 51
种　暠	順帝	益州刺史、涼州刺史	宣恩遠夷，夷人懷服漢德，甚得百姓歡心	《後漢書》卷 51
史　敞	順帝	京兆尹	化有能名，尤善條教，見稱三輔	《後漢書》卷 64 注引《續漢書》
第五訪	順帝	新都令	政平化行，鄰縣歸之，戶口十倍	《後漢書》卷 76
劉　矩	順帝	雍丘令	禮義化民，無孝義者，皆感悟自卑，路得遺者，皆推尋其主	《後漢書》卷 76
第五種	桓帝	兗州刺史	不畏彊禦，舉發宦者奸贓五、六十萬	《後漢書》卷 41
應　奉	桓帝	武陵太守	興學校，舉側陋，政稱遠邇	《後漢書》卷 48、《東觀漢記》卷 19
史　弼	桓帝	平原相	挫抑彊豪，容貨小民	《後漢書》卷 64
賈　彪	桓帝	新息長	革除不養子之俗，人口遂豐	《後漢書》卷 67
尹　勳	桓帝	邯鄲令	政有異跡	《後漢書》卷 67
張　儉	桓帝	東部督郵	劾奏宦者罪惡	《後漢書》卷 67
孟　嘗	桓帝	合浦太守	革易前敝，使百姓反其業，商貨流通，稱爲神明	《後漢書》卷 76
劉　梁	桓帝	北新城長	大作講舍，延生徒勸誡習經，儒化大行，此邑經久而猶稱其教	《後漢書》卷 80 下
賈　琮	靈帝	交阯刺史	招撫百姓，除傜役，安其業，誅除大害，百姓安而歌之	《後漢書》卷 31

人　名	時代	官　職	德　　　教	出　　處
羊　續	靈帝	南陽太守	討平叛賊，班宣政令，候民病利，百姓歡服	《後漢書》卷31
陸　康	靈帝	高成令	以恩信爲治，寇盜息，百姓大悅	《後漢書》卷31
臧　洪	靈帝	東郡太守	賊圍之日，殺其愛妾，以食兵將，兵將相枕而死，莫有離叛	《後漢書》卷58
朱　震	靈帝	銍令	收葬忠良陳蕃之尸，匿其子，事覺繫獄，合門桎梏，受考掠而誓死不言	《後漢書》卷66
宋　果	靈帝	并州刺史	所在能化	《後漢書》卷68
朱　儁	靈帝	蘭陵令	政有異能	《後漢書》卷71
王　允	獻帝	豫州刺史	具發宦者姦狀，不畏權奸	《後漢書》卷66
鮑　德	不詳	南陽太守	吏人愛悅，號爲神父	《後漢書》卷29
孔　嵩	不詳	盧江太守	有威名	《後漢書》卷81
羊　續	不詳	南陽太守	自奉儉廉	《續漢書》卷3
王　元	不詳	主簿	在朝正色，舉善不避仇怨，退惡不避親戚	《續漢書》卷4
陳　謙	不詳	御史中丞	執憲奉法多所糾正，爲白寮所敬	《續漢書》卷5
胡　紹	不詳	河內懷令	政教清平，爲三河表	《續漢書》卷5
沈　景	不詳	河間太守	自奉清儉	《謝承後漢書》卷6
湛　重	不詳	大司農	家至貧，自奉清儉	《謝承後漢書》卷6
羊　茂	不詳	東郡太守	計日受俸，自奉清儉	《謝承後漢書》卷6
馮　遷	不詳	徐州刺史	自奉清儉	《謝承後漢書》卷6
韓　崇	不詳	汝南太守	自奉清儉	《謝承後漢書》卷6
陳　臨	不詳	蒼梧太守	推誠而治，導人以孝悌，辭官，百姓祠之	《謝承後漢書》卷6
刁　曜	不詳	魯相	修德化法，教化屬風俗，威恩並行	《謝承後漢書》卷7
王　黨	不詳	汝南太守	拔才禮士，化清於上，事緝於下	《謝承後漢書》卷7
宗　慶	不詳	長沙太守	禁民殺子，革除敝俗，民養子，男女皆以宗爲名	《謝承後漢書》卷7
傅　賢	不詳	廷尉	清廉正直，治獄稱平，百僚敬服	《謝承後漢書》卷7
石　□	不詳	雁門太守	廣宣恩惠，懷保殊俗，遠方皆服其德	《謝承後漢書》卷7
祝　皓	不詳	官吏	篤於仁義，弔死問疾	《謝承後漢書》卷7
嚴　翊	不詳	潁川太守	掾吏有過，輒閉閣自責	《謝承後漢書》卷7
張　磐	不詳	盧江太守	操行清廉	《謝承後漢書》卷8

人　名	時代	官　職	德　　　　教	出　　　處
衛　良	不詳	尙書令	清廉，罷官時，家無完席	《謝承後漢書》卷8
盛　吉	不詳	廷尉	篤於仁慈，斷獄則垂泣而決其罪	《謝承後漢書》卷8
駱　俊	不詳	陳國相	養濟百姓，災害不生，歲獲豐稔，民生子以駱爲名	《謝承後漢書》卷8
高　弘	不詳	琅邪相	爲官清儉	《謝承後漢書》卷8
王　威	不詳	汝南掾吏	殉死以解太守罪	《謝承後漢書》卷8
秦　護	不詳	官吏	清廉家貧，不受禮賂	《謝承後漢書》卷8
吳　馮	不詳	州郡吏	休假先存恤喪病，拜耆老先進，然後到家，名昭遠近	《謝承後漢書》卷8
范　充	不詳	桂陽太守	教民植桑養蠶，民得利益	《謝承後漢書》卷8
巴　异	不詳	重泉令	吏民向化	《東觀漢記》卷21
李　庸	不詳	蜀郡太守	政化	《東觀漢記》卷21
宋　宏	不詳	司空	秉政恭約，輕財重義，不與民爭利	《華嶠後漢書》卷1、《袁山松後漢書》
岑　熙	不詳	東郡太守	無爲而化	《華嶠後漢書》卷2
劉永國	不詳	東城令	民聞其名，枉者更直，濁者強清，肅然無事	《華嶠後漢書》卷2
倪　寬	不詳	南陽太守	平心舉善，每自刻責，吏民愛敬，不敢欺負	《華嶠後漢書》卷2
任　浦	不詳	武都太守	路不拾遺	《華嶠後漢書》卷2
訾　寶	不詳	督戰之吏	負主之屍而埋之	《袁山松後漢書》
周　璆	不詳	樂成令	逍遙無事，縣中大治	《袁山松後漢書》

　　上二表，前表四十八人，後表九十四人，合計一四二人。其異同可歸納說明如下：

　　1. 前表著重儒家經典薰習之下的德教內容，後表則在討論官吏施政之具體成效，前者詳細記錄官吏研經之科目，五經中以《春秋》爲最多，其次爲《詩》、《尙書》，研習五經者約占七分之一，計玉況、魯丕、張衡、劉渙、劉虞等六人，此外卓茂爲當代通儒，而東漢政治亦在經學濡染之下，呈現儒教典型的風範，殊爲可貴。

　　2. 二表中，可分爲德教之實際內容，與民意民情之反應討論，前者強調經典之印證，後者則以百姓感同身受之直覺體驗爲主，茲分述如下頁：

（甲）德教內容

　1. 清靜無為之治

　　　寇恂、陳寔（表一）

　　　岑熙、周璆（表二）

　　寇恂為吏，郡中清靜無事；陳寔修德清淨，百姓以治；岑熙為官，無為而化；周璆為令，逍遙無事，縣中大治；此皆以治民清靜無為而達成儒家最為嚮往之「無為而治」。孔子曾讚賞冉雍曰：「雍也，可使南面」，以其能「簡」，所謂「簡」，《易·繫辭上》：「簡則易從……易從則有功」，又云：「易簡而天下之理得矣，天下之理得，而成位乎其中矣」，簡是簡省不繁，不另加造作之意，如此其功易就，人民易於服從，易從則有功。《論語》中多載此理，如：

　　　為政以德，譬如北辰，居其所而眾星拱之。（〈為政〉）

　　　大哉堯之為君也，巍巍乎唯天為大，唯堯則之，蕩蕩乎民無能名焉。
　　　（〈泰伯〉）

　　　巍巍乎舜禹之有天下也，而不與焉。（〈泰伯〉）

　　　無為而治者，其舜也與。夫何為哉，恭己正南面而已。（〈衛靈公〉）

孔子以為人君之所以成為國君，不在以才智服人，而在效法天德，將才智轉化為德量，以天下治天下，人君自身，遂處於一種「無為狀態」。人君無為，人臣乃能有為，亦即天下乃能有為，此孔子所以云：「舜禹有天下而不與焉」，亦即堯帝既是偉大之國君，而人民卻看不出其才智，亦無法確實稱數其功德之因也。故知東漢官吏之清淨無為，實為儒家政治中君道之之極致；而「無為而治」之基底，則為以「仁」為根本所架構之德教政治。

　2. 教民禮制、勸民以學

　　　衛颯、任延、卓茂、楊仁、王景、魯丕、曹褒、何敞、仇覽、梁商、
　　　欒巴、延篤、李膺（表一）

　　　李忠、郭伋、秦彭、李善、魏霸、許荊、劉矩、應奉、劉梁、陳臨、
　　　祝皓、范冉、宋宏（表二）

　　「修庠序之教，設婚姻之禮」〈衛颯傳〉、「化民以禮，教民以學」〈任延傳〉、「起學校，習禮容，郡中向慕之」〈李忠傳〉、「以禮訓人，不任刑罰；敦明庠序，百姓懷愛」〈秦彭傳〉、「設制度，使知禮禁」〈許荊傳〉、「禮義化民，無孝義者，皆感悟自卑」〈劉矩傳〉、「大作講舍，延生徒習經，儒化大行」〈劉

梁傳〉等，皆足以代表此類特色。大抵言之，為官之要，必經由教育之學習，然後達到禮義化民之目的。經典中多處提及為學之重要性，如《論語》載：

> 君子博學於文，約之以禮，亦可以弗畔矣夫。(〈雍也〉)

> 君子學道則愛人，小人學道則易使也。(〈陽貨〉)

《孟子》：

> 夏曰校，殷曰序，周曰庠，學則三代共之，皆所以明人倫也。(〈滕文公〉)

《禮記》云：

> 君子必欲化民成俗，其必由學乎。玉不琢，不成器；人不學，不知道，是教古之王者，建國君民，教學為先。(〈學記〉)

又云：

> 古之教者，家有塾，黨有庠，術有序，國有學。……夫然後足以化民易俗，近者說服，而遠者懷之。(〈學記〉)

為官之要，在化民易俗，而教育是最佳途徑，故「古之王者，建國君民，教學為先」，從教育中了解維繫天下秩序之重要，進而建立禮制，以達天下和諧之境地。如此，則君子愛人，小人易使；近者悅服，遠者懷之，其影響力可謂既深且鉅矣。至於「禮」之精神與意義，經傳中多處提及，如《論語》：

> 一日克己復禮，天下歸仁焉。(〈顏淵〉)

> 上好禮，則民莫敢不敬。(〈子路〉)

> 禮樂不興，則刑罰不中；刑罰不中，則民無所措手足。(〈子路〉)

> 上好禮，則民易使也。(〈憲問〉)

《孟子》亦載：

> 孟子引子貢曰：「見其禮而知其政，聞其樂而知其德。」(〈公孫丑上〉)

《孝經》云：

> 安上治民，莫善於禮。(〈廣要道章〉)

《禮記》云：

> 夫禮者，所以定親疏、決嫌疑、別同異、明是非也。(〈曲禮〉)

> 道德仁義，非禮不成；教訓正俗，非禮不備；分爭辨訟，非禮不決；君臣上下、父子兄弟，非禮不定；宦學事師，非禮不親；班朝治軍，莅官行法，非禮威嚴不行；禱祠祭祀，供給鬼神，非禮誠不莊，是

以君子恭敬撙節退讓以明禮。（〈曲禮〉）

禮作然後萬物安。（〈郊特牲〉）

禮至則不爭，揖讓而治天下者，禮樂之謂也。（〈樂記〉）

禮者，天地之序也。（〈樂記〉）

凡治人之道，莫急於禮。（〈祭統〉）

安上治民，莫善於禮。（〈經解〉）

非禮無以節事天地之神也，非禮無以辨君臣上下長幼之位也，非禮無以別男女父子兄弟之親、昏姻疏數之交也。（〈哀公問〉）

若無禮，則手足無所措，耳目無所加，進退揖讓無所制。（〈仲尼燕居〉）

禮之所興，眾之所治也。禮之所廢，眾之所亂也。（〈仲尼燕居〉）

《左傳》載：

禮，經國家、定社稷、序民人、利後嗣者也。（隱公十一年）

禮，國之幹也。……禮不行則上下昏。（僖公十一年）

夫禮，天之經也，地之義也，民之行也。天地之經，而民實則之。（昭公二十五年）

禮之可以為國也久矣。與天地並，君令臣共，父慈子孝，兄愛弟敬，夫和妻柔，姑慈婦聽，禮也。君令而不違，臣共而不貳，父慈而教，子孝而箴，兄愛而友，弟敬而順，夫和而義，妻柔而正，姑慈而從，婦聽而婉，禮之善物也。（昭公二十六年）

禮之精神實義，是天之經、地之義、民之行，故小至修身，道德仁義之涵養，克己復禮之工夫；進而家庭之安頓（齊家），父子兄弟之親、婚姻疏數之交；以及安上治民，使能刑罰合中，教訓正俗，而人民易使。他如倫理秩序、蒞官祭祀，皆非禮不行。至於禮之所廢，不僅上下昏、眾所亂，且造成「賊民興」，如此，則「喪無日矣」。故東漢官吏，既濡沫於經典之中，「以禮訓人」、「禮義化民」，幾成為其共通之教化目標，而此類代表人物，在東漢亦佔多數，影響所及，東漢民風，自較接近儒家之禮俗規範。

3. 教化民俗

卓茂、郅惲、鮑昱、袁安、仇覽、衛颯、任延、车融、曹褒、劉陶、李膺、徐璆、張馴、高彪、華松、王渙（表一）

杜詩、虞延、玄賀、茨充、汝郁、龐參、史敞、滕撫、第五訪、宋果、
刁曜、王黨、巴异、李庸、許荊、第五倫（表二）

卓茂爲官「視人如子，舉善而教，教化大行」，郅惲「崇教化」、鮑昱「政化仁愛」、袁安「吏民自勵，小大從化」、衛颯「邦俗從化」、牟融「政化流行」、曹襃「以德化俗」、劉陶「政化大行」、徐璆「所在化行」、張馴「化有惠政」、華松「興崇教化」、杜詩「政化大行」、虞延「宣德化」、玄賀「所在化行」、汝郁「以德教化」、龐參「以惠政得民」、史敞「化有能名」、第五訪「政平化行」、宋果「所在能化」、刁曜「修德化法」、巴异「吏民向化」、李庸「蜀郡政化」等，皆能將儒家教化有效而具體地施行，推其所以能「得民心」，絕非以高壓強制手段強加於民，而是以德服人之故也。《禮記》有云：

是故君子之教也，外則教之以尊其君長，內則教之以孝於其親，是故明君在上，則諸臣服從。（〈祭統〉）

子曰：「夫民教之以德，齊之以禮，則民有格心；教之以政，齊之以刑，則民有遯心，故君民者，予以愛之，則民親之，信以結之，則民不倍。」（〈緇衣〉）

民知尊長養老而后乃能入孝弟，民入孝弟，出尊長養老而后成教，成教而後國可安也。（〈鄉飲酒〉）

《孟子》載：

使契爲司徒，教以人倫，父子有親、君臣有義、夫婦有別、長幼有序、朋友有信。（〈滕文公上〉）

善政不知善教之得民也，善政民畏之，善教民愛之；善政得民財；善教得民心。（〈盡心上〉）

善政使人民畏懼，善教使人民親愛，故善政不如善教之得民心。欲得善教，儒家主張以「誠」、「信」爲出發點，教之以「德」、以「禮」，使知人倫（五倫）之道，如此則人民內知孝弟，外明尊長，教化行於國而民知親愛服從。考東漢此類官吏，不勝枚舉，此無他，以德化民之功也。無怪乎後人盛稱東漢風俗之美，良有以也。

4. 道不拾遺

卓茂、宋登、劉陶（表一）

劉矩、任浦（表二）

卓茂爲吏,「吏人親愛,道不拾遺」;宋登爲吏,「市無二價,道不拾遺」;劉陶爲官,「道不拾遺」;劉矩爲官,「路得遺者,皆推尋其主」;任浦爲吏,「路不拾遺」。案「路不拾遺」,見於《史記‧商君傳》云:

> 行之十年,秦民大説,道不拾遺,山無盜賊,家給人足。

此外,如《漢書‧何並傳》,《韓非子‧外儲說》,載何並與子產爲政,皆能達到「道不拾遺」之治蹟。他如《孔子家語‧相魯》:

> 男女行者別其塗,道不拾遺。

經典中並無直接記載此語之來歷,與儒家公天下之理想社會典型。可資爲佐證者,可見於《禮記‧禮運》云:

> 大道之行也,天下爲公,選賢與能,講信修睦。……是故謀閉而不
> 興,盜竊亂賊而不作,故外戶而不閉,是謂大同。

《禮運‧大同篇》在揭示天下大同,大公無私之理想籃圖,賢能在位,信睦施下,故圖謀之事,閉塞不起;國無盜賊,夜不閉戶,故曰「大同」。同者,鄭注云:「和也、平也」,如此,推之於其他施政效益,則東漢社會之「路不拾遺」,當亦類屬儒家德教下自發式之教化成績,自屬無疑。

5. 縣無獄訟

寇恂、耿純、鮑昱、车融(表一)

虞延、劉平(表二)

寇恂爲吏,「盜賊清淨,郡中無事」;耿純視事,「盜賊清寧」;鮑昱爲官,「境內清淨」;车融爲令,「縣無獄訟」;虞延爲吏,「圄圉空虛,盜賊弭息」;劉平爲官,「獄無繫囚」。蓋古之君主,以禮樂政刑教民,《禮記‧樂記》:

> 故禮以道其志,樂以和其聲,政以一其行,刑以防其姦,禮樂刑政,
> 其極一也。所以同民心出治道也。

同書〈緇衣〉亦載:

> 夫民教之以德,齊之以禮,則民有格心。教之以政,齊之以刑,則
> 民有遯心。

故知禮樂德治之教,雖可使「民有遯心」,使民「有恥且格」(《論語‧爲政》),然究其聖人立法之用心,則在「同民心而出治道」,故與政、刑之用,實無二異。雖然,「刑以防其姦」,仍爲維護社會秩序之所需,不可或廢,《周禮》即明載立「司寇之官」以斷決獄訟,〈王制〉篇云:

> 司寇正刑明辟,以聽獄訟。

同篇又云：

> 刑者佴也。佴者成也。一成而不可變，故君心盡心焉。

司寇所以掌獄訟，要在使刑罰得輕重之中，必先體察虛實之情，因爲刑法既成事實，則不可變易，必盡心以洞察民情，然後公平裁決；孔子所謂「如得其情，則哀矜而勿喜」（《論語‧子張》），即此意也。

刑法之立，固在懲惡止奸，然其最終目的，則在於「無訟」，方爲儒家德教政治之最高極致。經典中載：

> 聽訟，吾猶人也，必也使無訟乎。（《論語‧顏淵》）
>
> 刑不試而民咸服。（《禮記‧緇衣》）
>
> 子曰：「聽訟，吾猶人也，必也使無訟乎。」無情者，不得盡其辭，
>
> 大畏民志，此謂知本（同上，〈大學〉）
>
> 刑期於無刑，民協于中，時乃功，懋哉。（《尚書‧大禹謨》）

「刑期無刑」、「無訟」、「刑不試」，使人民悅服於禮樂教化之薰陶，刑罰備而不用，如東漢諸官吏，能使「盜賊清淨」、「獄無繫囚」，實爲歷代儒家吏治之最高成就。《禮記‧大學》所云：「一家仁，一國興仁；一家讓，一國興讓」，「堯舜率天下以二，而民從之……其所令反其所好，而民不從」，所謂上行下效，德化濡染，方能使人民自覺修飭，而臻於「無刑」。

6. 教化胡夷

班超、霍諝、任延、劉虞（表一）

祭肜，錫光、李善、种暠、陳龜、石口（表二）

班超出使，「西域五十餘悉屬於漢」；霍諝「以恩信化俗，羌胡敬服」；任延「化民（九眞）以禮」；劉虞「爲政仁愛，民夷感其德化」；祭肜「撫夷狄以恩信」；錫光「教夷禮義，有化聲」；李善「以愛惠爲政，懷來異俗」；种暠「宣恩遠夷，夷人懷服漢德」；陳龜爲政，及卒，「胡夷民庶，咸爲舉哀」；石口「廣宣恩惠，遠方服德」，凡此，皆教化胡夷之功也。

儒家之精神具有兼容並蓄之特性，故一方面吸收、揉合，一方面開展、濡化，故「夷狄入於中國則中國之」，在同化中認同，在推展中吸納，此乃中國文化博大精深之處。東漢官吏，能入於夷狄之邦，教民禮義，使遠方服其德化，除上所述文化之特性使然之外，士人自身之自重自尊，亦爲重要因素。《禮記‧中庸》：

> 君子素其位而行，不願乎其外，素富貴行乎富貴，素貧賤行乎貧賤，

素夷狄行乎夷狄，素患難行乎患難，君子無入而不自得焉。

《論語·子路》：

樊遲問仁。子曰：「居處恭，執事敬，與人忠，雖之夷狄，不可棄也。」

君子立身行事，以恭敬忠心爲主，不因外在環境改變而影響其道德操守，故富貴如是，貧賤亦如是；行乎中國如是，行乎夷狄，亦如是，故能「無入而不自得」。故能於夷狄之域，宣化德教，甚且使「胡夷咸爲舉哀」，皆儒教之功也。

7. 改革敝俗

張奐、任延（表一）

第五倫、賈彪、孟嘗、宗慶（表二）

張奐「改革妖忌之俗」；任延爲九眞太守，民各因淫好，「不識父子之性，夫婦之道」，延乃助之以俸祿，「同時相娶者二千餘人」；第五倫「斷絕巫祝淫俗，百姓以安」；賈彪「革除不養子之俗，人口遂豐」；孟嘗「革易前敝，使百姓反其業，商貨流通，稱爲神明」；宗慶「禁民殺子，革除敝俗，民養子，男女皆以宗爲名」。蓋入境問俗，爲問政要件爲一，進而能「教訓止俗」，以達「移風易俗」之效。歷代賢官良吏，皆以關心民生疾苦爲其本懷，俗之善惡，正爲其施政所在。《禮記·學記》：

夫然後足以化民易俗，近者說服，而遠者懷之，此大學之道也。

同書〈曲禮〉：

教訓正俗，非禮不備。

《尚書·畢命》：

道有升降，政由俗革，不臧厥臧，民罔攸勸。

「政由俗革」，從風俗以端正人心；「教訓正俗，非禮不備」，從禮制改革以教訓百姓、端正風俗；如此則人民爲之教化，風俗爲之改易，自可達到近悅遠懷之成效。儒家之「外王」，正是在實現「化民易俗」之理想，而東漢官吏更能將此理想具體呈現。

（乙）百姓感頌

1. 百姓愛仰如父母

卓茂、伏湛、周澤、牟融、張綱、延篤、李燮（表一）

祭肜、郭汲、鍾離意、羊續、陸康、鮑德（表二）

2. 百姓歌而頌之

　　崔瑗、張綱、劉陶、皇甫嵩、劉虞、李燮、仇覽（表一）

　　陳俊、郭賀、賈琮、陳臨、岑熙、許荊、彭脩、杜詩（表二）

3. 百姓乞借續政

　　寇恂、耿純（表一）

　　孟嘗、秦彭、第五倫（表二）

4. 百姓刻石立祠

　　何敞、王渙、宋登、張奐、陳寔、任延（表一）

　　周嘉、許楊、馬稜、許荊、陳臨（表二）

5. 百姓生子以吏名命之

　　任延（表一）

　　宗慶、駱俊、賈彪（表二）

　　儒家之政治架構，乃源於社會倫理，五倫（君臣、父子、夫婦、兄弟、朋友），原屬同一系統之人際網路，五倫之中尊卑、長幼、貴賤之名分既定而不可奪，倫理綱常之實踐成為日常生活以至社會國家之價值意義。道德之修飭整頓成為自我修養與敬德愛民之人生實踐。故君子窮而獨善其身，達而兼善天下。而弔死問疾，視民如子，乃成為推己及人、學以致用之重要課題。《尚書・五子之歌》：

　　民惟邦本，本固邦寧。

《左傳》桓公十四年載：

　　民者，君之本也。

　　人民既為國家社會之根本，故國君與人民之間，便產生相對與互動之關係。《禮記・緇衣》：

　　民以君為心，君以民為體。君以民存，亦以民亡。

又云：

　　故君民者，子以愛之，則民親之。信以結之，則民不倍。恭以蒞之，則民有孫心。

同書〈大學〉云：

　　上老老而興孝，上長長而民興弟，上恤孤而民不倍。

《論語・泰伯》：

君子篤於親，則民興於仁。

同書〈子路〉：

上好禮，則民莫敢不敬；上好義，則民莫敢不服；上好信，則民莫敢不用情。夫如是，則四方之民襁負其子而至矣。

《孟子‧公孫丑》：

廛無夫里之布，則天下之民皆悅而願為之甿矣。……鄰國之民，仰之若父母矣。

同書〈離婁〉：

文王視民如傷。

同篇又云：

君之視臣如手足，則臣視君如腹心；君之視臣如犬馬，則臣視君如國人；君之視臣如土芥，則臣視君如寇讎。

同書〈盡心〉：

善政民畏之，善教民愛之；善政得民財，善教得民心。

《孝經‧廣至德》：

（君子）教以孝，所以敬天下之為人父者也。教以悌，所以敬天下之為人兄者也。教以臣，所以敬天下之為人君者也。詩云：「愷悌君子，民之父母。」，非至德，其孰能順民如此其大者乎。

由上引文可知，上下君臣之間，「合者雙美，分者兩傷」之巧妙關係。所謂「君以民存，亦以民亡」，「民以君為心，君以民為體」，正足以說明其間相互之重要性。故君可以視民如子、愛民如子，則民可以視君如父母、仰之如父母。國君如能「視民如傷」，臣子則可「視君如腹心」。推而廣之，國君「老老、長長、恤孤」，或施政以「禮、義、信、孝、愛」，則人民自能「興孝」、「興弟」、「興仁」、「不倍」、「愛之」。觀東漢官吏，既能以「善教」施於民，故百姓自然仰之如父母，歌頌其德教。其中有百姓產子，而以吏名命之者。如任延為九真太守，「民無嫁娶禮法，各因淫好，無適對匹，不識父子之性，夫婦之道」，任延「皆以年齒相配」，同時相娶者二千餘人，（民）咸曰：「使我有是子者，任君也」，多名子為「任」。宗慶禁民殺子，革除敝俗，民養子，男女皆以「宗」為名。駱俊養濟百姓，災害不生，歲獲豐稔，百姓生子皆以「駱」為名。賈彪為新息長，小民困貧，多不養子，彪嚴為其制，與殺人同罪。數年間，人養子者千數，咸曰：「賈父所長」，生男名為「賈子」，生女名

爲「賈女」。由以上可知，百姓得以延續後代，皆爲官吏所賜，故產子皆同命之以吏名，以資感念之意。

又如轉任官職，百姓乞爲續政者，如寇恂以汝南太守轉任潁川從光武平盜賊，百姓遮道曰：「願從陛下復借寇君一年」。〔註35〕耿純爲東郡太守，視事數月，盜賊清寧。後轉任他職，及其從光武擊董憲，道過東郡，百姓老小數千隨車駕涕泣，云「願復得耿君」。孟嘗爲合浦太守，革易前敝，求民病利，及其被徵當還，吏民攀車請之。秦彭轉拜潁川太守，老弱攀車，啼號填道。〔註36〕第五倫爲會稽太守，明帝永平五年，坐法徵，老小攀車叩馬，號呼相隨，日裁行數里，不得前。以上官吏，皆能實際爲民解除病苦，爲民求利者，故能得其民心，使民不忍見其離去，而請求繼續留任爲吏者。

又如，百姓感官吏之德澤，爲之刻石立祠者。如何敞爲政，百姓共刻石，頌其功德。王渙爲政，商人露宿於道，民思其德，爲之立祠。宋登爲政，市無二價，道不拾遺，汝陰人配社祀之。張奐改革妖忌之俗，百姓生爲立祠。陳寔爲政，百姓以治，死時海內共刊石立碑。任延爲政，九眞吏人生爲立祠。周嘉爲政，百姓頌其遺愛，爲之立祠。許楊爲民興水利，百姓思其功而祠焉。馬稜利百姓，吏民刻石頌之。許荊爲政，父老稱歌。百姓立廟樹碑。陳臨導以孝悌，百姓思其德而祠之。以上官吏，皆能爲民興利除敝，使百姓思其德澤，而爲之立祠，以示不忘之意。至於張奐與任延，使百姓生爲立祠，更見其爲民造福之深遠矣。

其次，可從百姓衷心愛仰，而發諸歌謠，亦可見東漢官吏深獲人心之處。如：

劉陶—邑然不樂，思我劉君，何時復來，安此下民。

皇甫嵩—天下大亂兮市爲墟，母不保子兮妻失夫，賴得皇甫兮復安居。

仇覽—父母何在在我庭，化我鴟梟哺所生。

郭賀—厥德仁明郭喬卿，忠正朝廷上下平。

賈琮—賈父來晚，使我先反；今見清平，吏不敢飯。

杜詩—前有召父，後有杜母。

李爕—我府君，道教舉，恩如春，威如虎，剛如吐，柔不茹，愛如母，

〔註35〕《後漢書》卷16〈寇恂列傳〉載：恂前爲潁川太守，後拜爲汝南太守，今乞復爲潁川太守，故曰：「復借」。

〔註36〕見《東觀漢記拾遺》卷下〈循良〉〈教化〉。

訓如父。〔註37〕

陳臨—蒼梧陳君恩廣大，今死罪囚有後代，德參古賢天報施。〔註38〕

岑熙—我有枳棘，岑君伐之。我有蟊賊，岑君遏之。狗吠不驚，足下生氂。含哺鼓腹，焉知凶災？我喜我生，獨丁斯時。美矣岑君，於戲休茲！

彭脩—時歲倉卒，盜賊從橫，大戟強弩不可當，賴遇賢令彭子陽。〔註39〕

　　言為心聲，歌以達情，當語言不足以表達心中之感激，故發於歌謠以誦之。東漢百姓歌頌官吏者頗多，析其內容，可知百姓所以感佩之因，不外其能解決民困、清平仁德之政教、使死囚有後代、以及平定盜賊之功，故而百姓歌而頌之，以茲感念。

　　綜合本章，東漢自光武中興以來，有鑒於王莽一朝僞薄之風氣，乃極力尊崇節義，故而一則拔擢巖穴幽隱之士，以敦名實；一則矯西京貪儒之風，為廉直之俗，故推舉經明行修之人，故本章分從「舉逸民」與「舉經明行修之士」，分別探討東漢舉才之實質內容與精神內蘊。從前者之中，可知逸民研習經典之普遍性，而其所以「不仕王侯」，乃因時亂避世、守節清高、養視行孝三因素。考諸經典，或「隱居以求其志，行義以達其道」，進退之間，行道守志，何日不宜。故而為政者若能尊其德，樂其道，使其節行備受尊崇，則不僅使當代節義得到淬勵，同時也能收歸民心，所謂「舉逸民，而天下歸心焉。」其次，釐清舉才之選舉科目，並確知東漢之舉才，除經學之尊崇外，特別著重「孝悌廉公」之德行，從修己之「孝悌」，推展於治人之「廉公」，故「經明行修」為東漢舉才所重，而尊經必印證於實行經義之人，方為時人所敬重，亦為取士舉才之標準。故分從薦舉之條件，官吏具備之特質，以及任政之施政效益，一一討論東漢為官之內涵，然後知東漢士人之博學通經，士風淳美，並且為官施政，皆能以德教化民；觀其德教內容，如清靜無為之治、教民禮制、勸民以學、教化民俗、道不拾遺、縣無獄訟、教化胡夷、改革敝俗等，皆能實際關心民生疾苦，解決改善社會問題，孟子所謂「使民養生喪死無憾」，以及「謹庠序之教，申之以孝悌之義，頒白者不負戴於道路矣」（皆見梁惠王），從民生到教育，由社會之無刑、道不拾遺，以至德澤利及夷

〔註37〕見司馬彪《續後書》卷4〈李固子燮〉。
〔註38〕見《謝承後漢書》卷6〈陳臨〉本傳。
〔註39〕見《謝承後漢書》卷5〈彭脩〉本傳。

狄之域，皆儒家政治之理想教化之實現。故吏人感念、愛仰如父如母，除乞借續政、百姓子以吏名命之，甚且作歌頌其德、刻石立祠，以爲地方百姓恆久之感念之意。總之，東漢舉才科目，既重道德名節，希仕者，必修貞確不拔不操，以爲經學之印證，故東漢士人不僅須具備「通經」之才，並且重於「致用」之能，觀其一旦接受薦舉徵辟，立身皆有可觀，則儒家修身治人之方以及內聖外王之極致，東漢士人確可爲之作一成功之見證。

第五章　議直諫

　　儒家典型知識分子，其目的在達成「修己治人」之人生目標。修己在歷鍊個人之道德修養，治人則在實踐其政治理想。故就儒者之政治性格而言，其人生最大的體現，則為政治之參預與理想之落實；最大的責任堅持，實是懷道殉國之衛道精神。而此精神之完成，端在於剛毅不屈的品格與以身殉道之氣節，此正是造就中國歷史上為真理、為道義、為民族存亡而奮鬥之志士仁人，其所以能任危急關頭仍能大義凜然、視死如歸之精義所在。

　　儒者在政治上參政、議政，實際是以行道、行仁政為目的。儒家經典有許多論述，如《孟子‧滕文公下》云：「得志，與民由之；不得志，獨行其道。富貴不能淫，貧賤不能移，威武不能屈。」〈告子下〉云：「君子之事君也，務引其君以當道，志於仁而已」。〈盡心上〉：「故士窮不失義，達不離道。窮不失義，故士得己焉。達不離道，故民不失望焉。古之人得志，澤加於民；不得志，脩身見於世。窮則獨善其身，達則兼善天下」，唯有把持自己「守道不移」之志，方能不為所惑，而能輔佐國君推行仁政，使利澤百姓。

　　然而君子行道之時，若遇阻力，道不能行諸天下，則士人當如何自處？儒家經典對於這種情況亦有許多陳述。例如《論語》載曾參所謂「士不可以不弘毅，任重而道遠，仁以為己任，不亦重乎。死而後已，不亦遠乎？」〈泰伯〉，又曰：「篤信好學，守死善道」、「臨大節而不可奪也」（同上），「見危授命……亦可以為成人矣」〈憲問〉，「志士仁人，無求生以害仁，有殺身以成仁」〈衛靈公〉，《孟子》亦載：「天下有道，以道殉身；天下無道，以身殉道。未聞以道殉乎人者也」〈盡心上〉。由以上可知「任重道遠」、「見危授命」、「殺身成仁」、「以身殉道」，實儒家士人品格發揮之極致，而東漢士人即是秉持此種氣節，成就其可歌可泣之完美人格典範。例如東漢末年桓、靈之際，宦官

大肆收捕鉤黨，鄉人謂李膺曰：「可去矣。」李膺則曰：「事不辭難，罪不逃刑，臣之節也。」又如名士范滂，破誣「共造部黨」而下獄問罪，范滂反駁宦官之誣蔑，並慷慨陳詞曰：「古之循善，自求多福；今之循善，身陷大戮。身死之日，願埋滂於首陽山側，上不負皇天，下不愧夷、齊」（俱見《後漢書》卷 67〈黨錮列傳〉），千載之下，仍不免為其懷道殉國、為捍衛國家正義、維繫民族道統之成仁取義之精神，深受震憾。

　　然其甘冒當權者之鋒鏑，奮不顧身出而衛道救亡，除儒者精神之體現外，實與當代諫諍風氣有關。考查東漢大臣諫諍與政治之關係，可分從各項敘述：

第一節　東漢諫諍形成之根據

一、直諫為漢代取士之要目

　　漢代取士，「直言極諫」為察舉科目之一，《後漢書》共出現十一次，可列表如下：

時　代	察舉科目	察　舉　緣　由	出　　處
明　帝	極言無諱	日食之變	《後漢書》卷 2〈明帝紀〉
章　帝	直言極諫	山陽、東平地震	《後漢書》卷 3〈章帝紀〉
章　帝	直言極諫	日有食之	《後漢書》卷 3〈章帝紀〉
章　帝	直　士	招攬賢士，顧問省納	《後漢書》卷 3〈章帝紀〉
和　帝	直言極諫	陰陽不和，水旱違度，濟河之域，凶饉流亡	《後漢書》卷 4〈安帝紀〉
安　帝	直言極諫	日有食之	《後漢書》卷 5〈安帝紀〉
安　帝	直言極諫	灾異蜂起，寇賊縱橫，戎狄猾夏，百姓匱乏	《後漢書》卷 5〈安帝紀〉
順　帝	直言極諫	京師大疫	《後漢書》卷 6〈順帝紀〉
桓　帝	直言極諫	京師地震	《後漢書》卷 7〈桓帝紀〉
桓　帝	直言極諫	不詳（註1）	《後漢書》卷 7〈桓帝紀〉
桓　帝	直言極諫	京師地震	《後漢書》卷 7〈桓帝紀〉

〔註 1〕　《後漢書・桓帝紀》載建和三年六月庚子：「詔大將軍、三公、特進、侯，其與卿，校尉舉賢良方正、能直言極諫之士各一人」，觀其內容，並無明載桓帝所以詔賢之緣由，然同年四月丁卯晦，曾載及「日有食之」，或察舉之因，即為災異之故。

由上表可歸納以下重點：

1.「直言極諫」之取士，非屬於「常科」（定期察舉），而屬於「特科」（不定期察舉），其所以撰拔之大由，多由於國家發生日蝕、地震、水旱、大疫，以及寇賊戎狄之亂時，天子身懷「天監天下」、「上帝臨汝」之憂懼，故而下詔求賢，諮詢政治得失，以順應天心人情，期使達成趨吉避凶之效。

2.「直言極諫」之科目，就君主下詔之時代而言，始於明帝，終於桓帝。蓋光武為開創期之國君，一切制度尚在規劃階段，故雖有忠臣奏言之事，尚無亂世忠臣切責之實。至於東漢中葉以後，戚宦專權，國事日非，局勢擺盪，士人不畏強禦，每多直諫之行；而有識之君，有感於主勢孤危，國力危悴，乃詔舉「直言極諫之士」，以挽頹局。至於靈帝，則國家傾側，至於不可挽回，人臣諫諍而死者多矣，惜人君已無省覺，故終計其為帝二十二年之間，卒無詔舉「直言極諫」之士之行。

3. 從《後漢書》帝王本紀中，歸納出十一次君主下詔察舉「直言極諫之士」，然亦見臣子直言諫諍而遭殺身之禍者，其事一見於桓帝延熹三年，「白馬令雲坐直諫，下獄死」，〔註2〕一見於靈帝中平二年，「前司徒陳耽、諫議人夫劉陶坐直言，下獄死」。〔註3〕儒家最重忠臣，儒者長於匡救，諫難不懼，勇於「尸諫」，不避喪身，尤其時代愈亂，諫諍愈力，千百年之下，想像其視

〔註2〕 見《後漢書》卷8〈靈帝紀〉。詳參卷57〈李雲列傳〉：桓帝延熹二年，誅大將軍梁冀，而中常侍單超等五人皆以誅冀功並封列侯，專權選舉。又立掖庭民女亳氏為皇后，數月間，后家封者四人，賞賜臣萬。是時地數震裂，民災頻降。雲素剛，憂國將危，心不能忍，乃上書曰：「孔子曰：『帝者，諦也。』今官位錯亂，小人諂進，財貨公行，政化日損，尺一拜用不經御省，是帝欲不諦乎？」案李雲原以憂心國事日非，戚宦專權，故不惜抗顏直諫，然其辭涉過激，終引起桓帝震怒而招致殺身之禍，甚至株連多人，如杜眾傷李雲以忠諫獲罪，上書願與其同日死，陳蕃、楊秉、沐茂、上官資、管霸皆前後上疏李雲，帝終不赦，除貶秩多人之外，李雲、杜眾皆死獄中。此為當時重大之政治案件，其間不僅透露執政之昏闇，缺乏寬容接納之氣度，同時更顯出臣子不懼威權之道德勇氣，與果敢之執著。

〔註3〕 劉陶事見《後漢書》卷8〈靈帝紀〉。詳參卷57〈劉陶列傳〉，載陶以數切諫，為權臣所憚。後以天下日危，寇賊方熾，陶憂致崩亂，乃上疏復陳當今要急八事，「其八事，大較言天下大亂，皆由宦官。」宦官事急，共讒劉陶「疾害聖政，專言妖孽……疑陶與賊通情。」於是收陶，下黃門北寺獄，掠按日急，陶自知必死，遂閉氣而死。案劉陶原為劾治宦官，以除國害，竟反為宦官誣以下獄，終以絕望而卒，此為衰亂政治下士人糾舉秕政，不避喪身以「尸諫」之見證也，惜君主不悟，終淪為無辜之犧牲者。

死如歸之情貌，猶且令人起而傲仰。

二、儒家經典直諫之記載

傳統的觀念中，「天王聖明，臣罪當誅」、「天下莫有不是的君父」，君臣關係之絕對化，人君具有絕對之尊嚴，人臣不可隨便冒犯，否則「天威不可測」，難保有生命之虞，此觀念向為一般人所認定。然而由中國經典中可知此究為後來演變之思想，本節將從經典所載有關「君臣」之關係對待，以明瞭二者之因變原委，進而探討東漢士人「諫諍」行為之經典依據。

（一）君臣關係之演變

在先秦正統思想中，君臣關係原視為相互之對待，不能與父子關係相提並論，觀《論語》所載：

> 事君能致其身。（〈學而〉）
>
> 臣事君以忠。（〈八佾〉）
>
> 子曰：「所謂大臣者，以道事君，不可則止。」（〈先進〉）

《孟子》亦載：

> 君之視臣如手足，則臣視君如腹心。
>
> 君之視臣如犬馬，則臣視君如國人。
>
> 君之視臣如土芥，則臣視君如寇讎。（〈離婁下〉）
>
> 孟子曰：「君子之事君也，務引其君以當道，志於仁而已。」（〈告子
> 下〉）

所謂「君臣以義合」、「合則留，不合則去」，孔子所謂「以道事君，不可則止」，君臣之間，應為自由之結合，而與「父子以天合」者，迥然不同。故《孟子》「君之視臣如手足」一段，特強調人臣與人君之相對互待，孟子並為人臣特設所謂「不召之臣」，以提高人臣之地位。此與後世士人甘於政治上之被動而居於附庸之地位，以至人臣地位日趨淪落為消沉委曲。觀經典所載，便可知其中演變：如《禮記》載：

> 故君者，所明（鄭注：尊也）也，非明人者也。君者，所養也，非
> 養人者也。君者，所事也，非事人者也。故君明人則有過，養人則
> 不足（孔穎達疏：君唯一身，若養百姓，力不能周贍），事人則失位。
> （〈禮運〉）

仲尼曰：「爲人臣者，殺其身有益於君則爲之。」（〈文王世子〉）

事君不忠，非孝也。（〈祭義〉）

孝以事君。（〈坊記〉）

《公羊傳》定公四年：

事君猶事父也。

《穀梁傳》定公四年：

且事君猶事父也。

《孝經》云：

故以孝事君則忠，以敬事長則順，忠順不失，以事其上，然後能保
其祿位，而守其祭祀，蓋士之孝也。（〈士章〉第五）

子曰：「君子之事上也，進思盡忠，退思補過，將順其美，匡救其惡，
故上下能相親也。」（〈事君章〉第十七）

由上引文，可歸納如下：

1. 先秦思想中，君臣屬平行關係，其地位接近朋友一倫，經暴秦之轉型
而完成於兩漢，君臣關係乃一躍而定型爲上下之絕對關係。人君政權之尊嚴，
乃變爲崇高而不可踰越，故人臣之職，所謂「進思盡忠，退思補過」、「將順
其美，匡救其惡」，完全淪爲內省補過，忠以事上之順從角色，此爲君臣演進
之一大變局，不可不加以釐清。

2. 先秦思想中，臣事君之態度爲「忠」，其後乃轉爲孝。《論語・八佾》：
「臣事君以忠」，明爲人臣自我節制之盡己熱誠，而非人君個人之應當供奉，
所謂「父子主恩，君臣主敬」，實爲先秦儒者之普遍看法。至秦漢以後，父子
人倫之孝道，始移於君、臣之間，從此子事父、臣事君，皆以「孝」道貫通
之。考「三綱」之說，實出於法家，《韓非子・有度》：

賢者之爲人臣，北面委質，無有二心，朝廷不敢辭賤，軍旅不敢辭
難。順上之爲，從主之法，虛心以待令，而無是非也。故有口不以
私言，有目不以私視，而上盡制之。

又云：

爲人臣者，譬之若手，上以脩頭，下以脩足，清暖寒熱，不得不救
入，鏌琊傳體，不敢弗搏（王先謙集解：利刃近體，手必搏之），無
私賢哲之臣，無私事能之士。

同書〈揚權〉云：

> 用一之道，以名為首。名正物定，名倚物徙，聖人執一以靜，使名
> 自命，令事自定。

故知，先秦法家主張絕對的順從，臣順君、子順父、婦從夫，名分既定，下以順為道，方能為治。韓非所謂「君操其名，臣效其形，形名參同，上下和調」〈揚權〉也。直至漢儒，乃開始提出「三綱」之名，〔註4〕見《禮緯含文嘉》：

> 三綱謂君為臣綱、父為子綱、夫為妻綱

東漢章帝時，集「今學」大成之《白虎通》一書，其中亦載「三綱」之說，可代表當時人之看法。此書載：

> 三綱者，何謂也，謂君臣、父子、夫婦也。

同書〈陰陽篇〉：

> 子順父、妻順夫、臣順君者何法？法地順天也。

經學與纖緯之學，為東漢學術之二道主流。《禮緯》所重，在確立絕對名份之尊卑，故而人倫綱紀，乃視為天之經、地之義，而不容非議。至於「移孝作忠」之議論，一則由於漢代以孝治天下，行孝準則乃由修身漸為各階級所運用。再則當代儒者皆倡「講孝實為作忠」之論，《春秋緯說題辭》云：

> 孝經者，所以明君父之尊，人道之素，天地開闢皆在孝。

當代大儒馬融仿《孝經》而作《忠經》，其序云：

> 忠經者，蓋出於孝經也。仲尼說孝者所以事君之義，則知孝者俟忠
> 而成之。

由上二段文字，可知孝道之根本在「忠」，故「孝明君父之尊」、「孝俟忠成之」，孝於是從子事父之道，提升而為人主治國之大道。至是，《十三經》中，「事君猶事父」、「事君不忠，非孝也」，乃多所言及，而成為一般人之共識，此為其演變之大要也。

〔註4〕「三綱」一詞，確立於東漢緯書《禮緯含文嘉》，然漢人最早提出「三綱」之說者，則推董仲舒《春秋繁露》〈順命〉：「子受命於父，臣妾受命於君，妻受命於夫」，又說：「尊者取尊號，卑者取卑號」，逐漸形成絕對性之倫理觀念。其後東漢章帝時，集結成書之《白虎通》一書，又對「三綱」之義解說引申，三綱名份尊卑之確立，乃形成定論。東漢緯書中除《禮緯含文嘉》之外，其他緯書如《禮緯稽命徵》、《禮緯稽耀嘉》、《春禾緯感精符》等書，皆曾記載三綱之義。詳見拙著《東漢經術與士風》上編第三章「經學與讖緯學」，其中有詳細之論證。

（二）諫諍經典之依據

儒學樹立士人之政治意識與社會責任感，擔負天下興亡，舍我其誰之重任，從而培養士人參政、議政之優秀傳統，甚至於面臨「天下無道」之時，不惜爲衛道而諫諍、不屈而殉道，因而譜寫成仁取義之愛國贊歌。在中國之思想觀念中，從未以直言極諫，爲冒犯人君之尊嚴，因而欲納人入罪者。訥諫即爲賢君，拒諫即爲昏君，殺諫臣即爲暴君，此爲天下公認之是非。秦漢之後，士人已不敢與人君爭政權，而僅欲與朝廷爭是非。東漢在經歷黨錮之禍後，士人更逃避於玄虛之中以避禍，士氣在專制壓迫之下，已消磨殆盡，東漢中葉以後，以諫諍爲冒犯人君尊嚴，甚至以冒犯人君尊嚴爲罪大惡極，士氣之委縮變形，更不足論矣。考察人臣諫諍之精神，以及事君之態度，可在經典中找到依據。

1. 經典中臣道諫諍之發揚

文獻中，有關人臣事君諫諍之態度，多持肯定態度。如《尚書・尹訓》：

> 先王肇修人紀，從諫弗咈，先民時若。（偽孔安國注云：言湯始修爲人綱紀，有過則改，從諫如流，必先民之言是順）

同書〈說命〉：

> 惟木從繩正，后從諫則聖，后克聖，臣不命其承。（注云：言木以繩直，君以諫明。君能受諫則臣不待命，其承意而諫之）

《禮記・曲禮》：

> 爲人臣之禮，不顯諫（意即明言其君惡），三諫而不聽則逃之。子之事親也，三諫而不聽，則號泣而隨之。

同書〈少儀〉：

> 爲人臣下者，有諫而無訕，有亡而無疾，頌而無諂，諫而無驕。

同書〈表記〉：

> 子曰：「事君遠而諫則諂也，近而不諫則尸利也。」

同書〈檀弓〉：

> 事親有隱而無犯，左右就養無方，服勤至死，致喪三年。事君有犯而無隱，左右就養有方，服勤至死，方喪三年。

《論語・里仁》：

> 子游曰：「事君數，斯辱矣。朋友數，斯疏矣。」

同書〈憲問〉：

子路問事君。子曰：「勿欺也，而犯之。」

《孟子・離婁上》：

孟子曰：「責難於君謂之恭，陳善閉邪謂之敬，吾君不能謂之賊（趙岐注：言吾君不肖，不能行善，因不諫正，此為賊其君也）。」

同書〈萬章下〉：

王曰：「請問貴戚之卿。」曰：「君有大過則諫，反覆之而不聽，則易位。」……請問異姓之卿。曰：「君有過則諫，反覆之而不聽，則去。」

由以上資料，可歸納如下：

1. 就君道而言：凡是有為之國君，必有從諫如流之胸襟，與從諫改過之勇氣。從政者若能以「從諫」自許，乃能「克聖」進而「成聖」。此即《尚書》所云：「從諫弗咈」、「后從諫則聖」之意也。

2. 就臣道而言：事君之職責，在進諫君主以善道，故孟子提出事君之法有二：責難（恭）、陳善閉邪（敬）。若人主不能克盡勸諫導正之責，甚至言吾君不肖，不能行善，此則為賊其君也。且臣子既盡諫正之責，亦應謙恭自省，《禮記》所謂「有諫而無訕」、「諫而無驕」也。

3. 諫君與諫親不能等類齊觀，經典明載其間差異：

諫君：

為人臣之禮，不顯諫，三諫而不聽則逃之。（《禮記・曲禮》）

事君有犯而無隱。（同書，〈檀弓〉）

事君數，斯辱矣。（《論語・里仁》）

事君……勿欺也，而犯之。（同書，〈憲問〉）

君有大過則諫，反覆之而不聽，則易位（貴戚之卿）。（《孟子・萬章下》）

君有過則諫，反覆之而不聽，則去。（同上）

諫親：

子之事親也，三諫而不聽，則號泣而隨之。（《禮記・曲禮》）

事親有隱而無犯。（同書，〈檀弓〉）

父母有過，下氣怡色，柔聲以諫，諫若不入，起敬起孝，說則復諫。（同書，〈內則〉）

　　父母有過，諫而不逆。(同書，〈祭義〉)

　　事父母幾諫，見志不從，又敬不違，勞而不怨。(《論語‧里仁》)

由上可知：父子之倫，緣於血肉之親，故「父子主恩」，「父子以天合」，二者為恩義之本然結合，而非後天「合則留，不合則去」之自由分合。故父子恩情，不可隨易損傷，子之事父，若不得已必欲勸諫，則重在「隱」諫，所謂「隱」，意即隱親之過，下氣怡色，柔聲以諫，要在不違順從(不逆)之義。若諫而不入，則起敬起孝，俟其悅也，然後復諫。之所以不斷「幾諫」，「號泣而隨之」，實孝子冀其有悟，而感動之也。至於君臣之倫，以義相合，孟子主張「格君心之非」，君有大過，則須「犯而勿欺」。所謂「犯」者，意即犯人君之好惡，犯人君之尊嚴也，絕不容阿諛取寵，隱其實情，以媚君上。然諫而不入，儒家則主張「道不同，不相為謀」，可「易位」、「去」、「逃」，以維護「從道不從君」之尊嚴。有如比干諫而死，〔註5〕千載之下，實令人為之悲憤不已。

　　總之，經典所載，在期許執政者與從政者對諫諍一義達成共識，如此，則君道不受蒙蔽而能從諫如流，臣子以忠節諫諍，導君於正道，君臣相輔相成可達政通人和之功效。

2. 秦漢間臣道種類之界定

　　儒家君臣之倫，對臣道之於諫諍，已視作當然禮數，故經典中屢次提及「犯」人君之尊嚴，絕非罪大惡極，而視為君臣提攜正道之合理途徑。審查秦漢之間，文獻所載，皆褒讚直諫忠心之臣，貶抑阿諛之臣。本節將略舉秦、漢思想家所舉臣道之種類與其內容加以討論，對於儒家臣道諫諍精神之闡揚，亦可作一佐證。《孟子‧盡心上》：

　　孟子曰：有事君人者，事是君則為容悅者也。

　　趙歧注曰：事君，求君之意，為苟容以悅君者也。

　　朱熹注曰：阿徇以為容，逢迎以為悅；此鄙夫之事，妾婦之道也。

孟子在〈盡心〉一文中，將臣子分為大人之臣、天民之臣、安社稷之臣，以及容悅之臣。〔註6〕孟子本意雖在依其修己安人之深淺定其臣道之優劣，其中

〔註5〕見《論語‧微子》：「微子去之，箕子為之奴，比干諫而死。」孔子曰：「殷有三仁焉。」邢昺疏引《本紀》云：「紂愈淫亂……比干曰：『為人臣者，不得不以死爭。』迺強諫紂，紂怒曰：「吾聞聖人心有七竅」，剖比干觀其心。案比干乃紂之叔父，見商紂淫亂，諸侯叛殷，諫而不入，乃以「死諫」方式冀主之悟。而紂終不省，遂強諫而死。

〔註6〕《孟子‧盡心上》載孟子將人臣分為四種類型：一、容悅之臣：事君人者。

特譏諷逢迎諂媚之臣；視爲妾婦之道。蓋此類臣子，非徒無益於國家，甚且失去人格，故屬最下。然孟子對君、臣之倫，仍界定於相對平行之關係。其後演變至荀子，臣子之地位已不如前，〔註7〕然《荀子‧臣道》仍提出爲臣之道在於「從道不從君」，並分人臣爲四類：

聖臣—上則能尊君，下則能愛民；政令教化，刑下如影；應卒遇變，齊給如響；推類接譽，以待無方，曲成制象。

功臣—內足使以一民，外足使以距難；民親之，士信之，上忠乎君，下愛百姓而不倦。

篡臣—上不忠乎君，下善取譽乎民；不卹公道通義，朋黨比周，以環主圖私爲務。

態臣—內不足使一民，外不足使距離，百姓不親，諸侯不信；然而巧敏佞說，善取寵乎止。（《荀子‧臣道》）

荀子又將人臣事君的態度分爲：

從命而利君謂之順，從命而不利君謂之諂；逆命而利君謂之忠，逆命而不利君謂之篡；不卹君之榮辱，不卹國之臧否，偷合苟容以持祿養交而已耳，謂之國賊。君有過謀過事，將危國家殞社稷之懼也，大臣父兄，有能進言於君，用則可，不用則去，謂之諫；有能進言於君，用則可，不用則死，謂之爭；有能比知用力，率群臣百吏而相與彊君撟君，君雖不安，不能不聽，遂以解國之大患，除國之大害，成於尊君安國，謂之輔；有能抗君之命，竊君之重，反君之事，以安國之危，除君之辱，功伐足以成國之大利，謂之拂。故諫爭輔拂之人，社稷之臣也，國君之寶也，明君所尊厚也，而闇主惑君以爲己賊也。

又曰：

有大忠者，有次忠者，有下忠者，有國賊者。以德復君而化之，大忠也；以德調君而補之，次忠也，以是諫非而怒之，下忠也；不卹

二、安社稷之臣：以安社稷爲悅者。三、天民之臣：達可行於天下而後行之者。四、大人之臣：正己而物正者。

〔註7〕《荀子‧君道》：「請問爲人君？曰：『以禮分施，均偏而不偏。』請問人臣？『以禮待君，忠順而不懈。』荀子以爲人君之道，重在公正而不偏私，人臣之道，則著重在「忠順不懈」，意即盡心順從而已。易言之，君臣角色已有顯著不同，從孔孟之並立關係，轉換爲下對上之順從，故知，荀子思想中，臣的地位遠不如孟子。

　　君之榮辱，不卹國之臧否，偷合苟容以之持祿養交而已耳，國賊也。
荀子之意可列表如下圖：

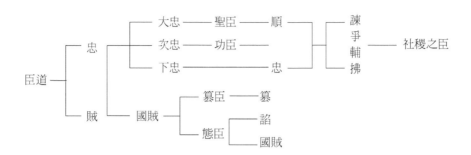

　　由上可知：荀子將臣道分為忠、賊二類，忠臣是社稷之臣，是國之寶也。
國賊是逆命圖私、巧佞苟容之人，故是危國家損社稷之臣也。「忠」之本意，
荀子釋為「逆命而利君」謂之忠，可知忠之本質在諫爭，故「臣道」篇一再
指責「巧敏佞說、善取寵乎上之態臣」，以及「不卹君之榮辱，不卹國之臧君，
偷合苟容以持祿養交謂之國賊」之可恥。則荀子於君臣之際，不容持祿苟合，
而必以諫爭為盡忠之職責。
　　與儒家並稱之墨子，亦痛斥諂諛之臣，《墨子・親士》云：
　　　臣下重其爵位而不言，近臣則瘖（啞也），遠臣則唫（即噤字，不敢
　　　出聲也），結怨於民心，諂諛在側，善議障塞，則國危矣。
墨子以為臣子若只知尸位素餐，持祿諂諛，而不敢直言諫諍，使善議不能上
達天聽，則國岌岌危矣。
　　迄於漢代，劉向《說苑・臣術篇》，以為「人臣之行，有六正六邪」。六
正中所謂「直臣」，乃是「敢犯主之顏面，言主之過失」，意即直言敢諫之士。
至於「六邪」可整理如下：
　　具臣—安官貪祿，營於私家，不務公事；懷其智，藏其能，主飢於論，
　　　　　渴於策，猶不肯盡節。容容乎與世浮沈，上下左右觀望。
　　諛臣—言所言，皆曰善；主所為，皆曰可；隱而求主之所好，即進之以
　　　　　快主耳目。偷合苟容，與主為樂，不顧其後害。
　　姦臣—中實頗險，外容貌小謹，巧言令色，又心嫉賢。所欲進，則明其
　　　　　美而隱其惡。所欲退，則明其過而匿其美。使生妄行過任，賞罰
　　　　　不當，號令不行。
　　讒臣—智足以飾非，辯足以行說，反言易辭而成文章，姤亂朝廷。

　　賊臣—專權擅勢，持權國事，以為輕重；于私門成黨，以富其家。又復
　　增加威勢，擅矯主命，以自貴顯。

　　亡國之臣—詔言以邪，墜主不義。朋黨比周，比蔽主明。入則辯言好辭，
出則更復異其言語，使白黑無別，是非無間。伺候可推，因而附然，使主惡
布於境內，聞於四鄰。

劉向所謂「六邪」，如具臣之安宦貪祿、諛臣之偷合苟容、姦臣之巧言令色、
讒言之飾非辯說、賊臣之矯命專權、亡國之臣之詔言以邪，觀其炫燿自己之
聰明智巧，以博取君上之寵幸，亂天下之耳目，變事物之是非，歷史文獻所
載之佞幸之臣，實由此類發展而來。時代愈亂，此輩只知供奉人君之尊嚴，
以圖自身溫暖，於國事何補？於君主何益？於百姓何安？故劉向特標「直臣」
之敢於勸諫，善議是非，以明白區分清濁正邪之差異。

　　總之：秦、漢間，諸子之共識，皆以為人臣之行，在以直諫為忠臣，而
以巧佞貪祿為危國之賊。歷史文獻中，從未以為直言極諫為踰越君臣之倫，
可謂皎然明白。迄於東漢，《白虎通疏證・諫諍》：「臣所以諫君之義何？盡忠
納誠也」（卷5）。臣之諫君，既為義之所趨，故中葉以後，戚宦專權，士人憂
心世亂國危，每多糾舉，不避喪身，故虞詡上書自訟：「臣將從史魚死，即以
尸諫耳」（《後漢書》卷58），其諫諍不懼之勇氣，實令人由衷敬佩，而儒家經
典之鎔鑄陶冶，使士人見義忘生，實為主因也。

第二節　東漢諫諍之時代背景

　　為體現天下政治之客觀性，古代官制中即設有「諫官」特以節制君主，
史載周代設立諫官，使君主知所戒慎。《孝經・諫諍章》云：「昔者天子有爭
臣七人」，並確立「故當不義，則子不可以不爭於父，臣不可以不爭於君」之
必要性。《漢書・儒林傳》，載王式以詩三百五篇當作「諫書」，更是經學致用
之具體落實。然臣子所以必欲諫諍，以盡忠納誠，尤其當時代愈亂，諫諍愈
力，揆其因，必有其時代背景，茲探討如下：

一、權移內朝

（一）漢代外戚之源起及其變革

　　漢初，宰相皆列侯為之，在當時職屬皇帝之私臣。御史大夫為副丞相，

下設中丞一職，得治王宮內廷之政令，故知漢初王室內廷與外朝政府權責之界定不甚分明。武帝時，公孫弘以經術爲相，大開東閣，延賓客賢士，爲其幕僚，逐漸提升宰相之實質地位。而王室不得不仍維持其私臣，故漢代凡侍中、左右曹、諸吏、散騎中常侍等加官（兼差），所謂中朝官者，皆爲皇帝私臣也。武帝末年，始以霍光爲大司馬大將軍輔政，遂有大司馬大將軍輔政之制。至是，中朝（王室）與外朝（政府）始分，宰相爲外朝領袖，而大司馬大將軍爲內朝輔政，中朝外朝判而爲二，其中，大司馬、左右前後將軍、侍中、常侍、散騎諸吏等，爲中朝；丞相以下至六百石掌外朝。此爲西漢時外戚輔政之由來也。

及至光武，外戚以恩澤封侯者猶有四十五人之多，[註8] 然其有鑒於西漢成帝時委政於外家，而王氏卒移漢祚，於是明令后族封不過九卿。《後漢書》卷2〈明帝紀〉注引《東觀記》云：

> 光武閔傷前代權臣太盛，外戚與政，上濁明主，下危臣子，后族陰、
> 郭之家不過九卿，親屬榮位不能及許、史、王氏之半耳。

光武鑒於西漢外戚與政之禍，乃極意裁抑后族，以防重蹈覆轍。明帝時，遵奉光武制度，後宮之家，不得封侯與政。[註9] 永平中，常令陰黨、陰博、鄧疊三人更相糾察，故諸豪戚，莫敢犯法。[註10] 其後章帝時，欲封爵諸舅，而馬太后猶以「一日五侯，黃霧四塞」爲諫，拒絕封侯之事，及帝再三有，然後封之。足見當時抑損外戚，令其不在樞機之位；似得防患之道。然竇憲卻啓外戚奪權之端，其事見《後漢書·竇憲列傳》云：

> （章帝）建初二年，（憲）女弟立爲皇后，拜憲爲郎……兄弟親幸，
> 並侍宮省，賞賜累積，寵貴日盛，自王、主及陰、馬諸家，莫不畏
> 懼。憲恃宮掖聲埶，遂以賤直請奪沁水公主（明帝之女）園田，主
> 逼畏，不敢計。……後發覺，帝大怒，召憲切責曰：「深思前過，奪
> 主田園時，何用愈趙高指鹿爲馬？久念使人驚怖。昔永平中……猶
> 以舅氏宅爲言。今貴主尚見枉奪，何況小人哉！國家弃憲如孤雛腐
> 鼠耳。」憲大震懼，皇后爲毀服深謝，良久乃得解，使以田還主。

[註8]《後漢書》卷1下〈光武帝紀〉：建武十三年，「大司馬吳漢自蜀還京師，於是大饗將士，班勞策勳。功臣增邑更封，凡三百六十五人。其外戚恩澤封者四十五人。」

[註9] 見《後漢書》卷2〈孝明帝紀〉永平十八年。

[註10] 見《後漢書》卷23〈竇憲列傳〉，章帝責竇憲奪田語。

雖不繩其罪，然亦不授以重任。（卷 23）

竇憲憑恃宮闈之勢，橫奪沁水公主園田，帝雖比之指鹿爲馬，嚴詞屬責，然終不定其罪，故東漢外戚強盛，自茲以始。其後和帝即位，竇太后臨朝，憲始內幹機密，出宣誥命。父子兄弟並居列位，充滿朝廷，遂出不軌之謀，〔註 11〕此皆章帝時有以啓之也。其後安帝崩，閻太后臨朝，后兄閻顯專廢立之權；順帝時，梁冀行弒逆之事，〔註 12〕窮極滿盛，威行內外，百僚側目，莫敢違命，天子恭已而不得有所親豫。雖然，外戚終不免於赤族之誅，史載此三人：

> 竇憲—和帝與近幸常侍鄭眾誅之。遣謁者僕射收憲大將軍印綬，（竇）憲、篤、景（皆竇憲之弟）到國，皆迫令自殺，宗族、賓客以憲爲官者，皆免歸本郡。（《後漢書》卷 23）

> 閻顯—安帝崩，北鄉侯立，及北鄉侯薨，車騎將軍（閻太后之兄）閻顯及江京等，謀不發喪，而更徵立諸國王子。中黃門孫程等十九人，共斬江京等，遣侍御史持節收閻顯及其弟耀、晏，並下獄誅。立順帝。（卷 6）

> 梁冀—桓帝立，梁太后臨朝，梁冀秉政，迫脅內外，帝及與宦官單超等五人合謀誅冀，諸梁及孫氏（梁冀之妻）中外宗親送詔獄，無長少皆棄市。其它所連及公卿列校刺史二千石死者數十人，故吏賓客吏黜者三百餘人，朝廷爲空，百姓莫不稱慶。（卷 34、78）

東漢外戚盡遭誅戮，考其誅戮原委，又多與宦官攸關。蓋母后臨朝，貪立幼主，使外戚得以擅權專政；而幼主自爲固位之計，乃謀諸「禁密之內，日在耳目之前」之宦官，藉其力以行誅討，於是宦官得以竊權，政事由是乖張。而外戚、宦官政爭迭起，國事益亂，及其終也，國亦隨之亡矣，以暴易暴，國家何利焉！

總之：外戚輔政，導源於武帝時外朝、內朝之分立，自是外戚乃自納爲一正式官制體系。及至西漢末年，卒有外戚篡位之亂行，故至東漢光武、明

〔註11〕《後漢書·竇憲列傳》載憲平匈奴，威名大盛，刺史、守令多出其門，權貴顯赫，傾動京師，於是朝臣震慴，望風承旨。竇氏父子兄弟並居列位，充滿朝廷。憲既負重勞，陵肆滋甚，乃與心腹鄧疊（封「穰侯」），與同黨共圖不軌。和帝陰知其謀，乃與近幸中常侍鄭眾定議誅之，後果皆然。

〔註12〕《後漢書》卷34〈梁冀列傳〉：順帝時，拜梁冀爲大將軍，帝崩，沖帝始在襁褓，梁太后臨朝，詔冀參錄尚書事。冀侈暴滋甚。沖帝又崩，梁冀立質帝，帝少而聰慧，知冀驕橫，嘗朝群臣，目冀曰：「此跋扈將軍也。」冀聞，深惡之，遂令左右進鴆加煮餅，帝即日崩。此處即指梁冀鴆殺質帝之大逆。

帝乃明令外戚不得封侯與政。然至章帝時，漸啓外戚掌權之端，其後和、安、順帝之時，勢燄更盛，而與貪惡橫恣之宦官相終始，國勢終於無力回天矣。當此之時，士人不畏鋒鏑，諫諍不懼之道德勇氣，愈演愈熾，士氣隨時局而轉趨激切。

（二）漢代宦官之源起及其變革

西漢初年，王室內廷與外朝政府，其權限界域並不清楚，宦官在當時，並不受人歧視。如司馬遷曾受腐刑後爲中書令。所謂「宦」者，爲宦學仕宦之意，非惡稱也。論其性質與職責，實近於帝王私臣，非政府正式之官吏，故知當時官吏組織並未定型，亦未出現宦者之特殊集團。

漢武帝時，獨攬專權，內朝尚書逐漸受到重視。〔註13〕不僅奪取宰相之權（如趙禹、張湯），武帝晚年常宴遊內廷，不復多與士大夫相接，遂用宦者士中書。元帝時，宦者石顯用事，丞相權復盡歸尚書，由是宦官日趨用事。《後漢書·宦者列傳》云：

> 漢興，仍襲秦制，置中常侍官。然亦引用士人，以參其選，皆銀璫左貂，給事殿省。及高后稱制，乃以張卿爲大謁者，出入臥內，受宣詔命。文帝時，有趙談、北宮伯子，頗見親倖。至於孝武，亦愛李延年。帝數宴後庭，或潛游離館，故請奏機事，多以宦人主之。至元帝之世，史游爲黃門令，勤心納忠，有所補益。其後弘恭、石顯以佞險自進，卒有蕭（望之）、周（堪）之禍，損穢帝德焉。（卷78）

故知，西漢宦者凡三變，漢初襲秦制，以士人任中常侍官；至文、武帝，宦者漸受重用；元帝時，宦者勢力強盛，已能爲禍大臣，隱然已成一股勢力。

光武中興，宮中不復參以士流，而全然任用宦人，宦官集團於焉正式形成，宦官、王室內廷、政府士族三分其勢力，而互有消長。《後漢書·宦者列傳》云：

> 中興之初，宦官悉用閹人，不復雜調它士。至永平中，始置員數，中常侍四人，小黃門十人。和帝即祚幼弱，而竇憲兄弟專總權威，

〔註13〕案尚書一職，秦時少府遣吏四人，在殿中主管發書，謂之尚書。漢初，屬少府之官，即尚衣、尚冠、尚食、尚浴、尚席、尚書，皆爲內朝之事，職位卑下，多由士人爲之。後世除尚書一職之外，皆爲宦官所任職。漢成帝時，置尚書五人，一人爲「僕射」，四人分爲「四曹」，管理圖書、秘記、章奏及封奏、宣示等業務。

內外臣僚，莫由親接，所與居者，唯閹宦而已。故鄭眾得專謀禁中，終除大憝，遂享分土之封，超登宮卿之位。於是中官始盛焉。自明帝以後，迄乎延平，委用漸大，而其員稍增，中常侍至有十人，小黃門二十人，改以金璫右貂，兼領卿署之職。鄧后以女主臨政，而萬機殷遠，朝臣國議，無由參斷帷幄，稱制下令，不出房闈之間，不得不委用刑人，寄之國命。手握王爵，口含天憲，非復掖廷永巷之職，閨牖房闈之任也。其後孫程定立順之功，曹騰參建桓之策，續以五侯合謀，梁冀受鉞，跡因公正，恩固主心，故中外服從，上下屏氣。……舉動回山海，呼吸變霜露。阿旨曲求，則光寵三族，直情忤意，則參夷五宗，漢之綱紀大亂矣。（卷68）

由上可知，東漢宦官所以能使「中外服從，上下屏氣」，甚至造成漢朝綱紀之敗壞，其主要演變有三：一、光武內廷中常侍悉用閹人，此其所以能用事之起因。二、自明帝以後，員數遞增，並兼領卿職，逐漸掌權。三、東漢即位之君主多幼弱，加以女主臨政，親接下令，必委用刑人，寄之國命，遂得以專謀禁中，而為禍天下，所謂「剝割萌黎，競恣奢欲。搆害明賢，專樹黨類」、「敗國蠹政……海內嗟毒，志士窮棲，寇劇緣閒，搖亂區夏」、「（忠良）言出禍從，旋見孥戮」（同上），其為禍之既深且久，竟與漢祚相終始，又豈是飽讀經書之開國之君光武始料所及哉？

考查經典所載，已有「不近刑人」之諫言，《禮記‧曲禮上》：

> 刑人不在君側。

鄭玄注引《春秋傳》曰：

> 近刑人則輕死之道。

孔穎達疏云：

> 刑人不在君側者，彼刑殘者，不得令近君，為其怨恨也。《白虎通》云：「古者刑殘之人，公家不畜，大夫不養，士遇之，路不與語，放諸境埆不毛之地，與禽獸為伍。」

《公羊傳》襄公廿九年：

> 刑人非其人也，君子不近刑人，近刑人則輕死之道也。（唐徐彥疏：猶言不自重，似若世人名輕賤之物）

《穀梁傳》襄公廿九年：

> 閹，門者也。寺人也。不稱名姓，閹不得齊於人，不稱其君，閹不

> 得君其君也。禮、君不使無恥，不近刑人，不狎敵，不逼怨，賤人
>
> 非所貴也，貴人非所刑也，刑人非所近也。

案經典所敘，所謂「刑人」，指刑殘之人，以其身受五刑——墨、劓、臏、宮、大辟，故曰：「非其人」。爲其刑殘之餘，恐心生怨惡，有違人性之常，恐近之而身受其害，此即楊士勛所謂「稟二儀之氣，須五常之性備，然後爲人。閹者，虧刑絕嗣，無陰陽之會，故不復齊於人」。〔註14〕故經典一再論述「君主不近虧刑絕嗣之刑人」，以防不可測之憂患。以光武之明慧聰睿，竟不能遵循經典之論述，至於開啓閹人用事之端，惜哉，見其大而忽其小，利其近而遺其遠，故其末流，乃至毀國亂政，至於殄敗，光武之失也。

二、戚宦爭權

　　東漢近二百年之政治，可謂外戚、宦官交相迭起之歷史。蓋東漢十二帝，多幼主即位，則母后臨朝，父兄外戚秉權，自爲穩固政權之需，此外戚所以干政之由來也。而東漢皇統屢絕，外藩入繼爲帝，則母后與天子既無骨肉之親，外戚與天子亦乏甥舅之情，則天了欲攬大權，而「內外臣僚，莫由親接」，只能與閹宦密謀禁中，一旦事成，宦官封官拜侯，遂「手握王爵，口含天憲」、「舉動回山海，呼吸變霜露」（俱見《後漢書》卷78），僭奪權柄，貪惡亂政，爲害之大，至與漢室相終結，此宦官專政之故也。考外戚，宦官爭權之內容實質，可歸納如下：

（一）外戚專政

1. 太后臨朝

　　《後漢書‧皇后紀序》：

> 東京皇統屢絕，權歸女主，外立者四帝，臨朝者六后，莫不定策帷
>
> 帝，委事父兄，貪孩童以久其政，抑明賢以專其威。（卷10上）

所謂「臨朝」，即母后稱制之意也。六后，李賢注曰：「章帝竇太后、和熹鄧太后、安思閻太后、順烈梁太后、桓思竇太后、靈思何太后」。其內容分述如下：

> 章帝竇太后—章和二年，章帝崩，和帝即位，尊竇后爲皇太后，皇太后
>
> 臨朝。（《後漢書》卷10上）
>
> 和熹鄧太后—元興十四年，和帝崩，殤帝生始百日，鄧后乃迎立之，遵

〔註14〕見《穀梁傳》襄公二十有九年，唐、楊士勛疏。

后爲皇太后，鄧太后臨朝。

延平元年，殤帝崩（在位未及一年），鄧太后定策立安帝，猶臨朝政。（同上）

安思閻太后—延光四年，安帝崩，尊閻后曰皇太后，閻太后臨朝。太后欲久專國政，貪立幼年，與后兄閻顯定策禁中，迎濟北惠王子北鄉侯懿，立爲皇帝。（卷 5〈孝安帝紀〉）

順烈梁太后—建康元年，順帝崩，沖帝即位，尊梁后爲皇太后，太后臨朝。（卷 10 下）

永嘉元年，沖帝崩，梁太后與兄梁冀定策禁中，迎帝入南宮，是爲質帝，猶秉朝政。（卷 6〈孝沖帝紀〉）

本初元年，質帝崩，太后遂與兄大將軍梁冀定策禁中，迎帝入南宮，即皇帝位，是爲桓帝，梁太后猶臨朝政。（卷 7〈孝桓帝紀〉）

桓思竇太后—永康元年，桓帝崩，竇太后與父竇武定策禁中，立解犢亭侯宏，是爲靈帝。（卷 8〈孝靈帝紀〉）

靈思何太后—中平六年，靈帝崩，少帝即位，尊何皇后曰皇太后，太后臨朝。（卷 8〈孝靈帝紀〉）

由以上史料，可歸結如下：

1. 東漢外戚擅權，實始於章帝竇后。章帝建初二年（西元 77）立爲皇后，寵幸殊特，竇憲兄弟親幸。及章帝崩，和帝即位，竇太后臨朝，兄弟皆在親要之地，漸啓外戚擅政之端。

2. 六后臨朝，始於和帝即位（西元 89），終於少帝（西元 189）。其間共歷九位君主，凡一百多年，除光武、明、章開國三帝，以及東漢末代皇帝——獻帝（實權爲曹家所控制）之外，幾可謂與東漢政治相終始，其不僅影響君主政權實體之正常運作，亦間接助長戚、宦之間惡勢力之傾軋與消長，而造成政事乖張，天變屢起，皆發端於政治體制之不健全而已。

3. 母后臨朝　爲久其政，多立幼童爲帝，茲列表述之：

臨朝母后	帝　號	即位年紀	在位年數
竇太后	和　帝	十	十七
鄧太后	殤　帝	誕育百餘日	一
鄧太后	安　帝	十三	十九

閻太后	少帝懿	幼年〔註15〕	凡二百餘日
梁太后	沖　帝	二	一
梁太后	質　帝	八	一
梁太后	桓　帝	十五	二十
竇太后	靈　帝	十二	二二
何太后	少帝辯	九	三十

　　據上表，六后臨朝，所策立皇帝，論其即位年紀，無過於十五歲者，少則誕育百餘日。論其在位年數，殤、少、沖、質四帝，在位皆不超過一年。論其子嗣而言，安、質、桓、靈四帝皆爲外藩入繼，與皇室血統疏遠；和、順、沖三帝雖係皇子，然皆爲庶子繼統。立帝既乏愼重，即位又多屬幼年，則太后僭奪權柄之初心，自不言可喻，亦爲時勢所趨。

　　4. 印證於經典所述，女后專政，實多所批評。《詩經‧瞻卬》：

　　哲夫成城，哲婦傾城，懿厥哲婦，爲梟爲鴟。婦有長舌，維厲之階，亂匪降自天，生自婦人，匪教匪誨，時維婦寺。（鄭玄箋：長舌喻多言語，是王降大厲之階，階所由上下也。今王之有此亂政，非從天而下，但從婦人出耳。又非有人教王爲亂，語王爲惡者，是惟近愛婦人，用其言故也。）

《書經‧牧誓》：

　　古人有言曰：「牝雞無晨」，牝雞之晨，惟家之索。（孔氏傳曰：「言無晨鳴之道，喻婦人知外事，雌代雄鳴則家盡，婦奪夫政則國亡」）

《詩》、《書》所云，皆明指婦人干政，實爲導致亂政國亡之源。揆其立論，並非憑空杜撰而來，必有其時代條件使然。以東漢而論，天下興亡，一繫於君，君主幼小，無力主持國政，則造就女后臨朝之機，於是委用父兄，外戚順勢得以專政，此外戚所以干政之因也。總之，若政治制度穩固而健全，則牝雞何必司晨，哲婦又何由得以傾城，其故誠可三思。

〔註15〕《後漢書》卷5「孝安帝紀」：「（安）帝崩，尊（閻）皇后爲皇太后。太后臨朝，以后兄大鴻臚閻顯爲車騎將軍，定策禁中，立章帝孫濟北惠王壽子北鄉侯懿」，此處未明載北鄉侯即位時年紀幾何。同書卷10下〈皇后紀〉載：（建光四年），太后欲久專國政，貪立幼年，與（閻）顯定策禁中，迎濟北惠王子北鄉侯懿，立爲皇帝」，北鄉侯即是少帝，由上史料可知其即位時爲幼年，未詳其實際歲數。

2. 毒排異己

檢視東漢史料，在太后臨朝定策之前，閨牖房闥、掖庭永巷之間之爭奪與殘殺，卻早已搬演，其手段之陰狠與殘酷，實爲外戚專政預作舖路。茲歸納分述之：

（1）誣陷排他

《後漢書·皇后紀》：

> 章德竇皇后……無子，因誣宋貴人（生皇太子慶）挾邪媚道，遂自殺，廢慶爲清河王。（卷10上）

又云：

> （章帝）建初四年，（梁貴人）生和帝。（竇）后養爲己子，欲專名外家而忌梁氏。八年，乃作飛書以陷（梁）竦（貴人之父），竦坐誅，貴人姊妹以憂辛。

竇后爲保持權位，妒嫉宋、梁貴人生皇子，故相繼誣陷宋貴人、梁貴人於死地。同書〈皇后紀〉亦載順帝時虞美人、陳夫人事。其云：

> 沖帝早夭，大將軍梁冀秉政，忌惡佗族，故虞氏（順帝時入宮，生子炳，後立爲沖帝）抑而不登，但稱「大家」而已。（卷10下）

> 陳夫人者，家本魏郡，少以聲伎入孝王宮，得幸，生質帝。亦以梁氏故，榮寵不及焉。（同上）

虞美人生沖帝、陳夫人生質帝，漢興以來，母氏必受尊寵，然皆以梁后外戚之故，終其生不受榮寵。

（2）鴆殺異己

《後漢書·皇后紀》：

> （安帝）元初二年，立爲（閻）皇后，后專房妒忌，帝幸宮人李氏，生皇子保，遂鴆殺李氏。（卷10下）

同書〈孝順帝紀〉亦載此事：

> 孝順皇帝……安帝之子也。母李氏，爲閻皇后所害。（卷6）

以上載安思閻皇后爲專房固寵，而妒忌生皇子之李氏，遂乃鴆殺之。又如桓思竇皇后、靈思何皇后，其事亦多類同。同書〈皇后紀〉：

> 靈帝立，（竇后）欲盡誅諸貴人，中常侍管霸、蘇康苦諫，乃止（卷10）下

　　（靈帝）光和四年，王美人生皇子協，（何）后遂酖殺美人。（同上）
桓思竇皇后欲盡誅貴人以專寵，靈思何皇后酖殺生皇子之王美人，三后爲排
除異己，酖殺權力之可能掌握者，以爲將來固位專權之資，可謂慘極無道矣。
至於外戚梁冀甚且鴆殺質帝，〔註16〕其戚權自由，身操君主生死之大權，罪
至鴆帝，其亂更甚。

3. 外戚封侯

　　上文曾經論及，東漢開國君主，有鑒於西漢末年外戚亂政喪國，故光武、
明帝，明令外戚不得封侯與政，到章帝竇后，始漸開外戚專權之端。考查東
漢外戚封侯，可列表如下：

帝別	年　號	受　封　者	帝后	封　侯　名　稱	出　　處
章帝	建初四年至元初三年間	馬廖、馬防、馬光	馬太后	馬廖封爲順陽侯、其子馬遵封程鄉侯、孫馬度爲潁陽侯、其弟馬防、馬光爲潁陽侯、許侯，光子馬郎爲合鄉侯	《後漢書》卷10上〈皇后紀〉、卷24〈馬援列傳〉
和帝	永元元年永元二年	竇憲、及弟竇篤、竇景、竇瓌	竇太后	竇憲爲武陽侯、篤爲郾侯、景爲汝陽侯、瓌爲夏陽侯	《後漢書》卷23〈竇融列傳〉
和帝	永元九年	梁竦及竦三子梁棠、梁雍、梁翟	梁太后	梁竦爲褒親愍侯、梁棠爲樂平侯、梁雍爲乘氏侯、梁翟爲單父侯	《後漢書》卷34〈梁統列傳〉
和帝	元興元年	鄧訓	鄧后	追爵謚皇后父爲平壽敬侯	《後漢書》卷16〈鄧訓列傳〉
安帝	永初元年	鄧騭、鄧悝、鄧弘、鄧閶	鄧太后	鄧騭爲上蔡侯、悝爲葉侯、弘爲西平侯、閶爲西華侯	《後漢書》卷16〈鄧寇列傳〉
安帝	元初二年至桓帝間	鄧廣德等29人〔註17〕	鄧太后	鄧廣德（鄧弘之子）爲西平侯、鄧甫德爲都鄉侯、鄧珍（鄧京之子）爲陽安侯、鄧廣宗（鄧悝之子）爲葉侯、鄧忠（鄧閶之子）爲西華侯、鄧萬世（鄧遵之子）爲南鄉侯	《後漢書》卷16〈鄧寇列傳〉
安帝	元初三年	閻暢	閻后	封爲北宜春侯	《後漢書》卷10下〈皇后紀〉

〔註16〕見《後漢書》卷6〈孝質帝紀〉：「質帝本初元年閏月甲申，大將軍梁冀潛行鴆
　　　　弒，帝崩于玉堂前殿，年九歲。」
〔註17〕《後漢書》卷16〈鄧寇列傳〉：「鄧氏自中興後，累世寵貴，凡侯者二十九
　　　　人，公二人，大將軍以下十三人，中二千石十四人，列校二十二人，州牧、
　　　　郡守四十八人，其餘侍中、將、大夫、郎、謁者不可勝數，東京莫與爲比。」

安帝	延光三年	閻顯	閻后	封爲長社侯，食邑萬三千五百戶	《後漢書》卷10下〈皇后紀〉
桓帝	建和元年	梁不疑、梁蒙（梁冀之弟）、梁胤（梁冀之子）	梁太后	封梁不疑爲穎陽侯、梁蒙爲西平侯，梁胤爲襄邑侯	《後漢書》卷34〈梁冀列傳〉
桓帝	元嘉元年	梁冀等七人〔註18〕	梁太后	初封襄邑，襲封乘氏更以定陶，成（陽）四縣	《後漢書》卷34〈梁冀列傳〉李賢注引
桓帝	永興三年	梁馬（梁不疑之子）、梁桃（梁胤之子）	梁太后	封梁馬爲穎陰侯、梁桃爲城父侯	《後漢書》卷34〈梁冀列傳〉
靈帝	建寧元年	竇武、竇機（武之子）、竇紹（武兄之子）、竇靖（紹之弟）	竇太后	封竇武爲聞喜侯、竇機爲渭陽侯、竇紹爲鄠侯、竇靖爲西鄉侯	《後漢書》卷69〈竇武列傳〉
獻帝	中平元年	何進	何后	以功封愼侯	《後漢書》卷69〈何進列傳〉

由上資料可知，東漢外戚封侯，始於章帝馬太后，然馬太后躬履節儉，事從簡約（《後漢書》卷 14），章帝多次欲封爵諸舅，皆以太后誠存謙虛，極力扼止而作罷，後以受爵而退位歸第焉（卷 10 上），故終其生，外戚雖奢侈，然未形成擅權之勢。外戚擅權，則始於和帝竇太后，父子兄弟並居列位，充盈朝廷，於是「刺史、守令多出其門」，「朝臣震懾，望風承旨」（卷 23）。至安帝鄧太后時，鄧氏凡侯者二十九人，累世寵貴，東京莫與爲比。桓帝時，梁太后臨朝，梁氏凡封侯者七人，梁冀尤爲東漢外戚窮兇惡極之第一人，在位二十餘年，中歷順、沖、質、桓凡四帝，窮極滿盛，百僚側目，甚且鴆殺質帝，其擅權跋扈，可謂目中無君矣。

總之：外戚擅權，始於和帝竇憲，外戚寵貴之極，則屬安帝時鄧騭一家族；外戚之極惡禍首，則爲桓帝時梁冀。就其時代而言，始於章帝建初四年馬太后，終於靈帝中平元年何后，等到何進爲宦者張讓、段珪所殺，外戚之

〔註18〕 《後漢書》卷34〈梁冀列傳〉：「（梁）冀」一門前後七封侯，三皇后，六貴人，二大將軍，夫人、女食邑稱君者七人，尚公主者三人，其餘卿、將、尹、校五十七人。在位二十餘年，窮極滿盛，威行內外，百僚側目，莫敢違命，天子恭己而不得有所親豫」，梁后自順帝陽嘉元年立后，中經沖、質、桓三帝，延熹二年，梁后崩，大將軍梁冀謀爲亂，八月，冀自殺，中外宗親數十人，皆伏誅。其間共歷三十年，其封侯榮寵，可謂極一時之盛矣。

勢，亦隨之而亡矣。

4. 僭奢貪殘

東漢外戚之奢侈踰制，擅權威福，始於章帝建初二年，詔曰：

> 而今貴戚近親，奢縱無度，嫁娶送終，尤為僭侈，有司廢典，莫肯
> 舉察。（《後漢書》卷 3〈章帝紀〉）

考章帝時，尊馬后為皇太后，時外戚為馬廖、馬防、馬光兄弟，《後漢書·馬援列傳》：

> 馬防、光兄弟奢侈，好樹黨與。（卷 24）

又云：

> 防兄弟貴盛，奴婢各千人以上，資產巨億，皆買京師膏腴美田，又
> 大起第觀，連閣臨道，彌亙街路，多聚聲樂，曲度比諸郊廟。……
> 刺史、守、令多出其家。……防又多牧馬畜，賦斂羌胡。帝不喜之，
> 數加譴勅，所以禁遏甚備，由是權埶稍損，賓客亦衰。（建初）八年……
> 有司奏防、光兄弟奢侈踰僭，濁亂聖化。

故知馬后時，外戚之奢侈僭制，好樹黨與，致使「刺史、守、令多出其家」，然其時章帝尚能「數加譴勅」，損其權勢，賓客亦衰。

其後，和帝時，竇太后臨朝，竇憲兄弟親幸，其踰制不軌，可由本傳得見，〈竇融列傳〉：

> （竇）憲恃宮掖聲埶，遂以賤直請奪沁水公主（明帝女）園田，主
> 逼畏，不敢計。（卷 23）

> 齊殤王子都鄉侯暢來弔國憂（章帝崩）……得幸太后，被詔召詣上
> 東門。憲懼見幸，分宮省之權，遣客刺殺暢於屯衛之中，而歸罪於
> 暢帝利侯剛。（同上）

> （竇）憲既平匈奴，威名大盛……刺史、守令多出其門。尚書僕射
> 郅壽、樂恢並以忤意，相繼自殺。由是朝臣震慴，望風承旨。……
> 權貴顯赫，傾動京師。……奴客緹騎依倚形埶，侵陵小人，強奪財
> 貨，篡取罪人，妻略婦女。商賈閉塞，如避寇讎。有司畏懦，莫敢
> 舉奏。（同上）

> （竇）憲既負重勞，陵肆滋甚……鄧疊……（鄧）磊及母元，又憲
> 女壻謝聲校尉郭舉、舉父長樂少府璜，皆相交結。……遂共圖為殺

害。（同上）

由上資料可知，竇憲之擅權，包括恃勢侵奪沁水公主園田；刺殺都鄉侯暢，以固結己權，又將此罪嫁禍他人；好樹黨羽，「刺史、守令多出其門」；侵陵百姓，強奪財貨，掠人婦女；甚至潛圖弒害和帝，密謀不軌，其縱恣專威，上凌天子，下侵百姓，可謂暴虐無道矣。

殤帝、安帝時，鄧太后臨朝，太后兄鄧騭爲大將軍，深戒於竇氏爲禍被誅之事，故鄧氏以謙遜爲美，曾上疏辭讓封爵不受，〔註 19〕《後漢書》並載鄧氏崇儉推賢之士，使天下稱安，〔註 20〕故知鄧氏雖受累世寵貴，封侯者凡二十九人，其餘仕宦者不可勝數，東漢莫與爲比，然范曄所稱：「騭、悝兄弟，委遠時柄，忠勞王室」（《後漢書》卷 16），誠爲可貴矣。

安帝建光四年崩，閻后與后兄閻顯定策禁中，迎立章帝之子北鄉侯懿（少帝），閻顯兄弟位尊權重，《後漢書‧皇后紀》：

> 顯爲車騎將軍儀同三司……景爲衛尉，耀城門校尉，晏執金吾，兄弟權要，威福自由。（卷 10 下）

外戚擅權弄勢，如出一轍，皆仗權要、逞威福之類也。

順、沖、質、桓四帝時，梁太后臨朝，后兄梁冀當政，梁冀爲東漢外戚跋扈之第一人，其凶恣殘暴，暴虐更甚。《後漢書‧梁統列傳》詳盡載其惡行：

> （質）帝少而聰慧，知（梁）冀驕橫，嘗朝群臣，目冀曰：「此跋扈將軍也。」冀聞，深念之，遂令左右進鴆加煮餅，帝即日崩。

> （冀）枉害李固及前太尉杜喬，海內嗟懼。

> （冀）……遣客出塞……因行道路，發取女御者，而使人復乘執橫暴，妻略婦女，毆擊吏卒，所在怨毒。冀……大起第舍……殫極土

〔註 19〕 《後漢書》卷 16〈鄧騭列傳〉：「安帝永初元年，封騭上蔡侯，悝葉侯，弘西平侯，閶西華侯，食邑各萬戶。騭以定策功，增邑三千戶，騭等辭讓不獲」，又載：「（永初）四年，母新野君寢病，騭兄弟並上書求還侍養。……及服闋，詔喻騭還輔朝政，更授前封。騭等叩頭固讓，乃止」，又載：「（安帝）元初二年，（鄧）弘卒。……（鄧）太后追思弘意，不加贈位衣服，但賜錢千萬，布萬匹，騭等復辭不受」，故知鄧騭三次辭退，實具退讓之德，故終其生，雖獲榮寵，然並未如其他外戚之爲禍天下，誠爲難能。

〔註 20〕 《後漢書》卷 16〈鄧騭列傳〉：「（鄧）騭等崇節儉，罷力役，推進天下賢士何熙、役諷、羊浸、李郃、陶敦等列於朝廷，辟楊震、朱寵、陳禪置之幕府，故天下復安。」故知鄧騭之賢，在其崇尚節儉、愛惜民力、推辟賢能，故天下得以安定。

木，互相誇競。……又起別第於城西，以納姦亡。或取良人，悉爲
奴婢，至數十人，名曰「自賣人」。

（冀）入朝不趨，劍履上殿，謁讚不名……專擅威柄，凶恣日積，
機事大小，莫不諮決之。（卷34）

可知梁冀鴆殺質帝、殘害忠良、橫暴婦女、怨責百姓、藏姦納亡、僭制
越禮；此外本傳又載其濫殺無辜，如洛陽令呂放言梁冀之短於其父梁商，冀
即遣人於道刺殺之，並嫁禍於呂放之怨仇，使捕之，盡滅其宗親、賓客百餘
人。又各遣私客籍屬縣富人，被富人以罪，閉獄掠拷，使出錢自贖，貨物少
者至於死徙。又誣罪富人士孫奮，收其兄弟，死於獄中，悉沒貲財億七千餘
萬。宛令吳樹、遼東太守侯猛，皆以莫須有之罪名，分別被鴆殺、腰斬。時
人袁著見冀凶縱，不勝其憤，詣闕上書其罪，反遭梁冀笞殺；張綱條奏梁冀
無君之心十五事，順帝雖知綱言直，終不忍用。〔註21〕

其後靈帝竇太后臨朝，竇武輔政，竇武「在位多辟名士，清身疾惡，禮
賂不通，妻子衣食裁充足而已」（《後漢書》卷69）。獻帝時，何太后臨朝，后
兄何進輔政，何進納賢選良，武、進二人皆以誅剪宦官爲志，惜竇武爲宦者
曹節、王甫所殺，何進爲宦者張讓、段珪所殺。竇武、何進雖掌權輔政，卒
事敗闒豎，身死功頹，爲世所悲，惜哉！

綜合以上，外戚之僭奢之內容，包括奢侈僭制、好樹黨與、侵奪園田、
嫁罪他人、濫殺無辜、侵陵百姓、強奪財貨、掠人婦女、圖弒國君、鴆殺國
君、殘害忠良、藏姦納亡等。至於外戚之奢侈踰僭，弄其權勢，始於章帝時
馬防兄弟，幸未釀成巨大災禍，以章帝之遣勅禁遏之故也。故外戚實際之專
權爲禍，縱恣不軌，凌虐百姓，實始於和帝時竇憲兄弟，其後如安帝時閻顯
兄弟，順、沖、質、桓四帝時之梁冀一族，凶暴跋扈，民生怨毒，其中，竇
憲潛圖殺害和帝，梁冀鴆殺質帝，其亂法不軌，尤其令人髮指。《左傳》曰：
「有無君之心，而後動於惡也」，以其有無君之行，故身死禍速，然外戚終不
敵宦官，而爲宦官合謀誅殺。他如殤、安帝時之鄧騭兄弟，以及靈帝時竇武，
獻帝時何進，皆忠勞王室、納賢選良之士，惜其主弱信讒，宦官奸邪，終至
顛敗。惜哉，其運之所必然乎！

（二）宦官亂政

〔註21〕俱見《後漢書》卷34〈梁冀列傳〉，張綱事見卷56〈張綱列傳〉。

1. 擁立有功

　　東漢一代，自光武至獻帝，凡十二帝。就其即位時之年數而論：光武三十、明帝三十、章帝十九、和帝十、殤帝即位時，僅誕育百餘日、安帝十三、少帝（北鄉侯）立凡七月〔註22〕、順帝十一、沖帝二、質帝八、桓帝十五、靈帝十二、獻帝九。可知除光武、明、章東漢初年三帝之外，和帝以後，皇帝即位無過於十五歲者。由於幼主即位，母后臨朝，勢必委用父兄以爲內援，故自和帝以後，外戚干政秉權，竟爲政治常態。外戚欲久專國政，固結權位，則必擇幼弱之主以利其控制，此東漢帝王皆來自於外藩入繼（安、質、桓、靈）與庶子繼統（和、順、沖）之因也。

　　外戚與天子既非骨肉，又非至親，則掖庭永巷之中，帷幄房闥之任，天子欲掌回朝政，將誰屬國？於是不得不委用刑人，寄之國命，而終至釀成宦官干政之風。考東漢策立君主而有功之宦官，當始於和帝。《後漢書〈孝和帝紀〉：

> （永元）四年，竇憲潛圖弒逆。……收憲大將軍印綬，遣憲及弟篤、景就國，到皆自殺。（卷4）

同書〈宦者列傳〉：

> 時竇太后秉政，后兄大將軍憲等並竊威權，朝臣上下莫不附之。……及憲兄弟圖作不軌，（鄭）眾遂首謀誅之，以功遷大長秋。……中官用權，自眾始焉。（卷78）

和帝時，帝與宦者鄭眾合謀誅竇憲，鄭眾護主有功，而中官亦自和帝時開始用權。

　　安帝時，后兄鄧騭用權，《後漢書》本傳載：

> （安）帝少號聰敏，及長多不德，而乳母王聖見（鄧）太后久不歸政，慮有廢置，常與中常門李閏候伺左右。（卷16）

同書〈孝安帝紀〉：

> 建光元年五月……特進鄧騭及度遼將軍鄧遵，並以譖自殺。（卷5）

李賢注：

> 乳母王聖與中黃門李閏等誣告尚書鄧訪等謀廢立，宗族皆免官，騭

〔註22〕《後漢書》卷5〈孝安帝紀〉：「（安）帝崩……年三十二。祕不敢宣，所在上食問起居如故，……太后臨朝，以后兄大鴻臚閻顯爲車騎將軍，定策禁中，立章帝孫濟北惠王壽子北鄉侯懿」，北鄉侯即少帝，少帝即位年數，《後漢書》及《東觀漢記》等書，皆無記載，僅知在位時間凡七月而已。

－122－

與遵皆自殺。

同書〈孫程列傳〉：

> 時鄧太后臨朝，帝不親政事。小黃門李閏與帝乳母王聖常共譖太后
> 兄執金吾悝等，言欲廢帝，立平原王，帝每忿懼。及太后崩，遂誅
> 鄧氏而廢平原王。（卷 78）

由上可知，安帝不親政事，以太后臨朝不歸帝政故也。及太后崩，帝與宦官
李閏等乃合謀誅后兄鄧騭，李閏擁立有功，宦者遂享分土之封，權勢遂盛。

安帝以後，太后與外戚仍然專權秉政，同書〈宦者列傳〉：

> 安帝崩，北鄉侯爲天子，太后兄（閻）顯等遂專朝爭權。……北鄉
> 侯薨。閻顯白太后，微諸王子簡爲帝嗣。未及至。……（孫）程遂
> 與王康等十八人聚謀於西鍾下，皆截單衣爲誓。……俱於西鍾下迎
> 濟陰王立之，是爲順帝。……令侍御史收（閻）顯等送獄，於是遂
> 定。（卷 78）

孝順皇帝之母李氏，爲閻皇后所害。安帝永寧元年，雖立爲皇太子，六年之
後（安帝延光三年），坐廢爲濟陰王。及安帝崩，北鄉侯立，濟陰王以廢黜，
若非中黃門孫程等十九人斬外戚、迎順帝，則必即位無望，此宦官所以迎立
有功也。

順、沖、質、桓四帝時，梁后臨朝，后兄梁冀蓋世權威，威振天下。〈單
超列傳〉載：

> （梁）冀自誅太尉李固、杜喬等，驕橫益甚，皇后乘勢忌恣，多所
> 鴆毒，上下鉗口，莫有言者。帝逼畏久，恆懷不平，恐言泄，不敢
> 謀之。（桓）帝延熹二年，皇后崩……帝呼（單）超、（左）悺入室……
> 更召（徐）璜、（具）瑗等五人，遂定其議，帝齧臂出血爲盟。於是
> 詔收冀及宗親黨與悉誅之。（卷 78）

桓帝受太后與外戚逼畏，恆懷不平，乃與宦者單超等五人定議爲盟，遂誅外
戚一族，自是權歸宦官，故知桓帝之得以復權者，宦者之功也。

靈帝，宦官曹節，亦以定策、誅除外戚竇武有功而得封，同書，〈宦者列
傳〉：

> （靈帝）建寧元年，（曹節）持節將中黃門虎賁羽林千人，北迎靈帝，
> 陪乘入宮，及即位，以定策封。
> 時竇太后臨朝，后父大將軍武與太傅陳蕃謀誅中官，（曹）節與長樂

食監王甫爲黃門令，將兵誅武、蕃等。(卷 78)

曹節以迎立天子入宮而封侯，又不滿竇太后與外戚臨朝干政，故矯詔誅大將軍竇武、太傅陳蕃而受封，揆其因，乃假護主之名，而行奪權之實也，其後宦官權力如日中天，多淫暴無道，欺上凌下，漸不可制。及靈帝崩，宦者張讓、趙忠共殺謀誅中官之外戚何進，袁紹入宮捕宦者，無少長悉斬之，東漢亦緣是而傾國。

總之，東漢太后臨朝，外戚輔政，致使天子勢必援引宦官合謀以使歸政，故東漢宦者所以得志者，皆緣於擁立有功也。綜合此輩宦官，計有和帝時鄭眾，安帝時李閏，順帝時孫程、王康等十八人，桓帝時單超、徐璜、具瑗、左悺、唐衡，靈帝時曹節等。以其有功，故雖爲刑餘之醜，而恩固主心，上下屏氣，而使漢之綱紀大亂矣。

2. 封侯、養子、行三年服

（1）封　侯

東漢宦官享分土之封，超登宮卿之位，始於和帝。《後漢書·宦者列傳》：

和帝即祚幼弱，而竇憲兄弟專總權威，內外臣僚，莫由親接，所與居者，雖閹宦而已。故鄭眾得專謀禁中，終除大憝，遂享分土之封，超登宮卿之位。於是中官始盛焉。(卷 78)

和帝時，鄭眾以功封侯，首開東漢宦官封侯之始。其後宦官封侯，轉趨頻繁，終致引起東漢政體之破壞。茲將東漢宦官封侯之人物，列表說明如下：

宦 官	時 代	封 侯	食 邑	事　　因	出　　處
鄭 眾	和 帝	鄭鄉侯	千五百戶	竇憲兄弟圖作不軌，鄭眾首謀誅之	《後漢書》卷 78
蔡 倫	安 帝	龍亭侯	三百戶	數犯嚴顏，匡弼得失，造「蔡侯紙」，久宿衛	《後漢書》卷 78
江 京	安 帝	都鄉侯	三百戶	迎安帝於邸	《後漢書》卷 78
李 閏	安 帝	雍鄉侯	三百戶	誅后兄鄧悝，廢平原王	《後漢書》卷 78
籍 建	順 帝	東鄉侯	三百戶	順帝爲太子時小黃門，以無過獲罪，後帝即位封之	《後漢書》卷 78
孫 程	順 帝	浮陽侯	萬 戶	掃滅閻顯兄弟等惡逆，以定王室，擁立順帝有功	《後漢書》卷 78
王 康	順 帝	華容侯	九千戶	掃滅閻顯兄弟等惡逆，以定王室，擁立順帝有功	《後漢書》卷 78
王 國	順 帝	酈侯	九千戶	掃滅閻顯兄弟等惡逆，以定	《後漢書》卷 78

					王室，擁立順帝有功	
黃 龍	順 帝	湘南侯	五千戶	掃滅閻顯兄弟等惡逆，以定王室，擁立順帝有功	《後漢書》卷 78
彭 愷	順 帝	西平昌侯	四千二百戶	掃滅閻顯兄弟等惡逆，以定王室，擁立順帝有功	《後漢書》卷 78
孟 叔	順 帝	中廬侯	四千二百戶	掃滅閻顯兄弟等惡逆，以定王室，擁立順帝有功	《後漢書》卷 78
李 建	順 帝	復陽侯	四千二百戶	掃滅閻顯兄弟等惡逆，以定王室，擁立順帝有功	《後漢書》卷 78
王 成	順 帝	廣宗侯	四千戶	掃滅閻顯兄弟等惡逆，以定王室，擁立順帝有功	《後漢書》卷 78
張 賢	順 帝	祝阿侯	四千戶	掃滅閻顯兄弟等惡逆，以定王室，擁立順帝有功	《後漢書》卷 78
史 汎	順 帝	臨沮侯	四千戶	掃滅閻顯兄弟等惡逆，以定王室，擁立順帝有功	《後漢書》卷 78
馬 國	順 帝	廣平侯	四千戶	掃滅閻顯兄弟等惡逆，以定王室，擁立順帝有功	《後漢書》卷 78
王 道	順 帝	范縣侯	四千戶	掃滅閻顯兄弟等惡逆，以定王室，擁立順帝有功	《後漢書》卷 78
李 元	順 帝	襄信侯	四千戶	掃滅閻顯兄弟等惡逆，以定王室，擁立順帝有功	《後漢書》卷 78
楊 佗	順 帝	山都侯	四千戶	掃滅閻顯兄弟等惡逆，以定王室，擁立順帝有功	《後漢書》卷 78
陳 予	順 帝	下雋侯	四千戶	掃滅閻顯兄弟等惡逆，以定王室，擁立順帝有功	《後漢書》卷 78
趙 封	順 帝	析縣侯	四千戶	掃滅閻顯兄弟等惡逆，以定王室，擁立順帝有功	《後漢書》卷 78
李 剛	順 帝	枝江侯	四千戶	掃滅閻顯兄弟等惡逆，以定王室，擁立順帝有功	《後漢書》卷 78
魏 猛	順 帝	夷陵侯	二千戶	掃滅閻顯兄弟等惡逆，以定王室，擁立順帝有功	《後漢書》卷 78
苗 光	順 帝	東阿侯	千 戶	掃滅閻顯兄弟等惡逆，以定王室，擁立順帝有功	《後漢書》卷 78
曹 騰	桓 帝	費亭侯		桓帝立，有定策之功	《後漢書》卷 78
單 超	桓 帝	新豐侯	二萬戶	誅除姦暴外戚梁冀有功	《後漢書》卷 78
徐 璜	桓 帝	武原侯	萬五千戶	誅除姦暴外戚梁冀有功	《後漢書》卷 78
具 瑗	桓 帝	東武陽侯	萬五千戶	誅除姦暴外戚梁冀有功	《後漢書》卷 78
左 悺	桓 帝	上蔡侯	萬三千戶	誅除姦暴外戚梁冀有功	《後漢書》卷 78
唐 衡	桓 帝	汝陽侯	萬三千戶	誅除姦暴外戚梁冀有功	《後漢書》卷 78

劉 普	桓 帝	鄉 侯		誅除姦暴外戚梁冀有功	《後漢書》卷78
趙 忠	桓 帝	鄉 侯〔註23〕		誅除姦暴外戚梁冀有功	《後漢書》卷78
曹 節	靈 帝	長安鄉侯	六百戶	北迎靈帝，陪乘入宮	《後漢書》卷78
曹 節	靈 帝	育陽侯	三千戶	矯詔將兵誅外戚竇武、太傅陳蕃有功	《後漢書》卷78
朱 瑀	靈 帝	都鄉侯	千五百戶	矯詔將兵誅外戚竇武、太傅陳蕃有功	《後漢書》卷78
共 普	靈 帝		三百戶	矯詔將兵誅外戚竇武、太傅陳蕃有功	《後漢書》卷78
張 亮〔註24〕	靈 帝		三百戶	矯詔將兵誅外戚竇武、太傅陳蕃有功	《後漢書》卷78
王 甫	靈 帝	冠軍侯		與曹節等十二人誣奏桓帝弟渤海王悝謀反誅之	《後漢書》卷78
呂 強	靈 帝	都鄉侯		清忠奉公	《後漢書》卷78
張 讓	靈 帝	封 侯			《後漢書》卷78
夏 惲	靈 帝	封 侯			《後漢書》卷78
郭 勝	靈 帝	封 侯			《後漢書》卷78
孫 璋	靈 帝	封 侯			《後漢書》卷78
畢 嵐	靈 帝	封 侯			《後漢書》卷78
栗 嵩	靈 帝	封 侯			《後漢書》卷78
段 珪	靈 帝	封 侯			《後漢書》卷78
高 望	靈 帝	封 侯			《後漢書》卷78
張 恭	靈 帝	封 侯			《後漢書》卷78
韓 悝	靈 帝	封 侯			《後漢書》卷78
宋 典〔註25〕	靈 帝	封 侯			《後漢書》卷78

由上表可歸納如下：

〔註23〕《後漢書》卷78〈宦者列傳〉〈單超列傳〉中云：「（桓帝）封小黃門劉普、趙忠等八人爲鄉侯。」然〈張讓列傳〉則云：「（趙）忠以與誅梁冀功封都鄉侯。」或載「鄉侯」，或載「都鄉侯」，未知孰是，姑兩存之，以待來日確證。

〔註24〕《後漢書》卷78〈曹節列傳〉中共普、張亮等五人並未載其封侯之爵名，但謂食邑三百戶而已，餘三人，姓名不詳。其下又載「餘十一人皆爲關內侯，歲食租二千斛」，並未戴宦者姓名，姑錄之。

〔註25〕《後漢書》卷78〈張讓列傳〉載十二人中，尚有趙忠，以前已錄之，故略而不述。

1. 宦官封侯都屬於集團性活動，而少個人獨立的事蹟。如順帝時孫程等十九侯謀誅惡逆，埽滅閻顯，以定王室。桓帝時單超等五侯定其議，帝齧單超臂出血為盟，於是詔收梁冀及宗親黨羽悉誅之，遂封五侯。靈帝時曹節、朱瑀等十七人矯詔誅竇武、陳蕃；曹節又與王甫等十二人誣奏桓帝弟渤海王悝謀反；張讓等十二人封侯貴寵等。以其出入臥內，在皇帝之側，故易於掌握先機，所謂「體非全氣，情志專良」（范曄語），一人難以成事，眾志乃能成城，況能得之於君主之託付，其團結用力自亦無所不用其極，故其功效自見顯著。

2. 綜觀東漢宦者封侯之事因，皆以政治性為主，尤其以擁立國君即位有功而封侯者居多，其次則為迎立、誅殺大臣、誣陷謀反。蓋君權之取得與鞏固，攸關權勢之傾軋與消長，以其蹈危涉險，恩固主心，故得享封侯之寵。

3. 在政治誅殺氛圍之下，仍有蔡倫之「數犯嚴顏，匡弼得失」，倫並能製造「蔡侯紙」，以才德封侯，享譽天下。其次則為呂強之清忠奉公，多次上疏條陳宦者之「品卑人賤，讒諂媚主，佞邪徼寵，放毒人物，疾妒忠良……交結邪黨，下比群佞」，並議論朝政弊病之根源與解決之方，多懇切中肯，惜靈帝知其忠而不能用。其後蔡倫飲藥死，呂強為人誣陷，自殺而死，二人皆不得其死，觀呂強之行，豈《詩經》所謂「憂心悄悄，慍于群小」，非我（宦官）族類，終必為之排擠而難以容身矣。

（2）養　子

順帝陽嘉四年，「初聽中官得以養子為後，世襲封爵」，〔註 26〕此為東漢宦官養子之始，自是宦官得享世襲封爵。順帝宦者孫程以擁立順帝有功，封為浮陽侯，食邑萬戶，及其臨終，其養子即得襲封爵。《後漢書·孫程列傳》：

> （孫）程臨終，遺言上書，以國傳弟美。帝許之，而分程半，封程
> 養子壽為浮陽侯。（卷 78）

孫程養子孫壽為東漢宦官中最早襲封爵位記錄之人。自順帝定著乎命，乃成常法。又如順帝時良賀，清儉退厚（謙退厚重），及卒，帝思（良）賀忠，封其養子為都鄉侯，三百戶（同上）。其後桓帝時，曹勝養子亦得襲封。同上載：

> 桓帝得立，（曹）騰與長樂太僕州輔等七人，以定策功，皆封亭侯，
> 騰為費亭侯，遷大長秋，加位特進。……騰卒，養子（曹）嵩嗣。（卷
> 78）

〔註26〕見《後漢書》卷 78〈宦者列傳〉，他如同書卷 6〈孝順帝紀〉亦載此事，可以并參。

曹嵩得世襲養父曹騰封爵。其後靈帝光和年間，宦者曹節與長樂五官史朱瑀等十七人，矯詔將兵誅竇武、陳蕃等，曹節封育陽侯，朱瑀封都鄉侯，及二人卒，皆養子傳國（同上）。此爲東漢宦官養子承襲封爵之大要也。

總之，東漢宦官養子承襲封爵之明令，始於順帝陽嘉四年，順帝時孫程、良賀，桓帝時曹騰，靈帝時曹節、朱瑀皆明載養子襲爵之事，以其小人得志，驟享富貴，故乃剝割百姓，窮奢極恣，甚而敗國蠹政，無所不用其極。

（3）行三年服

宦官行三年服，爲歷來所罕見，其事見於桓帝時，據《後漢書·孝桓帝紀》：

（桓帝）永壽二年春正月，初聽中官得行三年服。（卷7）

如對照永壽二年（西元 156），前後五年之間，可發現前二年，即永興二年（西元 154），史載：

（永興二年）二月辛丑，初聽刺史、二千石行三年喪服。（同上）

永壽二年之後三年，即桓帝延熹二年（西元 159），同卷又載：

（延熹二年）三月，復斷刺史、二千石行三年喪。

故知，刺史、二千石行三年喪服之事，立與廢前後不過五年，而「中官行三年喪」之條文，則無見有廢除之事，足見宦官在當代已欲與士大大夫爭爲同列，奮力在立法上求其同，進而爭取權勢，挾勢而握控其權。

（4）其 他

除封侯、養子，行三年服之外，有關宦官其他封官之條文，亦可一併論列。《後漢書·孝桓帝紀》：

（桓帝）永壽三年六月，初以小黃門爲守宮令，置冗從右僕射官。（卷7）

李賢注引《漢官儀》曰：

守宮令一人，黃門冗從僕射一人，並秩六百石。

故知桓帝時，始設宦者爲守宮令。其後又封宦官爲將軍，同上載：

（桓帝）延熹二年壬寅，中常侍單超爲車騎將軍。

其後，靈帝更廣泛以宦者列於內署。同書〈孝靈帝紀〉：

（靈帝）熹平四年冬十月……使宦者爲令，列於內署。自是諸署悉以閹人爲丞、令。（卷8）

光和六年，亦載：

（靈帝）光和六年秋，始置圃囿署，以宦者爲令。（同上）

中平三年，載：

（靈帝）中平三年三月，中常侍趙忠爲車騎將軍。（同上）

由上可知，任用宦官爲守宮令、將軍、內署丞、令等，宦官之職權正不斷擴增，食邑亦由守宮令之六百石，提升爲將軍之二千石。案司馬彪《後漢書·百官一》：

將軍，不常置。本注曰：「掌征伐背叛」比公者四：第一大將軍，次驃騎將軍，次車騎將軍，次衛將軍。又有前、後、左、右將軍。

又曰：

世祖中興，吳漢以大將軍爲大司馬……位在公下。……明帝初即位，以弟東平王蒼有賢才，以爲驃騎將軍；以王故，位在公上。……順帝即位，又以皇后父、兄、弟相繼爲大將軍，如三公焉。

由上可知，將軍一職，位於三公上、下之間，位高權重，章帝以後，皆以后兄弟舅任職，順帝時，秩比三公之二千石。自桓帝後，始封宦官爲將軍，其貴寵可知。

3. 嫉賢害能

宦者之殘害忠良，由靈帝時同爲宦官之呂強上疏所諫之內容，便可窺見。《後漢書·呂強本傳》：

伏聞中常侍曹節、王甫、張讓等……節等宦官祐薄，品卑人賤，讒諂媚主，佞邪徼寵，放毒人物，疾妒忠良……掩朝廷之明，成私樹之黨。而階下不悟，妄授茅土，開國承家，小人是用。又并及家人，重金兼紫，相繼爲蕃輔。受國重恩，不念爾祖，述脩厥德，而交結邪黨，下比群佞。（卷78）

由以上可知：呂強同爲宦官中人，因見宦官「品卑人賤」、「讒諂佞邪」，「樹立私黨」，以「放毒人物、疾妒忠良」，憤而上書以劾治宦官。呂強爲宦官中人之良善者也，在舉世皆濁之時代，能自清於同類，公忠體國，誠爲不易。惜此類宦官太少，無補於大局，亦難於同類發揮其影響力，而多數的宦者，其行爲仍是喪德敗行，爲有道之士所唾棄。

審查東漢宦者之忌害忠良，以桓、靈二帝時最多，其專權暴濫，迫脅外內，公卿以下大都從其風旨；忠良之臣，見其貪殘蠹害百姓，至乃奮不顧身，直諫勸君，以劾治宦官。然時代動亂，大樹將傾，終非一木所能支撐，故其

結果往往動輒得咎，僥倖者得以免官或竟而下獄死，或為捕殺，或自殺以免遭受更大之羞辱，其不幸遭受宦官陷害者可謂多矣。

即以桓、靈二帝而論，當時因事涉宦官而遭入罪之大臣，茲列表論述如下頁：

時 代	人 名	事 由	論 罪	出 處
桓 帝	朱 穆	劾趙忠喪父之僭器，遂發墓剖棺，陳尸出之，收其家屬	輸作左校	《後漢書》卷 43
桓 帝	劉 瓆	收殺宦官親戚魁帥者	自殺	《後漢書》卷 30 注引《謝承書》
桓 帝	成 瑨	檢攝豪強宦官	下獄死	《後漢書》卷 67 注引《謝承書》
桓 帝	翟 超	沒入侯覽財產	坐髡鉗輸作左校	《後漢書》卷 66
桓 帝	劉 瓆	捕殺貪橫放恣之宦官	下獄死	《後漢書》卷 66
桓 帝	王 允	捕殺宦官趙津，得張讓客與黃巾書，具發其姦	下獄	《後漢書》卷 66
桓 帝	滕 延	收捕侯覽、段珪僕從賓客，陳尸路衢	免官	《後漢書》卷 78
桓 帝	趙 岐	岐及從兄趙襲，數貶宦官唐衡兄唐玹	玹收其家屬宗親盡殺之	《後漢書》卷 64
桓 帝	李膺、馮緄、劉佑	共同心志，糾罰姦倖，膺破柱殺張讓弟張朔，佑劾宦官范康、管霸，依科品沒入之	論輸左校	《後漢書》卷 67
桓 帝	范 康	收捕侯覽宗黨賓客〔註27〕	下獄	《後漢書》卷 67
桓 帝	史 弼	考殺侯覽遣諸生齎書者	下獄	《後漢書》卷 64
靈 帝	陳球、陽球、劉郃、劉納	四人謀誅曹節等，又陽球奏收王甫、淳于登、段熲等	陳球四人下獄死、段熲自殺、甫磔死，其子萌、吉誅	《後漢書》卷 56、77
靈 帝	陳蕃、竇武、尹勳、劉瑜、馮述	中常侍曹節矯詔誅太傅陳蕃、大將軍竇武及尚書令尹勳、侍中劉瑜、屯騎校尉馮述	陳蕃等四人皆夷其族	《後漢書》卷 8
靈 帝	虞放、杜密、李膺、朱㝢、巴肅、荀昱、魏朗、翟超	中常侍侯覽諷有司奏前司空虞放等皆為鉤黨	下獄，下死者百餘人，妻子徙邊，諸附從者錮及五屬	《後漢書》卷 8

〔註27〕趙翼《廿二史箚記》卷5〈漢末諸臣劾治宦官〉一條作「范康」，《後漢書》卷67本傳作「苑康」，姑存之。

靈　帝	盧　植	盧植連破張角，垂當拔之，小黃門左豐言於帝曰：「盧中郎固壘息軍，以待天誅。」	帝怒，遂檻車徵植，減死一等	《後漢書》卷 8 及李賢注引
靈　帝	張　延	前太尉張延爲宦人所譖	下獄死	《後漢書》卷 8
靈　帝	何　進	中常侍張讓、段珪等殺大將軍何進	爲宦宦者所殺	《後漢書》卷 8

由上表可討論如下：

1. 東漢賢臣忠良受宦官之毒害，其內容大體可分爲二：一、士人劾治宦官罪行、捕殺宦官、沒其財產、發其姦事、貶沒其官職，因而遇害。二、宦官詔誅賢臣、誣陷爲鉤黨、譖殺良臣。前者皆士人針對宦官個人之舉發拘捕；後者則爲宦者大規模之誣陷士人入罪，企圖一網打盡，故其手段之兇猛，人數之眾多，名目之奇巧，尤甚於前者。

2. 大臣劾治宦官因而論罪其身者，以下獄、下獄死者居最大多數，輸作左校次之，而自殺、免官、收殺其家屬宗親、夷其族、殺之各佔一次。推究其因，宦者之所以殘害忠良，欲根除淨盡，唯有下獄以利定罪，處死夷族以絕後患之故也。

3. 就東漢時代而言，大臣之爲奄寺陷害，以桓、靈二帝爲最多。尤其是黨錮之禍，權奄執柄，朝政昏濁，國事日非，匹夫獨行之輩，乃指斥權奸，力持正論，甚且依仁蹈義，舍命不渝，《後漢書·黨錮傳·序》：「桓靈之間，主荒政繆，國命委於閹寺，士子羞與爲伍，故匹夫抗憤，處士橫議，遂乃激揚名聲，互相題拂，品覈公卿，裁量執政」（卷 67）。由是兩造勢如水火，互難相容，忌惡愈甚，心結愈深，觀士人劾治宦官之兇厲驅馳，可以見矣。然宦官身在要津，易施報復，忠良善士，終難免於災毒，此所以桓靈之際，忠良罹被宦者讒害之要因也。

4. 奢淫蠹民

東漢宦者之窮奢極欲，樹黨成姦，蠹害百姓，起於安帝，而以桓、靈二帝更滋爲甚，致使民不聊生，紛紛起爲寇賊，東漢之亡，宦官未始不爲之厲階。茲以時代先後，論議其中內容如下：

（1）安帝時期之宦官——李閏、江京、樊豐、劉安、王聖等。
《後漢書·宦者列傳·孫程列傳》：

> 小黃門李閏……小黃門江京……與中常侍樊豐、黃門令劉安、鉤盾令陳達及王聖、聖女伯榮扇動內外，競爲侈虐。（卷 78）

安帝之得以親掌政事，小黃門李閏等人居功厥偉，及其事成封侯後，即「扇動內外，競為侈虐」，從此宦官即在驟得富貴之餘，為維護其權勢而力爭，甚而不惜欺君罔上，與外戚爭權，誣陷忠臣君子，政事昏亂，天下動盪。

（2）桓帝、靈帝時期之宦官

A. 四侯（徐璜、具瑗、左悺、唐衡）：

左回天，具獨坐，徐臥虎，唐兩墮。皆競起第宅，樓觀壯麗，窮極伎巧。金銀罽毦，施於犬馬。多取良人美女以為姬妾，皆珍飾華侈，擬則宮人。其僕從皆乘牛車而從列騎。又養其疏屬，或乞嗣異姓，或買蒼頭為子，並以傳國襲封。

兄弟姻戚皆宰州臨郡，辜較百姓，與盜賊無異。

五侯〔註28〕宗族賓客虐偏天下，民不堪命，起為寇賊。

（單）超弟安為河東太守，弟子匡為濟陰太守，（徐）璜弟盛為河內太守，（左）悺弟敏為陳留太守，（具）瑗兄恭為沛相，皆為所在蠹害。

（唐）璜兄子宣為下邳令，暴虐尤甚。先是求故汝南太守下邳李暠女不能得，及到縣，遂將吏卒至暠家，載其女歸，戲射殺之，埋著寺內。

B. 侯覽、段珪

桓帝（侯覽）初為中常侍，以佞猾進，倚勢貪放，受納貨遺以巨萬計。

小黃門段珪……與（侯）覽……僕從賓客侵犯百姓，劫掠行旅。

（侯）覽兄參為益州刺史，民有豐富者，輒誣以大逆，皆誅滅之，沒入財物，前後累億計。

（侯）覽貪侈奢縱，前後請奪人宅三百八十一所，田百一十八頃。起立第宅十有六區，皆有高樓池苑，堂閣相望，飾以綺畫丹漆之屬，制度重深，僭類宮省。又豫作壽冢，石椁雙闕，高廡百尺，破人居室，發掘墳墓。虜奪良人，妻略婦子。

（侯）覽母生時交通賓客，干亂郡國。

C. 曹節、王甫

（曹節、王甫）父兄子弟皆為公卿列校、牧守令長，布滿天下。

（曹）節弟破石為越騎校尉，越騎營五百妻有美色，破石從求之，五百不敢違，妻執意不肯行，遂自殺，其淫暴無道，多此類也。

〔註28〕所謂五侯，即指單超為首，四侯為輔之宦官集團，以誅殺外戚梁冀有功而封侯。其中單超早薨，故稱四侯。

（曹）節等宦官祐薄，品卑人賤，讒諂媚主，佞邪徼寵，放毒人物，疾妒忠良……掩朝廷之明，成私樹之黨。……交結邪黨，下比群佞。（宦者呂強上疏靈帝語）

D. 朱　瑀

（朱瑀）父子兄弟被蒙尊榮，素所親厚布在州郡，或登九列，或據三司。不惟祿重位尊之責，而苟營私門，多蓄財貨，繕修第舍，連里竟巷。盜取御水以作魚釣，車馬服玩擬於天家。群公卿士杜口吞聲，莫敢有言。州牧郡守承順風旨，辟召選舉，釋賢取愚。（審忠於靈帝光和二年上書語）

E. 張讓、趙忠、夏惲、郭勝、孫璋、畢嵐、栗嵩、段珪、高望、張恭、韓悝、宋典（張讓等）十二人，皆為中常侍，封侯貴寵，父兄子弟布列州郡，所布貪殘，為人蠹害。

十常侍多放父兄、子弟、婚親、賓客典據州郡，辜榷財利，侵掠百姓，百姓之冤無所告訴，故謀議不軌，聚為盜賊。（張鈞上書靈帝語）

宦官（張讓、趙忠）得志，無所憚畏，並起第宅，擬則宮室。（以上俱見《後漢書》卷78〈宦者列傳〉）

綜合本節，東漢宦官自安帝宦官之「扇動內外，競為侈虐」以後，氣候形成，羽翼已豐，進而乃干政、亂政，奢淫蠹民，無所不為。檢視宦官禍國殃民之內容，就其對己生活而言：奢侈僭權，擬於天家、買蒼頭為子、破產掘墳，為己作家。就其對人民而言：多樹黨類，虐遍天下、虐民如盜賊，民不堪命、貪贓枉法、劫掠行旅、誅民奪財，所在蠹害、戲射無辜之女，淫暴婦女等。對國家選舉而言：辟召選舉，釋賢取愚。就社會動亂而言：民冤無所訴，謀聚為盜賊。故知，宦官於己則踰越奢侈，有失節度；於民則貪殘淫暴，蠹害天下；於國則敗壞法度，使百姓蒼生，聚為盜賊，敗國蠹政，為亂天下，國家滅亡，終不可挽。范曄云：「西京自外戚失祚，東都緣閹尹傾國」，易經：「履霜堅冰至」，云所從來久矣，為政者豈能不有所防患乎。

三、災異、飢荒與盜賊

漢儒諫議，必有其時代背景，以當時內容而論，或借災異以警時君，或借飢荒以顯民困，或因盜賊而興變革，儒者立足現實社會人生，必以積極負責之態度興利除弊，而諫議實為諭導人主之善法。以下將從災異、飢荒、盜賊三項以明當代儒者所以勸諫之時代現象。

（一）災　異

中國經典中，天之一字引用者甚多。以《詩經》、《尚書》爲例：

昊天不傭，降此鞠凶，昊天不惠，降此大戾。（《詩經・節南山》）

明明上天，照臨下士。（同上，〈小明〉）

上天之載，無聲無臭，儀刑文王，萬邦作孚。（同上，〈文王〉）

文王在上，於昭於天。（同上）

維天之命，於穆不已，於乎丕顯，文王之德之純。（同上，〈維天之命〉）

非台小子，敢行稱亂，有夏多罪，天命殛之。（《尚書》〈商書〉〈湯誓〉）

先王有命，恪謹天服。（同上，〈盤庚〉）

惟天監下民，典厥義，降年有永有不永，非天夭民，民中絕命。（同上〈高宗肜日〉）

乃命羲和，欽若昊天。……敬授民時（同上，〈夏書〉〈堯典〉）

天工人其代之，天敘有典，勑我五典五惇哉。天秩有禮，自我五禮有庸哉。……天命有德，五服五章哉。天討有罪，五刑五用哉。（同上，〈皋陶謨〉）

惟天降命，肇我民。（同上，〈周書〉〈康誥〉）

皇天既付中國民，越厥疆土於先王。（同上，〈梓材〉）

《詩》、《書》所論，皆以天爲「有意識的人格神」，能視聽言動，直接監督政治，故居主宰之地位。及至《墨子・天志》，更主張天具有意志知覺，能主宰人間萬物。〔註29〕此外，儒家別派——陰陽家主張：「深觀陰陽消息」、「稱引天地剖判以來，五德轉移，治各有宜，而符應若茲」，〔註30〕以及「天運轉移、國家興亡」之觀念，影響秦漢方士以及東漢盛行之讖諱之學甚鉅。至漢代大儒董仲舒，深受此二說影響，其賢良對策云：

〔註29〕《墨子》卷7〈天志〉篇：「順天意者，兼相愛，交相利，必得賞：反天意者，別相惡，交相賊，必得罰」，又云：「明乎順天之意，奉而光施之天下，則刑政治，萬民和，國家富，財用足，百姓皆得煖衣飽食，便寧無憂」，故知《墨子》中「天」具有絕對之主宰意志。

〔註30〕見《史記》卷74〈孟荀列傳〉，載「鄒衍」之學術根源，其中敘述其學說，如「五德終始說」、「時令說」、「大九州說」，皆有詳細記載。

春秋之中，視前世已行之事，以觀天人相與之際，甚可畏世。國家
將有失道之敗，而天迺先天災害，以譴告之。不知自省，又出怪異，
以驚懼之。尚不知變，而傷敗迺至。（《漢書》本傳）

善言天者，必有徵於人，善言古者，必有驗於今。（同上）

又講五行災異，《漢書》本傳又云：

以春秋災異之變，推陰陽所以錯行。故求雨閉諸陽縱諸陰。其止雨，
則反是。

董仲舒「上揆之天道，下質諸人情」，借天道災異之變，以反應施政之臧否，
士人以此直諫，君主借此明察施政之效，此上天徵驗人事之法也。《禮記・中
庸》亦言：

至誠之道，可以前知：國家將興，必有禎祥；國家將亡，必有妖孽。

見乎著龜，動乎四體，禍福將至，善必先知之；不善，必先知之，
故至誠如神。

可知董仲舒「天人之學」，可由經典見其論證之依據。〈中庸〉所論之咎徵災
異，與董氏「視前世已後之事，以觀天人相與之際，甚可畏也」、以及「善言
天者，必有徵於人」，實異曲而同工。從此，借災異以恐時君，成為漢儒諫議
時政之方式之一。董氏之後，西漢儒者如夏侯勝、兒寬、魏相、蕭望之等，
皆持此說以諫君。成帝時，丞相翟方進，在其為相九年之間，有日蝕三，以
及岷山崩塞江，江水為之不流之事，因而被指為失政之咎，懼而自殺。〔註31〕
足見此說受到當政者之重視與施行。

及至東漢，此說乃由戰國晚年之陰陽學家，融合董仲舒天人相應，進而
衍為讖緯之學，其說不因迷信稽考不實而衰減其勢，反而因光武宣布圖讖於

〔註31〕 俱見《漢書》本傳。夏侯勝事為昭帝崩時，昌邑王嗣立，屢出遊，勝立乘輿
前，諫曰：「天久陰不雨，臣下有謀上者；陛下出欲何之？」後果證為實事（卷
75）。兒寬曾答漢武帝封禪事云：「宗祀天地，薦禮百神，精神所鄉，徵兆必
報，天地並應，符瑞昭明（卷58）。魏相曾上封事云：「陰陽未和，災害未息，
咎在臣等。臣聞易曰：天地以順動，故日月不過，四時不忒；聖王以順動，
故刑罰清而民服。……臣愚以為陰陽者，王事之本，群生之命，自古賢聖，
未有不繇者也。」（卷24）蕭望之於宣帝地節三年夏，京師降雹，曾口陳災異
之意，借此以諫陰陽大和，是大臣任政，一姓（霍氏）擅勢之所致也（卷78）。
翟方進因日蝕、山崩之災異，引咎自殺（卷84）。總之，或以久陰不雨而斷有
謀逆之事；或以薦祀天地百神，必有符瑞之報；或以災害未息，歸咎於己；
或借陰陽不和，彈劾權臣專政，甚至因而自殺以為失政之咎。可知陰陽災異
運用於政治，已為當代為政者普遍之現象。

天下，進而甚囂塵上，愈演愈烈。觀東漢以災異論政者頗多，茲舉例如下：

朱浮—臣聞日者眾陽之所宗，君上之位也。凡居官治民，據郡典縣，皆為陽為上，為尊為長。若陽上不明，尊長不足，則干動三光，垂示王者。（《後漢書》卷 30〈朱浮列傳〉）——光武時以日食上疏

鄭興—《春秋》以天反時為災，地反物為妖，人反德為亂，亂則妖災生。……今孟夏，純乾用事，陰氣未作，其災尤重。夫國無善政，則謫見日月，變咎之來，不可不慎，其要在因人之心，擇人處位也。（《後漢書》卷 36〈鄭興列傳〉）——光武時以日食上疏

杜林—比年大雨，水潦暴長，涌泉盈溢，災壞城郭官寺，吏民盧舍，潰徙離處，潰成坑坎。臣聞水陰類也，易卦地上有水……殆陰下相為蠹賊，有大小負勝不齊，均不得其所，侵陸之象也。《詩》云：「畏天之威、于時休之」。（《東觀漢記》卷 13〈杜林列傳〉）——光武時以大水上疏

章帝報書東平憲王蒼云：—災異之降，緣政而見。今改元之後，年飢人流，此朕之不德感應所致。（《後漢書》卷 42〈光武十王列傳〉）——憲王蒼以地震上疏帝報書云

仲長統—怨氣並作，陰陽失和。三光虧缺，怪異數至。蟲螟食稼，水旱為災。此皆戚宦之臣所致然也。（《後漢書》卷 49 本傳）——獻帝

由以上諸人議論，朱浮、鄭興以日食上疏，杜林以水災上疏，仲長統以蟲螟水旱上疏，皆章帝所謂「災異之降，緣政而見」之論議也。鄭興云：「夫國無善政，則謫見日月」，將施政之善惡與陰陽災異直接縐合，士人推災求道，國君因災興惕。即如上疏順帝，要求「收藏圖讖，一禁絕之」之反讖學者張衡，亦主張：「陰陽未和，災眚屢見，神明幽遠，冥鑒在茲，福仁禍淫，景響而應，因德降休，乖失致咎，天道雖遠，吉凶可見」（《後漢書》卷 59），仍不脫災異論政之觀點，當代之風氣可見一般。

考《春秋》一書，載「日有食之」之記錄，共計三十六次，以東漢而論，可由災異現象討論當代災異之內容及其意義，進而明瞭當代之政治環境。茲依時代先後列表如下：

時　代	災　異　內　容	對　　策	出　　處
光武建武五年	旱、蝗	出繫囚、赦罪犯、進柔良、退貪酷	《後漢書》卷 1 上

時　代	災　異　內　容	對　　　策	出　　處
光武建武六年	蝗		《後漢書》卷1下
光武建武七年	日有食之、連雨水	詔舉賢良、方正各一人，百僚並上封事	《後漢書》卷1下
光武建武八年	大水		《後漢書》卷1下
光武建武十四年	會稽大疫		《後漢書》卷1下
光武建武十七年	日有食之		《後漢書》卷1下
光武建武廿二年	日有食之、地震裂、青州蝗	令南陽勿輸田租芻槀，死囚減罪	《後漢書》卷1下
光武建武廿五年	日有食之		《後漢書》卷1下
光武建武廿九年	日有食之	遣使者舉冤獄，出繫囚	《後漢書》卷1下
光武建武三十年	大水	詔賜天下男子爵，鰥寡孤獨、篤癃，貧不能自存者粟	《後漢書》卷1下
光武建武卅一年	大水、日有食之、夏，蝗	詔賜天下男子爵，鰥寡孤獨、篤癃，貧不能自存者粟	《後漢書》卷1下
光武中元元年	郡國三蝗、日有食之		《後漢書》卷1下
明帝永平三年	水旱不節、日有蝕之、京師及郡國七大水	詔勉有司順時氣、督農桑、刑慎罰。詔勉有司遵時政，以匡無德	《後漢書》卷2
明帝永平四年	冬無宿雪，春不燠沐	詔勉有司遵時政，平刑罰	《後漢書》卷2
明帝永平八年	郡國十四雨水、日有食之	詔勉群司修職事，極言無諱	《後漢書》卷2
明帝永平十三年	日有食之	詔刺史、太守詳刑理冤，存恤鰥孤	《後漢書》卷2
明帝永平十六年	日有食之		《後漢書》卷2
明帝永平十八年	時雨不降，宿麥傷旱	賜男子爵，賜流民鰥寡者粟，理冤獄，錄輕繫	《後漢書》卷2
明帝永平十八年	日有食之，牛疫，京師及三州大旱	詔有司各上封事，詔勿收兗豫徐州田租、芻槀並上穀賑貧	《後漢書》卷3
章帝建初元年	牛疫，山陽、東平地震	詔有司慎選舉，進柔良，退貪猾，順時令，理冤獄。詔令舉賢良、方士、能直言極諫之士各一人	《後漢書》卷3
章帝建初四年	牛大疫		《後漢書》卷3
章帝建初五年	日有食之、久旱、傷麥、旱	詔舉直言極諫，能指過失者各一人。詔令二千石理冤獄，錄輕繫	《後漢書》卷3
章帝建初六年	日有食之		《後漢書》卷3
章帝建初七年	京師及郡國螟		《後漢書》卷3

時　代	災　異　內　容	對　　策	出　　處
章帝建初八年	京師及郡國螟		《後漢書》卷 3
和帝永元元年	郡國九大水		《後漢書》卷 4
和帝永元二年	日有食之		《後漢書》卷 4
和帝永元四年	日有食之，郡國十三地震，是夏旱、蝗	詔令傷什四以上勿收田租芻藁	《後漢書》卷 4
和帝永元五年	隴西地震，郡國三雨雹		《後漢書》卷 4
和帝永元六年	京師旱	詔除半刑，帝親錄囚徒，舉冤獄，收洛陽令下獄抵罪	《後漢書》卷 4
和帝永元七年	日有食之，易陽地裂、京師地震	選賢任職三十人	《後漢書》卷 4
和帝永元八年	河內、陳留蝗，京師蝗	勉百僚修厥職、詳刑理冤、恤鰥矜弱	《後漢書》卷 4
和帝永元九年	隴西地震，蝗、旱	詔傷稼者勿收租，餘減租，山林勿收假稅	《後漢書》卷 4
和帝永元十年	京師、五州大水		《後漢書》卷 4
和帝永元十二年		稟貸災害者，漁采山林不收假稅	《後漢書》卷 4
和帝永元十二年	秭歸山崩，舞陽大水，日有食之	詔賜水災尤貧者穀	《後漢書》卷 4
和帝永元十三年	荊州雨水	詔令今年半入田租、芻藁，貧民勿收責	《後漢書》卷 4
和帝永元十四年	三州雨水	詔今被害什四以上皆半入田租、芻藁	《後漢書》卷 4
和帝永元十五年	日有食之，南陽大風，四州雨水		《後漢書》卷 4
和帝永元十六年	旱	詔遣分行四州，貧民無以耕者，為雇犁牛直。詔勿決疑犯，明罰煩苛之吏	《後漢書》卷 4
和帝元興元年	雍地裂		《後漢書》卷 4
殤帝延平元年	河東垣山崩，郡國三十七雨水，隕石于陳留，四州大水、雨雹、宿麥不下	詔減太官等服御珍膳等物。詔賑賜貧人	《後漢書》卷 4、《後漢書》卷 5
安帝永初元年	日有食之，河東地陷，新城山泉水大出，郡國十八地震、四十一雨水，山水暴至，二十八大風，雨雹	詔舉賢良方正、有道術能直言極諫者各一人	《後漢書》卷 5

時 代	災 異 內 容	對 策	出 處
安帝永初三年	漢陽城中火,燒殺三千五百七十人,旱,京師及郡國四十大水,大風,雨雹,郡國十二地震	稟河南、下邳、東萊、河內貧民。皇太后幸囹獄,錄囚徒。詔舉博衍幽隱之士,待以不次	《後漢書》卷5
安帝永初三年	京師大風,郡國九地震,有星孛于天苑,京師及郡國四十一雨水雹		《後漢書》卷5
安帝永初四年	郡國九地震,杜陵園火,六州蝗,三郡大水,益州郡地震		《後漢書》卷5
安帝永初五年	日有食之,郡國十地震,九州蝗,郡國八雨水		《後漢書》卷5
安帝永初六年	十州蝗,旱,豫章、員谿、原山崩		《後漢書》卷5
安帝永初七年	郡國十八地震,日有食之,京師大風,蝗蟲飛過洛陽	詔賜民爵,郡國被蝗傷稼十五以上,勿收今年田租,不滿者以實除之	《後漢書》卷5
安帝元初元年	日南地坼,京師及郡國五旱、蝗,河東地陷,日有食之,郡國十五地震		《後漢書》卷5
安帝元初二年	京師大風,京師旱,河南及郡國十九蝗,洛陽、新城地裂,日有食之,郡國十地震	詔令今盛夏,且復假貸,以觀厥後	《後漢書》卷5
安帝元初三年	郡國十地震,日有食之,京師旱,緱氏地坼,郡國九地震		《後漢書》卷5
安帝元初四年	日有食之,武庫火,三郡雨雹,京師及郡國十雨水	詔令仲秋養衰老、授几杖、行糜粥,務崇仁恕,賑護寡獨	《後漢書》卷5
安帝元初五年	郡國十四地震,京師及郡國四十二地震,或坼裂,水泉湧出,會稽大疫,沛國、勃海大風、雨雹,京師旱,日有食之,郡國八地震	詔遣光祿大夫將太醫循行疾病,賜棺木,除田租、口賦	《後漢書》卷5
安帝永寧元年	日有食之,自三月至冬十月,京師及郡國三十三大風,雨水,郡國二十三地震		《後漢書》卷5

時　代	災異內容	對　策	出　處
安帝建光元年	京師及郡國二十九雨水，郡國三十五地震，或坼裂	詔令上封事、陳得失。遣光祿大夫案行，賜死者錢，人二千。除今年田租，其被災甚者，勿收口賦	《後漢書》卷5
安帝延光元年	京師郡國二十一雨雹，郡國蝗，京師及郡國十三地震，陽陵園寢火，郡國二十七地震，京師及郡國二十七雨水、大風，殺人	詔賜壓溺死者年七歲以上錢，其壞敗盧舍、亡失穀食，田被淹傷，一家皆被災害而弱小存者，皆爲收斂賑助	《後漢書》卷5
安帝延光二年	河東、潁州大風，郡國十一大風，丹陽山崩，郡國五雨水，京師及郡國三地震		《後漢書》卷5
安帝延光三年	京師及郡國二十三地震，三十六雨水，疾風，雨雹		《後漢書》卷5
安帝延光四年	日有食之，京師大疫		《後漢書》卷5
安帝延光四年	京師及郡國十六地震，京師大疫		《後漢書》卷6
順帝永建二年	日有食之		《後漢書》卷6
順帝永建三年	京師地震，漢陽地陷裂，茂陵園寢災	詔實覈傷害者，賜年七歲以上錢，人二千；一家被害，郡縣爲收斂，詔勿收漢陽今年田租、口賦	《後漢書》卷6
順帝永建四年	五州雨水	詔遣使實覈死亡，收斂稟賜	《後漢書》卷6
順帝永建五年	京師旱，京師及郡國十二蝗	詔郡國貧人被災者，勿收責今年過更，詔令冀部勿收今年田租、芻稾	《後漢書》卷6
順帝陽嘉元年	京師旱，陰陽隔并，冬鮮宿雪，春無澍雨，望都、蒲陰狼殺女子九十七人，客星出天苑	詔分禱祈請，靡神不禁。詔賜狼所殺者錢，人三千	《後漢書》卷6
順帝陽嘉二年	京師地震，洛陽地陷，旱	詔群公卿士，其各悉心直言厥咎，靡有所諱	《後漢書》卷6
順帝陽嘉三年		詔使京師諸獄無輕重皆且勿考竟，須得澍雨	《後漢書》卷6
順帝陽嘉四年	日有食之，京師地震		《後漢書》卷6
順帝永和元年	災眚屢臻，日變方遠，地搖京師，偃師蝗，承福殿火	詔令群公百僚其各上封事，指陳得失	《後漢書》卷6
順帝永和二年	京師地震，熒惑犯南斗，京師地震		《後漢書》卷6

時　代	災　異　內　容	對　　策	出　　處
順帝永和三年	京師及金城隴西地震，二郡山岸崩，地陷，太白犯熒惑，京師地震，日有食之		《後漢書》卷6
順帝永和四年	京師地震，太原郡旱，民庶流冗	遣光祿大夫案行稟貸，除更賦	《後漢書》卷6
順帝永和五年	京師地震，日有食之		《後漢書》卷6
順帝永和六年	日有食之		《後漢書》卷6
順帝漢安二年	熒惑犯鎮星，涼州地百八十震		《後漢書》卷6
順帝建康元年	隴西、漢陽、張掖、北地、武威、武都自去年九月已來，地百八十震，山谷坼裂，壞敗城寺，殺害民庶	遣光祿大夫案行，室暢恩澤，惠此下民	《後漢書》卷6
順帝建康元年	京師及太原、鴈門地震，三郡水湧土裂		《後漢書》卷6
沖帝永嘉元年	大旱	詔令中都官繫囚罪非殊死考未竟者，一切任出，以須立秋	《後漢書》卷6
質帝本初元年	海水溢，太白犯熒惑	詔使謁者案行，收葬樂安、北海人爲水所漂沒死者，又稟給貧羸	《後漢書》卷6
桓帝建和元年	日有食之，京師地震，雨澤不沾，密雲復散，郡國六地裂，水湧井溢，芝草生中黃藏府，京師地震，濟陰言有五色大鳥見于己氏	詔三公、九卿、校尉各言得失。詔大將軍、公、卿、校尉舉賢良方正、能直言極諫者各一人，又令各上封事，指陳得失。又詔舉至孝篤行之士各一人。詔令徒作陵者減刑各六月	《後漢書》卷7
桓帝建和二年	嘉禾生大司農帑藏，北宮掖廷中德陽殿及左掖門火，京師大水		《後漢書》卷7
桓帝建和三年	日有食之，震憲陵寢屋，廉縣雨肉，有星孛于天市，京師大水，地震，又地震郡國五山崩，灾眚連仍，三光不明，陰陽錯序	詔死罪以下及亡命者贖，各有差。詔令其有家屬而貧無以葬者，給直，人三千；喪主布三匹；若無親屬，可於官場地葬之，表識姓名，爲設祠祭。又徒在作部，疾病致醫藥，死亡厚埋葬。州郡檢察，務崇恩施，以康我民。	《後漢書》卷7
桓帝和平元年	漳潼山崩		《後漢書》卷7
桓帝元嘉元年	京師疾疫，九江盧江大疫，京師旱，京師地震	詔使光祿大夫將醫藥案行	《後漢書》卷7

時代	災異內容	對策	出處
桓帝元嘉二年	京師地震，日有食之，濟陰言黃龍見句龍，金城言黃龍見允街，京師地震		《後漢書》卷7
桓帝永興元年	張掖言白鹿見		《後漢書》卷7
桓帝永興二年	京師地震，日有食之	詔公、卿、校尉舉賢良方正、能直言極諫者各一人。詔郡縣務存儉約	《後漢書》卷7
桓帝永壽元年	白鳥見齊國，洛水溢，壞鴻德苑，南陽大水，巴郡、益州郡山崩	詔被水死、流失屍骸者，令郡縣鉤求收葬，及所唐突壓溺物故，七歲以上賜錢，人二千。壞敗廬舍，亡失穀食，尤貧者稟，人二斛	《後漢書》卷7
桓帝永壽二年	京師地震		《後漢書》卷7
桓帝永壽三年	日有食之，京師蝗，河東地裂		《後漢書》卷7
桓帝延熹元年	日有食之，京師蝗，雲陽地裂		《後漢書》卷7
桓帝延熹二年	京師雨水		《後漢書》卷7
桓帝延熹三年	上郡言甘露降，漢中山崩		《後漢書》卷7
桓帝延熹四年	南宮嘉德殿火，丙署火，大疫，武庫火，有星孛于心，原陵長壽門火，京師雨雹，京兆、扶風及涼州地震，岱山及博、尤來山並頹裂		《後漢書》卷7
桓帝延熹五年	南宮丙署火，恭陵東闕火，虎賁掖門火，太學西門自壞，陵園寢火，京師地震，中藏府承祿署火，南宮承善闥火	詔公、卿各上封事	《後漢書》卷7
桓帝延熹六年	康陵東署火，平陵園寢火		《後漢書》卷7
桓帝延熹七年	隕石于鄠，京師雨雹，野王山上有死龍		《後漢書》卷7
桓帝延熹八年	日有食之，南宮嘉德署黃龍見，千秋萬歲殿火，安陵園寢火，壞郡國諸房祀，濟陰、東郡、濟北河水清南宮長秋和歡殿後鉤楯、掖庭、朔平署火。京師地震，德陽殿西閣、黃門北寺火，延及廣義、神虎門，燒殺人	詔公、卿、校尉舉賢良方正	《後漢書》卷7

時　　代	災　異　內　容	對　　策	出　　處
桓帝延熹九年	日有食之，濟陰、東郡、濟北、平原河水清，洛城傍竹柏枯傷	詔公、卿、校尉，郡國舉至孝	《後漢書》卷7
桓帝永康元年	京師及上黨地裂，日有食之，魏郡言嘉禾生，甘露降。巴郡言黃龍見，六州大水，勃海海溢	詔公、卿、校尉舉賢良方正。詔州郡賜溺死者七歲以上錢，人二千；一家皆被害者，悉爲收斂；其亡失穀食，稟人三斛	《後漢書》卷7
靈帝建寧元年	日有食之，京師雨水，日有食之	詔公卿以下各上封事，及郡國守相舉有道之士各一人；又故刺史、二千石清高有遺惠，爲眾所歸者，皆詣公車。詔令天下繫囚罪未決入縑贖各有差	《後漢書》卷8
靈帝建寧二年	大風，雨雹，日有食之	詔公卿以下各上封事	《後漢書》卷8
靈帝建寧三年	河內人婦食夫，河南人夫食婦，日有食之		《後漢書》卷8
靈帝建寧四年	地震，海水溢，河水清日有食之，大疫，河東地裂，雨雹，山水暴出	詔公卿至六百石各上封事，使中謁者巡行致醫藥	《後漢書》卷8
靈帝熹平元年	京師雨水		《後漢書》卷8
靈帝熹平二年	大疫，北海地震，東萊、北海，海水溢，日有食之	使使者巡行致醫藥	《後漢書》卷8
靈帝熹平三年	洛水溢		《後漢書》卷8
靈帝熹平四年	郡國七大水，延陵園災，弘農、三輔螟	遣使者持節告祠延陵。詔令郡國遇災者，減田租之半，其傷害十四以上，自收責	《後漢書》卷8
靈帝熹平五年	御殿後槐樹自拔倒豎		《後漢書》卷8
靈帝熹平六年	南宮平城門及武庫東垣屋壞大旱，七州蝗，日有食之，京師地震		《後漢書》卷8
靈帝光和元年	日有食之，地震。地震，雌雞化爲雄，有白衣人入德陽殿門，亡去不獲，有墨氣墮所御溫德殿庭中，青虹見御坐玉堂後殿庭中，有星孛于天市，日有食之，京師馬生人		《後漢書》卷8
靈帝光和二年	大疫，京兆地震，日有食之，洛陽女子生兒，兩頭四臂	詔使侍、中謁者巡行致醫藥	《後漢書》卷8
靈帝光和三年	公府駐駕廡自壞，表是地震，涌水出，有星孛于狼、弧		《後漢書》卷8

時　代	災　異　內　容	對　　策	出　　處
靈帝光和四年	郡國上芝英草，雨雹河南，言鳳皇見新城，群鳥隨之，日有食之，北宮東掖庭永巷署災	詔賜新城令及三老、力田、帛，各有差	《後漢書》卷8
靈帝光和五年	大疫，旱，永樂宮署災，有星孛于太微		《後漢書》卷8
靈帝光和六年	大旱，金城河水溢，五原山崩，東海、東萊、琅邪井中冰厚尺餘		《後漢書》卷8
靈帝中平元年	洛陽女子生兒，兩頭共身		《後漢書》卷8
靈帝中平二年	大疫，南宮大災，火半月乃滅。廣陽門外屋自壞，大風，雨雹，三輔螟，洛陽民生兒，兩頭四臂		《後漢書》卷8
靈帝中平三年	日有食之，懷陵上有雀萬數，悲鳴，因鬬相殺		《後漢書》卷8
靈帝中平四年	南宮內殿罘罳自壞，洛陽民生男，兩頭共身		《後漢書》卷8
靈帝中平五年	有星孛于紫宮，大風，郡國七大水		《後漢書》卷8
靈帝中平六年	日有食之，雨水，自六月雨，至于九月		《後漢書》卷8
獻帝初平元年	白虹貫日，鎮星、熒惑、太白合於尾		《後漢書》卷9
獻帝初平二年	地震，長沙有人死經月復活		《後漢書》卷9
獻帝初平四年	日有食之，長安宣平城門外屋自壞，無雲而雷，扶風大風，雨雹，華山崩裂，天狗西北行，京師地震，有星孛于天市，地震		《後漢書》卷9
獻帝興平元年	地震，又震，日有食之，大蝗，三輔大旱，自四月至七月。長安市門自壞	帝避正殿，寢兵，不聽事五日。帝避正殿請雨，遣使者洗囚徒，原輕繫	《後漢書》卷9
獻帝興平二年	大旱，有赤氣貫紫宮		《後漢書》卷9
獻帝建安四年	武陵女子死十四日復活		《後漢書》卷9
獻帝建安五年	日有食之，有星孛于大梁	詔三公舉至孝二人，九卿、校尉、郡國守相各一人，皆上封事，靡有所諱	《後漢書》卷9

時　代	災　異　內　容	對　策	出　處
獻帝建安六年	日有食之		《後漢書》卷9
獻帝建安七年	越巂子化爲女子		《後漢書》卷9
獻帝建安九年	有星孛于東井		《後漢書》卷9
獻帝安安十一年	有星孛于北斗		《後漢書》卷9
獻帝建安十二年	有星孛于鶉尾		《後漢書》卷9
獻帝建安十三年	日有食之		《後漢書》卷9
獻帝建安十四年	荊州地震		《後漢書》卷9
獻帝建安十五年	日有食之		《後漢書》卷9
獻帝建安十七年	日有食之，洧水、潁水溢，螟，星孛于五諸侯		《後漢書》卷9
獻帝建安十八年	大雨水，歲星、鎮星、熒惑俱入太微		《後漢書》卷9
獻帝建安十九年	旱，雨水		《後漢書》卷9
獻帝建安廿一年	日有食之，有星孛于東北，大疫		《後漢書》卷9
獻帝建安廿三年	有星孛于東方		《後漢書》卷9
獻帝建安廿四年	日有食之，漢水溢		《後漢書》卷9
獻帝建安廿五年	日有食之		《後漢書》卷9

〔註32〕由上表可歸納論點如下：

就災異的內容而言，可分爲二項論之：

（1）甲、常見之災異現象：旱、雨水、大水、雨雹、海水溢、地震、山崩、地陷、隕石、大風、火、災、大疫、蝗、螟、日食、星孛、時令不節、陰陽不調等。

（2）其他災異現象：見黃龍、有死龍、見鳳凰、見白鹿、見白鳥、見五色大鳥、雌雞化爲雄、懷陵上有雀萬數悲鳴相鬥自殺、天狗西北行、青虹見御坐、有墨氣墮御殿庭、赤氣貫紫宮、有白衣人入德陽殿中、芝草生、嘉禾生、御殿後槐樹自拔倒豎、竹柏枯傷、降甘露、河水清、雨肉、井中冰厚尺餘、太學（宮）門自壞、公府駐駕廡自壞、壞郡國諸房祀、狼殺人、馬生人、人死復活、人婦食夫、人夫食婦、女子生兒兩頭四臂、女子生兒兩頭共身、男子化爲女子等。

〔註32〕本表是以年代先後列其災異內容，再以「年」、「月」爲單位，詳列每年所發生之事蹟，若同月發生，則將資料並列爲一項。

2. 統計東漢災異次數共計四一八次，其中以安帝時居首，為九十二次，桓帝時次之，佔八十七次，靈帝再次，為七十九次。由災異統計次數的多寡，可反應出政治之現象，故知自安帝時，東漢政治已呈現諸多問題，時至桓、靈，轉趨危殆而不可收拾，所謂「政失於民，譴見于天」〔註33〕是也。

3. 東漢災異內容項目相較，以地震次數居首，佔六十六次；日食次之，佔六十五次；雨水（大水）居三，佔四十七次；旱災居四，佔二十九次；火（炎）災居五，佔二十六次；蝗災居六，佔二十二次。以地震而論：安帝時載有二十一次，其後依序為順帝十二次、桓帝十三次、靈帝八次、獻帝六次，尤以安帝時發生次數最多，其後各代記錄皆不在少數。再以位居第二之日食而論，安帝時佔十次，其後依序為順帝五次，桓帝九次、靈帝十二次，獻帝十次，可知日食次數亦自安帝時驟增，且持續至漢末而不減。再以居其三之雨水（大水）而論，安帝時佔十三次，其後為桓帝七次、靈帝八次，為數亦多。故知，就災異次數最多之地震、日食、雨水（大水）三者而論，皆以安帝時期為轉變期，安帝之前，數目皆不超過十次；安帝以後，則次數驟增，居高不下。故知安帝時，東漢政治已有遽衰之勢，天道豈有徵驗乎！

4. 以災異發生之事實，相較於君主處置之對策，亦可明瞭當代政治之環境。以光武而論，災異共有十九次，詔書下令解決民困之記錄有六次，明帝為十二次災異，八次君主下令解決問題，章帝以下分別為九居四，和帝為二十七居十一，殤帝為五居二，安帝為九十二居十，順帝為三十七居十二，沖帝為一居一，質帝為二居一，桓帝為八十七居十四，靈帝為七十九居九，獻帝為四十八居二。由上可知安帝之前，君主對於災異現象，較能戒慎恐懼，敬天不違，對於災後之態度也較積極，處置百姓紓困行動較有實際助益。然自安帝時，以九十二居十之比例而論，若衡諸君主之心，實無視於百姓之疾苦災難，或對於國家困境，已無力解決；其後桓、靈二帝所為亦有限，天道昭彰，漢亡之跡象於斯可見。

5. 以君主處理災異之對策內容分析，不外乎舉才能以修職事，詔有司上封事，刑慎罰而理冤獄，賜爵減稅，賑貧恤孤，減服御珍膳，使謁者巡行致

〔註33〕見《後漢書》卷4〈孝和帝紀〉永元七年夏四月，日有食之。帝引見公卿問得失，各言封事。詔曰：「政失於民，譴見于天」，同卷〈孝殤帝紀〉延平元年，以郡國水災，妨害秋稼，亦詔曰：「夫天降災戾，應政而至」，故知東漢國君，皆以災異驗之於政治。

藥、告祠禱神等。總之，在以崇仁恕、存儉約、退貪酷、進柔良，以施澤惠民為施政之目的。而此對策措施，亦成為後代君主面臨天下災異所施行之模式。〔註34〕

（二）飢 荒

由上可知，災異之產生，乃上天對於施政者「政失厥中」、「政失於民」之警訊，而飢荒則為人民對此政治之澈底絕望；前者可由天降災異而及時予以補救之措施，後者則為面臨無法生存，「人相食啖白骨」，以呈顯「人心思亂」之先聲。本節將由東漢飢荒之事實內容，討論當代之政治狀況。

東漢一代，記載人民飢荒之事蹟，可列表如下

時 代	飢荒起因	飢荒結果	出 處
光武建武二年	關中饑	民相食	《後漢書》卷1〈光武帝紀〉
光武建武六年	水旱蝗蟲為災	穀價騰躍，人用困乏，百姓無以自贍	《後漢書》卷1〈光武帝紀〉
明帝永平三年	水旱不節	邊人食寡	《後漢書》卷2〈孝明帝紀〉
明帝永平二年	日月薄蝕，慧孛晝見，水旱不節	稼穡不成，人無宿儲	《後漢書》卷2〈孝明帝紀〉
明帝永平十八年	時雨不降，宿麥傷旱，秋種未下	民孤貧多流民	《後漢書》卷2〈孝明帝紀〉
明帝永平十八年	牛疫，京師及兗、豫、徐州大旱	民貧亡穀	《後漢書》卷3〈章帝紀〉
章帝建初元年	牛多疾疫，墾田減少	穀價頗貴，人以流亡	《後漢書》卷3〈章帝紀〉
章帝建初二年	陰陽不調	飢饉屢臻	《後漢書》卷3〈章帝紀〉
章帝元和元年	牛疫	穀食連少	《後漢書》卷3〈章帝紀〉
和帝永元五年	秋麥入少	民食不足，民貧不能自給	《後漢書》卷4〈孝和帝紀〉
和帝永元六年	陰陽不和，水旱違度	濟河之域，凶饉流亡	《後漢書》卷4〈孝和帝紀〉
和帝永元十二年	比年不登，冬無宿雪、春無澍雨	百姓虛匱，黎民流離，困於道路	《後漢書》卷4〈孝和帝紀〉
和帝永元十三年	象林民失農桑業	民貧失穀食	《後漢書》卷4〈孝和帝紀〉

〔註34〕本表乃依拙著《東漢盜賊事略》一文中「東漢盜賊盛行的原因」二、「民去農桑與飢荒災害」一節中有關「東漢一代荒年」增益改定整理而成。本文由原先四十五條資料增至五十一條，並改正其中錯誤，如首條「光武建武二年，關中饑」，前文誤植為「建武三年」，特予補訂。此外，前文注重農桑之災害，本文則以各項災異造成人民之飢荒為重，二者所重各異，論述自不同。

時　　代	飢荒起因	飢荒結果	出　　處
章帝永元十三年	荊州淫水爲害	民貧	《後漢書》卷4〈孝和帝紀〉
章帝永元十四年	張掖、居延、敦煌、五原、漢陽、會稽受災	民無穀多流民	《後漢書》卷4〈孝和帝紀〉
章帝永元十四年	兗、豫、荊州水雨淫過	多傷農功	《後漢書》卷4〈孝和帝紀〉
章帝永元十六年	兗、豫、徐、冀四州比年雨多傷稼	民貧無以耕	《後漢書》卷4〈孝和帝紀〉
殤帝延平元年	水災	妨害秋稼	《後漢書》卷4〈孝和帝紀〉
殤帝延平元年	四州大水，雨雹，宿麥不下	民貧	《後漢書》卷5〈孝安帝紀〉
安帝永初二年	州郡大飢	人相食，老弱相棄道路	《後漢書》卷5李賢注引《古今注》
安帝永初二年	冀、兗二州受災	多流民	《後漢書》卷5〈孝安帝紀〉
安帝永初二年	京師及郡國四十大水，大風，雨雹	萬民飢流，羌貊叛戾	《後漢書》卷5〈孝安帝紀〉
安帝永初三年	感逆陰陽，京師大飢	百姓飢荒，更相噉食	《後漢書》卷5〈孝安帝紀〉
安帝永初三年	京師及郡國四十一雨水雹	并涼二州大飢，人相食	《後漢書》卷5〈孝安帝紀〉
安帝永初四年	三輔寇亂	人庶流冗	《後漢書》卷5〈孝安帝紀〉
安帝永初五年	災異蜂起，蝗蟲滋生，害及成麥	百姓匱乏	《後漢書》卷5〈孝安帝紀〉
安帝永初七年	蝗蟲傷稼，南陽、廣陵、下邳、彭城、山陽、盧江、九江皆受其災	民饑	《後漢書》卷5〈孝安帝紀〉
安帝元初元年	三輔及并涼六郡爲受災之地	民流冗多貧	《後漢書》卷5〈孝安帝紀〉
安帝元初二年	京師旱，河南及郡國十九蝗	群飛蔽天，爲害廣遠	《後漢書》卷5〈孝安帝紀〉
安帝延光元年	京師及郡國二十七雨水，大風，殺人	民受災害、壓溺死者、敗廬舍、亡穀食、田淹傷	《後漢書》卷5〈孝安帝紀〉
順帝永建二年	荊、豫、兗、冀四州爲受災地	民流冗貧病	《後漢書》卷6〈孝順帝紀〉
順帝永建五年	京師旱	民被災貧困	《後漢書》卷6〈孝順帝紀〉
順帝永建六年	連年災潦，冀部尤甚	民食窮匱，百姓棄業，流亡不絕	《後漢書》卷6〈孝順帝紀〉
順帝陽嘉元年	冀部比年水潦	民食不贍	《後漢書》卷6〈孝順帝紀〉
順帝陽嘉二年	吳郡、會稽受災	人民飢荒	《後漢書》卷6〈孝順帝紀〉
順帝永和四年	太原郡旱	民庶流冗	《後漢書》卷6〈孝順帝紀〉

時　　代	飢荒起因	飢荒結果	出　　處
質帝本初元年	海水溢，災及樂安、北海地	民爲水漂沒死者，多貧羸	《後漢書》卷6〈孝順帝紀〉
桓帝建和元年	荊、揚二州受災	民多餓死	《後漢書》卷7〈孝桓帝紀〉
桓帝建和三年	災眚連仍，三光不明，陰陽錯序	死者相枕，民貧無以葬，或不能自振及流移	《後漢書》卷7〈孝桓帝紀〉
桓帝元嘉元年	京師旱，任城、梁國飢	民相食	《後漢書》卷7〈孝桓帝紀〉
桓帝永興元年	郡國三十二蝗，河水溢	百姓飢窮，流冗道路，至有數十萬戶	《後漢書》卷7〈孝桓帝紀〉
桓帝永興二年	彭城泗水增長逆流、蝗災爲害，水變仍至	五穀不登，人無宿儲	《後漢書》卷7〈孝桓帝紀〉
桓帝永興二年	雲漢作旱，川靈涌水，蝗蟲孳蔓	殘我百穀，飢饉荐臻	《後漢書》卷7〈孝桓帝紀〉
桓帝永壽元年	司隸、冀州飢	人相食	《後漢書》卷7〈孝桓帝紀〉
桓帝永壽元年	洛水溢，南陽人水	民被水死流失屍骸，及唐突壓溺物故，廬舍敗壞，亡失穀食	《後漢書》卷7〈孝桓帝紀〉
桓帝延熹九年	灾異日食，五穀不登，又有水旱、疾疫、盜賊之困	民多飢窮	《後漢書》卷7〈孝桓帝紀〉
桓帝延熹九年	司隸、豫州爲災區	人飢死者什四五，至有滅戶者	《後漢書》卷7〈孝桓帝紀〉
桓帝永康元年	六州大水，勃海海溢	民溺死被害，亡失穀食	《後漢書》卷7〈孝桓帝紀〉
靈帝熹平四年	弘農、三輔螟	民受災	《後漢書》卷8〈孝靈帝紀〉
獻帝興平元年	三輔大旱	人相食啖，白骨委積	《後漢書》卷9〈孝獻帝紀〉
獻帝興平二年	蝗，漢水溢	飢，民相食	《後漢書》卷9〈孝獻帝紀〉

由上表可歸納討論如下：

1. 本表著重於東漢人民飢荒之現象，共計五十一次，其中以安帝、桓帝時次數最多，各佔十一次。由上節可知東漢政治敗壞，至安帝時已呈現諸多問題企待解決，本節由安帝時人民飢餓相食次數之驟增，實可作一佐證。而桓帝之飢荒頻仍，更證明政治敗壞之嚴重，實已回天乏力矣。

2. 東漢一代飢荒災情最爲嚴重者，共計十一次，依序爲光武——民相食，安帝——萬民飢流、羌貊叛戾，安帝——百姓飢荒、更相噉食，安帝——并、涼大飢、人相食，桓帝——民多餓死，桓帝——死者相枕、貧無以葬，桓帝——民相食，桓帝——百姓飢窮流冗、至有數十萬戶，桓帝——人相食，獻

帝——人相食啖、白骨委積，獻帝——民相食。大概而論：光武時天下初定，動亂尚未弭平，故有「關中人民饑荒相食」之情形。其次，則爲安帝時三次「萬民飢流，百姓更相噉食」之慘狀，民食不足，至於互噉，則安帝時政局已趨動搖。至於桓帝時四次饑荒，政治轉趨敗壞，其後獻帝時，終至於敗亡。

3. 值得質疑之事，乃桓、靈荒淫，政治敗壞，乃史家之公論，然何以桓帝時大量記載災異與饑荒，而靈帝時則書災異者七十九次，而人民饑荒受災之情形則僅載一次。依筆者推測，桓、靈二帝雖同爲賣官鬻爵，昏虐淫亂，然桓帝賣官以充國用，靈帝賣官實聚爲私藏。〔註35〕桓帝多內幸，宮女數至五、六千人（《後漢書》卷 62）；靈帝則于西園弄狗以配人，其逸樂荒淫，不一而足（《續漢書·五行志》），故於政治而言，桓帝時或可苟延殘喘，以延續國祚，至於靈帝，饑荒四起，民人怨恨，已成常態，君主且聚私藏以圖後路，危自上起，遂傾四海，故史家記載「饑荒」之事者反而不必一一細論。

（三）盜　賊

盜賊爲時代動亂之產物，當口體不足溫飽，生命無法保障，所謂「飢塞起盜心」，於是盜賊生焉。或因政局失序，海內塗炭，禍難所及，盜賊乃不可免。前者以饑民爲主，後者則爲集團性之政治抗爭，東漢盜賊之本質仍不脫此範疇，茲依時代先後整理討論于后：

> 光武—穎川盜賊、河東守守兵、交阯女子徵側、郡國大姓及兵長群盜、
> 　　　妖巫李廣等、蜀郡守將史歆、妖巫單臣、傅鎮等、九眞賊都陽等、
> 　　　越嶲太守任貴（《後漢書》卷 1）
>
> 明帝—淮陽王延（卷 2）
>
> 安帝—海賊張伯路等、平原劇賊劉文河、周文光等、漢陽賊杜琦、王信
> 　　　（卷 5）
>
> 順帝—海賊曾旌等、楊州六郡妖賊章河等、益州盜賊、江夏盜賊、九江

〔註35〕《後漢書》卷 7〈孝桓帝紀〉載延憙四年，「占賣關內侯、虎賁、羽林、緹騎營士、五大夫錢各有差」，同書卷 8〈孝靈帝紀〉載光和元年，初開西邸賣官，「自關內侯、虎賁、羽林，入錢各有差。私令左右賣公卿，公千萬，卿五百萬」，李賢注引《山陽公載記》曰：「時賣官，二千石二千萬，四百石四百萬。……於西園立庫以貯之」，故知桓帝賣官，所賣不過爵及散官而已，靈帝則賣公卿之職，且聚爲私藏，王船山云：「亂政不一，至於賣官，而未有不亡者也」（《讀通鑑通》卷 8），足見靈帝之亂實甚於桓帝，此時人民饑荒已成常態，此史家所以不書之故也。

賊蔡伯流、吳郡丞羊珍反、廣陵盜賊張嬰等、楊、徐盜賊、南郡、
江夏盜賊、楊、徐盜賊范容、周生等、九江盜賊徐鳳、馬勉等、
九江賊黃虎等（卷 6）

質帝─廣陵賊張嬰等、九江賊徐鳳等、九江賊馬勉、丹陽賊陸宮等、盧
江盜賊、歷陽賊華孟（卷 6）

桓帝─清河劉文、陳留盜賊李堅、長平陳景、南頓管伯、扶風妖賊裴優、
蜀郡李伯、太山、琅邪賊公孫舉等、太山、琅邪賊勞丙等、太山
賊叔孫無忌、南陽黃武、襄城惠得、昆陽樂季、長沙賊、長沙與
零陵賊、艾縣賊、桂陽盜賊李研等、南海賊、零陵、桂陽盜賊、
桂陽胡蘭、朱蓋等、勃海妖賊蓋登等、沛國戴異、廣陵人龍尙等、
盧江賊（卷 7）

靈帝─丹陽山越賊、濟南賊、會稽許生、鉅鹿張角、潁川黃巾、南陽黃
巾張曼成、黃巾波才、汝南黃巾、廣陽黃巾、交阯屯兵、合浦太
守來達、巴郡妖巫張脩、墨山賊張牛角、北宮伯玉、江夏兵趙慈、
滎陽賊、金城賊韓遂、扶風人馬騰、漢陽人王國、漁陽人張純、
張舉、零陵人觀鵠、黃巾餘賊郭太、汝南葛陂黃巾、益州黃巾馬
相、白波賊、青徐黃巾、涼州賊王國（卷 8）

獻帝─白波賊、青州黃巾、李傕、郭汜、樊稠、張濟、下邳賊闕宣、黑
山賊張燕、黃巾賊（卷 9）〔註36〕

出上文可討論如下：

1. 由身分地位而言：光武時各地起事者是以宗室、士族、大姓爲主要身
份，其組織力強，又多具有集團性質，而以政治抗爭爲其目的。光武之後，
明帝爲承平之世，起事者鮮少，安帝以後，起事者漸增，多爲各地以饑民爲
主之盜賊，由於民食不足，聚而爲盜，進而起事。

2. 就起事範圍而言：由光武至安帝約一百年間，起事範圍偏於局部性，
順帝以後，亂象坐大，〔註37〕已蔓衍爲全國性之動亂，靈帝時鉅鹿張角之黃

〔註36〕　參見拙著《東漢盜賊事略》參、「東漢盜賊起事梗概與其行止風貌」，其中對
　　　　於東漢盜賊起事狀況，依東、西、南、北、中五方列表敘述，其中對於盜賊
　　　　之起事起點、社會身份、起迄時間、出處等皆詳加論列，對於盜賊整體動態
　　　　尤有詳細之掌握與討論。而本文則著重於盜賊產生之先後與時代之關連。

〔註37〕　《後漢書》卷 6〈孝順帝紀〉載陽嘉元年三月，「楊州六郡妖賊章河等寇四十
　　　　九縣，殺傷長吏」，足見順帝時盜賊已有蔓衍之態勢。

巾之亂，弟子數十萬人，遍及全國八州，十年之間，天下響應，海內震動。

3. 就起事局勢而言：光武政局尚未穩定，起事者爲數不少，明章之治，爲東漢盛世，盜賊起事之事幾乎絕跡；安帝時，政局逐漸不穩，而出現少數盜賊亂事，至順帝時，各地群盜紛紜，亂象四起，桓、靈二帝，盜賊頻繁，朝廷已難控制。

4. 就起事地點而言：以九江次數爲最多，他如廣陵、零陵、桂陽、楊州、徐州等，皆以南方居多。靈帝以後，以鉅鹿張角爲首之黃巾支系，如郭太、波才、張曼成、孫夏、汝南黃巾、葛陂黃成等群賊，皆以北方爲發源地，可見東漢末期，盜賊之起事地點已由南方等地推衍至北方、東方各地，加以政局不穩，飢民漸增，紛紛自立門戶，影響所及，東漢盜賊乃成爲政局衰敗瓦解之要因。

5. 就盜賊自立名號而論：依時代先後依序爲：

安帝：劉文河、周文光——使者

沖帝：徐鳳、馬勉——無上將軍

質帝：馬勉——黃帝

　　　華孟——黑帝

桓帝：李堅——皇帝

　　　陳景——黃帝子

　　　管伯——眞人

　　　裴優——皇帝

　　　李伯——太初皇帝

　　　蓋登——太上皇帝

　　　戴異——太上皇

靈帝：許生——越王

　　　張角——黃天

　　　交阯屯兵——柱天將軍

　　　張舉——天子

　　　觀鵠——平天將軍

　　　馬相——天子

獻帝：李崔等——將軍

　　　闕宣——天子

　　　袁術——天子

　　袁紹——大將軍

　　故知東漢起事者自立名號始於安帝，終於漢亡，而以桓、靈二帝時爲數最多。安帝時已見動亂之象，桓、靈時則衍爲各區域聯盟之大規模舉事。且各起事者，皆欲自立爲「天子」、「皇帝」，或借宗教結社之神秘力量，欲爲「黃天」、「眞人」，則可知當代統治者威權盡失，起事者欲得天下「取而代之」，觀鉅鹿張角宣言：「蒼天已死，黃天當立」，豈政亂於上，民反於下乎！

　　綜合本節，諫諍實有其時代之背景，當天降災異以儆時君，而君主卻無視於民生疾苦，或飢饉屢臻，萬民貧病更相啖食，甚而流冗道路，死者相枕，或民食不足，饑民聚而爲盜，轉而舉事作亂。凡此，儒者既懷抱「人飢己飢，人溺己溺」爲己任，則何忍坐視天下百姓受盡災難而死，故其對君直諫，倡言國是，以正是非、明天理、以拯救蒼生，而置死生於度外，故而可敬可佩也。

第三節　東漢儒者諫諍之內容

　　本節將依時代先後，列表歸納東漢儒者諫諍於君主之實質內容，從而討論其中之內涵要義，茲分述如下：

時代	人名	諫諍內容	結果	備註	出處
光武	朱勃	諫帝不忘馬援征夷之功，宜平援功罪	援得以歸田里	依《春秋公羊傳》「罪以功除」，及《禮記》「以死勤事則祀之」	《後漢書》卷24
	宋弘	諫帝好德如好色	光武從之		《後漢書》卷26
	桓譚	諫帝舉賢、設法禁防私仇、舉本抑末防侈靡、法不宜同罪異論 諫帝勿以讖決嫌疑	書奏不省 帝愈不悅		《後漢書》卷28上
	郅惲	諫不宜遠獵山林，夜以繼晝	帝賜百匹、長遷長沙太守	依《尚書》〈無逸〉：「文王不敢槃于游田，以萬人惟政之共」	《後漢書》卷29
	申屠剛	諫帝隴蜀未平，不宜出游逸豫 諫皇太子宜薼任賢保，以成其德	帝不聽，剛以頭軔乘輿輪，帝遂爲止 帝不納	 以切諫失旨，出爲平陰令	《後漢書》卷29
	光浮	諫帝不用舊典，黜鼎輔，任刺舉			《後漢書》卷33

	陳　元	不宜令司隸校尉督察三公	光武從之	依《論語》〈憲問〉,「百官總己聽於冢宰」	《後漢書》卷36
	鄭　興	諫帝不私其私,擇人處位,不宜用功臣	帝多有所採	依《左傳》昭公七年:政不可不慎,務三:「一曰擇人,二曰因人,三曰從時」	《後漢書》卷36
	戴　憑	諫帝勿納膚受之訴,禁錮賢臣	帝怒	馮自繫廷尉,有詔出	《後漢書》卷79上
	陳　宣	諫帝尊人臣、修身以止水溢之患	上善其言		《謝承後漢書》卷6
		諫帝徐行按轡勿疾行	宣遷爲河隄謁者		
明帝	曹　充	諫帝新受命當制禮	帝善之	依《禮記》〈樂記〉:五帝不相沿樂、三王不相襲禮	《後漢書》卷35
	鄭　眾	勸帝勿遣使出使北匈奴,以防西域離心動搖	帝不從		《後漢書》卷36
	劉　般	諫帝罷置常平倉以止豪右侵刻百姓	帝從之		《後漢書》卷39
		諫帝罷止「禁民二業」之令,並覈吏度田不實〔註38〕	帝從之		
	寒　朗	諫帝釋免楚獄受冤在獄者〔註39〕	帝意解,且幸洛陽獄,錄囚徒,理出千餘人		《後漢書》卷41
	鍾離意	當車陳諫不宜般樂遊田以廢政	天子即時還宮		《後漢書》卷41
		夏旱,諫罷止起宮室,以應天心	明帝從之		
		災異,諫帝緩刑罰、順時氣	帝不能用,出爲魯相		

〔註38〕 所謂「禁民二業」,是指農者不得商賈也。

〔註39〕 楚獄,事見《後漢書》卷42〈光武十王列傳〉載明帝永平十三年,「男子燕廣告英與漁陽王平、顏忠等造作圖書,有逆謀,事下案驗。有司奏英招聚姦猾,造作圖讖,擅相官秩,置諸侯王公將軍二千石,大逆不道,請誅之。……(英)自殺。……國除。」又云:「楚獄遂至累年,其辭語相連,自京師親戚諸侯州郡豪桀及考案吏,阿附相陷,坐死徙者以千數。」故知楚王英以叛逆自殺,坐相連死徙者以千數,寒朗以其中多有虛引誣陷者,心傷其冤,故而直言諫帝。

東平王蒼	諫帝不宜春獵，以失春令	明帝從之，還宮	依《禮記》〈月令〉：仲春無作大事，以妨農事，及《尚書》〈五行傳〉：田獵不宿、出入不節	《後漢書》卷42
馬嚴	日食，諫上責事百司，州郡所舉必得其人	帝納其言	依《尚書》〈咎繇〉：無曠庶官，天工人其代之。〈舜典〉：三載考績，三考黜陟幽明。《左傳》：為政者寬以濟猛，猛以濟寬	《後漢書》卷24
韋彪	盛夏多寒，諫上不以苛刻為能，選官以才 諫上貢舉以才行為先，然其要歸在選二千石	帝深納之	依《論語》〈衛靈公〉：吾之於人，如有所譽，其有所試矣	《後漢書》卷26
鮑昱	大旱，諫帝還徙楚王英家屬，除禁錮〔註40〕	帝納其言	依《論語》〈子路〉：苟有用我者，三年有成	《後漢書》卷26
郅壽	疏奏竇憲驕恣，引王莽以誡國家	下吏當誅		《後漢書》卷29
何敞	諫帝赦郅壽直諫忠言之罪	壽得減死		《後漢書》卷29
張奮	諫帝制作禮樂	帝雖善之，猶未施行	依《禮記》〈樂記〉：安上治民，莫善於禮；移風易俗，莫善於樂。又云：揖讓而化天下，禮樂之謂也。又云：化定制禮，功成作樂	《後漢書》卷35
曹褒	諫帝制定禮樂		後召褒作漢禮	《後漢書》卷35
賈逵	諫帝留意《左傳》，以廣聖見	帝嘉之	《左傳》昭公九年、桓公十六年、僖公廿三年，分別為崇君父、卑臣子、彊幹弱枝之理	《後漢書》卷36
第五倫	諫帝抑損后族（馬氏）之權 諫帝嚴勅外戚竇憲閉門自守，無妄交士大夫。不宜用嚴猛刻薄之吏，務進仁賢以入時政	帝不見省用	《尚書》〈洪範〉：臣無作威作福，《穀梁傳》：大夫無境外之交，束脩之饋	《後漢書》卷41

〔註40〕明帝永平十三年，楚王英謀反（詳見上註），連坐者頗多，而鮑昱主劾其事，時為建初元年，距楚獄發生時已有七年之久，足見楚獄牽涉人事之複雜。

	宋　意	諫帝不宜於諸父昆弟踰禮過恩，以失君臣之節	帝納之	《左傳》定公四年、桓公十六年、僖公廿三年皆言尊尊卑卑、彊幹弱枝	《後漢書》卷41
	東平憲王蒼	諫帝勿於陵地起縣邑，以崇先帝儉省謙德之美	帝從之	《禮記》〈壇弓〉：古也墓而不墳	《後漢書》卷41
	楊　終	諫帝還徙廣陵、楚、淮陽、濟南之獄囚，罷邊屯	帝從之	《公羊傳》襄公十一年、昭公五年皆載制度宜量時制宜	《後漢書》卷48
和帝	魯　恭	諫帝罷遣將軍伐匈奴，以合天心	帝不從	《易經》「比卦」：有孚盈缶，終來有它吉。	《後漢書》卷25
		諫帝決獄案考，宜以立秋為斷，不宜改用孟夏，以順時節，育萬物	後卒施行	《易經》「姤卦」：后以施令誥四方。《禮記》〈月令〉：孟夏斷薄刑，出輕繫。又云：行秋令則草木零落，人傷於疫	
	丁　鴻	日食，諫外戚賦斂擅權之失，宜杜漸防萌以防凶妖	帝從之，收大將軍竇憲印綬，憲及諸弟皆自殺	《詩經》〈十月之交〉：日有食之，亦孔之醜《左傳》成公二年：唯器與名，不可以假人	《後漢書》卷37
	樂　恢	諫帝諸舅不宜幹正王室，以示天下之私	書奏不省		《後漢書》卷43
	何　敞	諫上罷為竇憲弟篤、景與造邸第，以恤民困。	書奏不省		《後漢書》卷43
		諫外戚竇憲等專權虐民、奢侈僭偪、誅戮無罪		《左傳》隱公元年、隱公四年，共叔段與州吁事，以明「愛而不教，終至凶戾」	
	張　酺	赦宥夏陽侯瓌，以明骨肉三刑三宥之義	帝從之	《禮記》「文王世子」：公族有罪，三宥其刑	《後漢書》卷45
	袁　安	劾奏竇景擅發邊兵。	寢而不報		《後漢書》卷45
		劾奏司隸校尉、河南尹阿附貴戚，無盡節之義	寢而不報		
	韓　棱	劾奏竇憲使人刺殺都鄉侯	憲惶恐，求出擊匈奴		《後漢書》卷45
	梁　相	舉奏梁節王暢不道（叛逆）	帝不許		《後漢書》卷50
	周　紆	疏奏夏侯瓌之侮慢王室，惑眾不道，當伏誅戮		《左傳》文公十八年，臧文仲教季孫行父之事君，有禮於君，如孝子養父母；無禮於君，如鷹鸇逐鳥雀	《後漢書》卷77

安帝	樊　準	諫上行儉節以解災異	從之	《尚書》〈洪範五行傳〉：飢而不損茲曰太，厥災水。《春秋穀梁傳》襄公二十四年：五穀不登，謂之大侵，百官不造作，無祭祀	《後漢書》卷 32
	張　禹	諫皇太后「王者離宮不宿」，以安社稷	皇太后從之		《後漢書》卷 44
	陳　忠	諫帝納切直之謀，以廣直言之路	帝從之	《左傳》宣公十五年：國君含垢，天之道也	《後漢書》卷 46
		災異，諫帝舉有道，嚴加糾罰郡縣，以防盜賊興起，百姓流亡		《尚書》〈康誥〉：小不可不殺。《詩經》〈大雅民勞〉：無縱詭隨，以謹無良	
		水溢傷民，諫帝勿令中常侍伯榮僭侔於人主	書奏不省	《尚書》〈洪範〉：貌傷則狂，而致常雨	
		諫上順國典，不宜任輕三公，專委尚書		《論語》〈八佾〉：君使臣以禮，臣事君以忠	
	翟　酺	災異，諫上求忠貞之臣，誅遠佞諂之黨（元舅耿寶及皇后兄弟閻顯等）	書奏不省		《後漢書》卷 48
	馬　融	諫上寬宥龐參、梁懂征羌失期之失，以佐聖化	帝赦參等	《左傳》僖公卅三年，荀林父敗，晉侯復其位。宣公十五年，孟明視敗於殽，秦伯不罷其官	《後漢書》卷 51
	楊　震	諫帝速出乳母王聖，斷絕聖子女伯榮，以防天以擾亂	帝不聽	《尚書》〈牧誓〉：牝雞司晨，唯家之索。《詩經・大雅・瞻卬》：哲夫成城，哲婦傾城。《易經》〈家人卦〉：無攸遂，在中饋。	《後漢書》卷 54
		諫帝勿爲中常侍脩第舍，以防民叛	帝不聽	《論語》〈顏淵〉：百姓不足，君孰與足	
		地震，諫帝勿使中臣近官盛修第舍，持權用事	帝不聽	《尚書》〈洪範〉：僭恆陽若，臣無作威作福玉食。	
		疏救趙騰坐激訐謗語之罪	帝不省，騰伏尸都市	《尚書》〈無逸〉：殷周哲王，小人怨詈，則還自敬德	
	杜　根	直諫鄧太后歸政於安帝	太后大怒，盛縑囊於殿上撲殺之		《後漢書》卷 57

	成翊世	直諫鄧太后歸政於安帝	坐抵罪		《後漢書》卷 57
		上書訟皇太子之冤，並言中常侍樊豐等誣罔之狀	帝不從		
	孔長彥	諫外戚擅權，宜脩聖德	帝默然		《後漢書》卷 79 上
	李　尤	上書諫爭不宜廢太子為濟陰王	帝不從		《後漢書》卷 80 上
順帝	郎　顗	火災，諫上省減繕修，卹貧賑孤。		《論語》〈泰伯〉：夏后卑室。〈先進〉：閔子騫仍舊貫。《左傳》僖公廿一年，公遭旱，貶食省用，務穡勸分。	《後漢書》卷 30 下
		久陰不雨，諫上用賢行功賞		《詩・小雅・節南山》：喻三公之位，人共瞻視。《尚書・舜典》：股肱良哉。	
		震裂涌水，諫上舉三公宜賢			
		日食，諫上採納良臣以助聖化恐有水旱之災，諫帝節約熒惑星行遲，諫帝簡去宮女，恣其姻緣，以求廣嗣		《尚書大傳》：武王入殷，歸傾宮之女。	
		恐有羌寇畔戾，諫上輕徭薄斂，回選賢能，責躬求愆			
		火災，諫上恭己內省，考案須秋，序賢進士			
		值漢興三三九歲之困，諫上改元，去奢就簡，招賢開不諱之路。		《易經・困卦》：君子困而不失其所。	
		天之見異，諫上聘賢選佐，以安天下	詔拜郎中	《易經・乾卦》鄭注：爻皆體乾，群龍之象。《詩經・大雅・烝民》：君明善惡。	
		日月變色，諫上斥黜臣下尤酷害者	詔拜郎中	《易說卦》：雷以動之，雨以潤之。《易乾卦文言》：大人與天地合德、日月合明	
		五星失序，諫上宜審詳明常布政之務	詔拜郎中		

	大風，無雨，諫上廣被恩澤，貸贍元元	詔拜郎中		
楊　厚	陳漢三百五十年之厄，宜蠲法政憲及消伏災異凡五事	帝褒之，闇宦專政，言不得信		《後漢書》卷30上
劉　陶	訟朱穆亢然不顧身害，劾治宦官之忠心，願代穆校作	帝乃赦之		《後漢書》卷43
朱　穆	深疾宦官之漁食百姓，窮破天下，諫上罷省中常侍，更選清淳明達之士	帝怒，不應		《後漢書》卷43
陳　龜	上疏言梁冀罪狀，請誅之	帝不省		《後漢書》卷51
种　暠	奏勑四府條舉近臣父兄及知親爲史、二千石尤殘穢不勝任者，免遣案罪	帝從之		《後漢書》卷56
种暠、應承	糾發逮捕永昌太守賂遺梁冀事			《後漢書》卷56
趙　騰	上言災變，譏刺朝政	收騰繫考，所引黨輩八十餘人，皆以誹謗伏重法		《後漢書》卷56
張　皓	諫趙騰盡忠正諫，不當誅戮	帝乃悟，減騰死罪一等	《左傳》成公十四年：聖人懲惡而勸善	《後漢書》卷56
張　綱	諫上勿授無功小人（宦官）官爵，以防姦謀	書奏不省	《詩大雅》：不愆不忘，率由舊章。	《後漢書》卷56
	諫大將軍梁冀、河南尹梁不疑貪叨縱恣，詔上陷害，條其無君之心十五事	帝知其直而不忍用	《左傳》桓公二年：有無君之心，而後動於惡	
虞　詡	劾奏中常侍程璜、陳秉、孟生、李閏等。			《後漢書》卷58
	諫遵舊典，蠲除謫罰輸贖之事〔註41〕			
張　衡	少雨、地震，諫帝事依禮制，以息群臣奢僭之事		《尚書·洪範》：君行僭差則常陽順之，常陽則多旱	《後漢書》卷59
	諫帝收藏圖讖，一禁絕之，以防欺世罔俗之人			

〔註41〕順帝時，長吏、二千石聽百姓謫罰者輸贖，號爲「義錢」，託爲貧人儲，而守令因以聚斂。虞詡以此制弊病叢生，故而上疏蠲除權制。《後漢書》卷58〈虞詡列傳〉。

周　舉	旱災，諫帝革政變惑，出後宮不御之女，理冤獄，除膳費，黜貪佞	帝善之	《左傳》僖公廿一年：僖公遇旱，自責祈雨	《後漢書》卷61
	災異，北鄉侯非正統，不宜改葬天子之禮	帝從之	《左傳》昭公廿二年：王子猛未即位，不言崩	
	連有災異，諫上禽討彊宗大姦		《尚書‧洪範》：君行僭差，則常陽順之	
黃　瓊	連有災異，諫上進賢臣，斥黜無功之臣	帝從之		《後漢書》卷61
	大旱，諫上存儉納賢，明勅近臣遵法度	帝從之		
	諫帝行籍田之禮，以勸農功	帝從之	《詩經‧商頌》：詠成湯不怠遑。《尚書‧無逸》：文王日中昃不遑暇食	
左　雄	諫上用吏，宜擇清白任從政者，守相長吏，賢者增秩，不法者禁錮終身	帝善之，而宣豎擅權，終不能用		《後漢書》卷61
	上言崇經繕修太學	帝從之		
	上言孝廉年滿四十得察舉，茂才異行不拘年齒	帝從之		
	日食，民飢盜賊，諫上循高祖約，非劉氏不王，非有功不侯，不宜封乳母與梁冀侯爵	帝不聽		
	諫上遵古制，無封乳母、梁冀爵邑	帝不聽		
	地震，三諫宜還阿母之封，以塞災異	帝不聽，卒封之		
	諫帝不宜捶撲九卿，以遵古典	帝從之	《禮記》〈玉藻〉：公大侯大夫行有佩玉之節，動有庠序之儀	
李　固	地動、山崩、山災之異，諫帝四：一、不應封爵宋阿母二、外戚不應專權三、罷斥宦官四、重申尚書之性能	帝多所納用	《公羊傳》僖公廿五年：禮不臣妻之父母	《後漢書》卷63
杜　喬	奏劾陳留太守梁冀季父——梁讓、濟陰太守氾宮、濟北相崔瑗等臧罪千萬以上			《後漢書》卷63
	諫上梁冀子弟五人及中常侍等以無功封賞之不當	書奏不省		

	皇甫規	惡絕宦官，不與交通，宦官遂誣規貨賂群羌，規上書自明廉潔忠節	帝聽之	《詩經‧小雅》：密勿從事，不敢告勞；無罪無辜，讒口嚻嚻。《左傳》文公十七年：鹿死不擇音，挺而走險，急何能擇	《後漢書》卷65
	楊　倫	諫帝誅惡及本，本誅則惡消，宜誅貪穢之首	有司以倫切直，詔書特原之，免歸田里		《後漢書》卷79上
沖帝	李　固	諫帝死發喪，勿相掩匿	從之		《後漢書》卷53
質帝沖帝	皇甫規	諫帝貶斥大將軍梁冀，以防禍事			《後漢書》卷65
桓帝	襄　楷	連霜雹大雨雷： 一、諫上不宜譖於宦官，拒諫誅賢，政刑暴濫。二、諫上修德省刑，以廣育嗣。三、龍死，諫上將有大喪、叛逆事。四、河清，太學門自壞，諫上將有諸侯叛、教化廢之事。 日食、星緯錯戾： 一、諫上理察冤獄，除劉瓆、成瑨之罪，追錄李雲、杜眾等子孫〔註42〕二、使黃門常侍復其位，廣嗣合天意。三、省欲去奢，不宜殺罰過理，以符黃老、浮屠之道	書奏不省 帝不誅，猶處二歲刑		《後漢書》卷30下
	袁著	諫帝除誹謗之罪，並抑損大將軍梁冀之盛權	書奏，為冀笞殺	《尚書‧益稷》：舜禹相戒無若丹朱傲。〈無逸〉：周公戒成王無若殷王紂之迷亂酗酒	《後漢書》卷34
	吳樹	誅殺梁冀客為民害者數十人	為冀所鴆		《後漢書》卷34

〔註42〕劉瓆為太原太守，收殺宦官親戚魁帥，成瑨捕殺桓帝美人外親張子禁（怙恃榮貴，不畏法網）。前者帝使其自殺；後者帝下其廷尉，下獄死，俱見《後漢書》卷30下注引《謝承書》。李雲、杜眾事見《後漢書》卷57，中常侍單超等五人皆以誅梁冀封侯，專權選舉，李雲上書諫帝官位錯亂之失，帝怒下其獄，弘農五官掾杜眾傷雲以忠諫獲罪，上書願與雲同日死。李雲、杜眾皆死獄中。

第五種 衛　羽	劾單超弟單匡其臧五六千萬，收匡賓客親吏四十餘人，並劾單超	州內震慄，朝廷嗟歎		《後漢書》卷41
臧　旻	上書訟第五種之清高正直，宜錄善赦小過	帝赦之		《後漢書》卷41
朱　穆	劾宦官趙忠喪父之僭器，遂發墓剖棺，陳尸出而收其家屬	帝大怒，輸作左校		《後漢書》卷43
劉陶等 數千人	諫赦不顧身害，以攝王網之。朱穆，願代校作	帝赦之		《後漢書》卷43
朱　穆	諫帝遵舊章，罷省宦官處常伯之任，更選賢者補其處	帝不納		《後漢書》卷43
	諫上罷遣宦官，博選耆儒宿德與參政事	帝怒，不應		
爰　延	星變，諫上遠讒諛之宦官，納謇謇之士，除宦官之權，癉宦官之敝	帝省其奏	《尚書・洛誥》：周公戒成王，慎其所與。《公羊傳》莊公十二年：宋閔公無禮，以致大。《論語》「季氏」：「益者三友，損者三友」	《後漢書》卷48
橋　玄	窮案梁冀所厚陳相羊昌及賓客臧罪	梁冀馳檄救之不得		《後漢書》卷51
楊　秉	大風拔樹，晝昏，諫帝勿降亂尊卑，私出河南尹梁胤府舍槃游	帝不納	《詩經・大雅・雲漢》：自郊徂宮。《易經》〈萃卦〉：「王假有廟，致孝享也」。《左傳》襄公廿五年：齊莊公如崔杼之家，為杼所殺。	《後漢書》卷54
	白馬令李雲以諫受罪，楊秉爭之不能得。	秉坐免官		
	諫乞檻車徵單超弟匡考覈臧罪事	秉坐輸作左校	《左傳》襄公廿一年，邾庶其以漆閭丘來奔，於是魯多盜	
	諫帝依舊典「中臣子弟不得居位乘勢」，斥罷宦官	帝從之		
	諫帝割恩以斷求欲之路	帝從之	《尚書・說命》：先王建國，順天制官。〈皋陶謨〉：皋陶誠虞，在知人，在安民	
	諫中常侍侯覽弟參臧，暴虐益州	參自殺		

	諫劾中常侍侯覽、具瑗奢侈貪殘，執政操權之不當，宜急屏斥，不復親近	帝不得已，竟免覽官，而削瑗國	《左傳》文公十六年：齊懿公有竹中之難。莊公十七年，鄭詹（佞人）來而國亂。定公十三年，趙鞅以晉陽之甲，逐君側之惡。僖公廿四年，晉寺人披曰：「除君之惡，唯力是視」。《詩經·小雅·巷伯》：「取彼譖人，投畀豺虎」	
周邊　景韶	議奏楊秉、韋著以退讓為節，俱徵不至，宜用優游之禮，不宜正其罪	帝從之		《後漢書》卷 54
王　暢	糾發貴戚豪黨有釁穢者，皆伏法			《後漢書》卷 56
劉　陶	災異： 一、諫帝不宜妄假利器，委授國柄於梁冀，使虐流遠近 二、奏還朱穆、李膺中興之良佐，挾輔王室。 諫上當今之憂在於群小秉國，吞噬無厭，以致民飢，不在改鑄大錢	書奏不省 。帝不鑄錢	《尚書》書序：武丁得傅說，以消鼎雉之災。《詩經·大雅·崧高》：維申及甫，維周之翰 《詩經·小雅·白駒》：白駒屏營徬徨，不能監寐。《公羊傳》僖公十九年：梁亡何？魚爛而亡也	《後漢書》卷 57
楊　瓊	諫帝賞必當功，爵不越德，大將軍梁冀宜益戶增封，以顯其功，不宜錫之山川、土田、附庸 舉奏州郡素行貪污至死徙者十餘人 諫帝辨忠邪之臣，知李固、杜喬、李雲、杜眾以忠獲罪，周永為姦佞	帝從之		《後漢書》卷 61
荀　爽	諫帝依舊禮，行三年之喪 諫帝改尚主之制，以稱乾坤之性。	奏聞，爽棄官去	《公羊傳》宣公元年：古者大喪三年，君不呼其門。《禮記》〈三年問〉：三年之喪，天下之通喪也。 《易經·繫辭》：天尊地卑，乾坤定矣。《尚書·堯典》：釐降二女於媯汭，嬪于虞。《公羊傳》莊公元年：王姬	《後漢書》卷 62

	諫帝遣諸非禮聘未曾幸御者，使成妃合 諫上嚴督有司，宜依古禮尊卑侈約節之		嫁齊，使魯王之，不以天子之尊加於諸侯也 《易經》〈節卦彖辭〉：天地節而四時成。《左傳》昭公卅二年：唯器與名，不可以假人。《孝經》：安上治民，莫善於禮	
史　弼	諫帝裁治渤海王悝僭慢之罪，以防滋蔓。 考殺中常侍侯覽「遣齎書請之，并求假鹽稅」之諸生			《後漢書》卷 64
延　篤	殺大將軍梁冀客「齎書詣京兆，并貨牛黃」者	殺梁冀客		《後漢書》卷 64
趙岐、 趙襲	數為中常侍唐衡兄玹之貶議	玹收岐家屬宗親，盡殺之		《後漢書》卷 64
皇甫規	條奏安定太守孫雋等倚恃權貴，不遵法度 日食，諫帝容受謇直之臣，以興改善政	孫雋等或免或誅 帝不省		《後漢書》卷 65
陳　蕃	諫上隱覈牧守令長，舉奏貪殘，選拔愛惠百姓者，而群賊息 白馬令李雲抗疏諫，陳蕃上書救之。 諫帝封賞踰制，內寵猥盛，宜出宮女，以防采女數千至於貧國 諫帝不宜逸遊 諫請免劉瓆、成瑨、翟超、黃浮裁治宦官之罪，諫帝簡練清高，斥黜佞邪〔註43〕	忤左右。出為豫章太守。 坐免歸田里 帝頗納其言，為出宮女五百餘人 書奏不納 帝得奏愈怒，竟無所納	《尚書・皋陶謨》：無教逸欲有邦。〈無逸〉：無槃于遊田。《左傳》昭公十二年：祭公謀父為誦〈祈招〉之詩，以止其心 《公羊傳》莊公四年：譏其與讎狩也。僖公廿年，譏其奢也。故曰：「小惡必書」	《後漢書》卷 66

〔註43〕《後漢書》卷66載：「小黃門趙津、南陽大猾張汜等，奉事中官，乘勢犯法，

	旱，諫帝不宜誅李膺、杜密、范滂等忠賢，宜察言修德，除妖去孽	帝策免之	《尚書・泰誓》：百姓有罪，在予一人。《左傳》莊公十一年：禹湯罪己，其興也勃焉。桀紂罪人，其亡也忽焉	
劉瓆、成瑨	考案小黃門趙津、南陽大猾張汜奉事中宮，乘勢犯法之罪，雖經赦令，而並竟考殺之	瓆、瑨棄市		《後漢書》卷66
翟　超	沒入中常侍侯覽財產	坐髡鉗輸作左校		《後漢書》卷66
黃　浮	誅殺下邳令徐宣	坐髡鉗輸作左校		《後漢書》卷66
王　允	捕殺貪橫放恣之小黃門晉陽趙津	徵允之太守下獄死		《後漢書》卷66
劉　淑	上書諫帝宜罷宦官	帝不能用		《後漢書》卷67
李　膺	表按宛陵大姓羊元群臧罪狼籍	元群行賂宦官，膺反坐輸左校		《後漢書》卷67
	膺破柱殺貪殘無道，甚至殺孕婦之張讓弟朔，並上書自明剗殄元惡，不意獲罪	帝無復言		
李膺、馮緄、劉祐	糾罰姦倖	得罪輸作		《後漢書》卷67
應　奉	諫乞原誅舉邪臣之李膺、馮緄、劉祐之罪	帝悉免其刑	《易經》〈解卦象詞〉：君子以赦過宥罪	《後漢書》卷67
杜　密	捕案宦官子弟為令長有姦惡者			《後漢書》卷67
劉　祐	舉奏梁冀從弟會稽太守梁旻之罪。			《後漢書》卷67
	河東縣令長率多中官子弟，則黜其強權。			
	劾治沒入中常侍蘇康、管霸之良田美業、山林湖澤	帝大怒，論輸左校		

二郡太守劉瓆、成瑨考案其罪，雖經赦令，而並竟考殺之。宦官怨恚，有司承旨，遂奏瓆、瑨罪當棄市。又山陽太守翟超，沒入中常侍侯覽財產，東海相黃浮，誅殺下邳令徐宣，超、浮並坐髡鉗，輸作左校。案劉瓆、成瑨、翟超、黃浮四人皆以劾治宦官而入罪，故陳蕃始有此諫請。

魏　朗	劾奏中官子弟爲國相行非法事			《後漢書》卷67
范　滂	劾奏刺史、二千石權豪之黨二十餘人	滂投劾去		《後漢書》卷67
尹　勳	上書解范滂、袁忠等黨議禁錮	尋拜將作大匠		《後漢書》卷67
蔡　衍	案中常侍具瑗齎書託弟舉茂才之罪，劾中常侍曹騰弟曹鼎臧罪	鼎坐輸作左校，衍徵拜議郎、符節令		《後漢書》卷67
蔡衍、劉瑜	表救收糾宦官考廷尉之南陽太守成瑨	坐免官還家		《後漢書》卷67
羊　陟	奏罷黜與宦豎相姻私，公行貨賂之太尉張顯、司徒樊陵等人 所在奏案貪濁、禁制豪右	不納		《後漢書》卷67
張　儉	舉劾中常侍侯覽及其母罪惡	覽遏表不得通		《後漢書》卷67
岑晊、成瑨	殺略遺中官、用勢縱橫之桓帝美人外親張汎，并收其宗族賓客二百餘人，遇赦竟誅之	帝大震怒，瑨下獄死		《後漢書》卷67
陳　翔	奏請收案梁冀不敬之罪 舉奏豫章太守王永奏事中官，吳郡太守徐參在職貪穢，並徵詣廷尉			《後漢書》卷67
范　康	嚴治郡內豪姓不法 助張儉收案中常侍侯覽之宗黨賓客，窮相收掩，無得遺脫	徵詣廷尉獄		《後漢書》卷67
劉　儒	災異，上封事十條，極言得失，辭甚忠切	帝不能納，出爲任城相		《後漢書》卷67
竇　武	諫帝赦李膺、杜密、陳翔、范滂等黨禁者數百人，並宜貶黜宦官，案罪糾罰其欺國之封、無狀誣罔之罪	帝聽之，詔原李膺、杜密等		《後漢書》卷69
劉　矩	不諧附貴勢，失大將軍梁冀意	出爲常山相		《後漢書》卷76

	朱　穆	災異，劉矩以三公被劾，穆上疏言殷湯、高宗不罪臣下之義		《尚書・湯誥》：余一人有罪，無以爾萬方。萬方有罪，在余一人	《後漢書》卷 76
	韓　演	劾奏中常侍左悺及其兄左稱聚斂侵民之罪，又奏具瑗兄具恭臧罪	悺、稱自殺，瑗貶侯		《後漢書》卷 78
	滕　延	收捕宦官段珪、侯覽之僕從賓客犯民劫人之罪，並陳尸路衢	免官		《後漢書》卷 78
	陳蕃、劉智茂	災異，諫上行善政，以防君弱臣強之變	書奏不省	《袁山松後漢書》〈桓帝〉	
靈帝	張　延	宦人譖前太尉張延	帝不察，延下獄死		《後漢書》卷 8
	陳蕃、竇武、尹勳、劉瑜、馮述	中常侍曹節矯詔誅陳蕃等人，皆夷其族			《後漢書》卷 8
	虞放、杜密、李膺、朱㝢、巴肅、荀昱、魏朗、翟超	中常侍侯覽諷有司奏前司空虞放等皆為鈎黨	下獄，死者百餘人，妻子徙邊，諸附從者錮及五屬		《後漢書》卷 8
	向栩、張鈞	上奏宜斬中常侍縣其首於南郊以謝天下	下獄死		《後漢書》卷 8
	盧　植	小黃門左豐誣奏植固壘息軍，不攻張角	抵罪，減死一等		《後漢書》卷 8
	陸　康	諫帝愛民，改敝從善，不宜畝斂田錢，鑄作銅人	免歸田里	《易經・繫辭》上：乾以易知，坤以簡能，而天下之理得矣。《孟子・滕文公》上：周人百畝而徹，皆十一也。《公羊傳》宣公十五年：魯宣稅畝，而蠡災自生。《左傳》哀公十一年：哀公增賦，而孔子非之	《後漢書》卷 31
	蔡　邕	坐直對抵罪	徙朔方		《後漢書》卷 54

楊　賜	蛇變，諫上別內外之宜，不宜用后嬖寵而居位。		《詩經‧小雅‧斯干》：惟虺惟蛇，女子之祥。《小雅‧十月》：皇父卿士，豔妻煽方處。《尚書‧洪範五行》：內外二蛇鬪於鄭門，昭公殆以女敗。	《後漢書》卷54
	諫帝勿微行，遊幸外苑		《尚書‧皋陶謨》：兢兢業業，一日二日萬機。〈無逸〉：周文日昃天不暇。〈舜典〉：三載考績，黜陟幽明	
	虹蜺災異，諫帝斥遠佞巧之臣，速徵鶴鳴之士，抑槃游，思庶政	以師傅之恩，故得免咎	《左傳》莊公卅二年：得神以昌，失神以亡。《韓詩》序：蝃蝀在東，邪色乘陽，人君淫佚之徵。《易經‧繫辭》：天垂象，見吉凶，聖人則之。《詩經》〈板〉〈蕩〉：虺蜴之誡	
	諫帝止造「畢圭靈琨苑」	帝欲止，以問宦者任芝、樂松，遂令築苑	《尚書‧康誥》：若保赤子。《論語‧泰伯》：禹惡衣服，卑宮室	
楊　彪	劾發黃門令王甫門生於郡界辜榷官財物七千餘萬之姦事。諫帝不宜移都改制，驚動百姓，以防亂事	王甫被誅		《後漢書》卷54
陳球、李咸	諫帝不宜降黜竇太后之喪禮，宜配食桓帝	帝從之		《後漢書》卷56
陳球、陽球、劉郃、劉納	四人謀誅宦官曹節等	四人皆下獄死		《後漢書》卷56
謝　弼	青蛇見殿，大風拔木。諫帝斥黜親信宦官，以消天戒。又宜敬事竇太后，行孝教化，以絕邊境兵革之患	左右惡其言，出為府丞，去官歸家	《詩經‧小雅‧斯干》：惟虺惟蛇，女子之祥。	《後漢書》卷57
	諫帝解除黨禁，還陳蕃之家屬。並罷黜素餐致寇之人，徵王暢、李膺，則災變可消		《詩經‧黃鳥》：如可贖兮，人百其身	

劉陶、樂松、袁貢	諫帝明詔，重募張角等，賞以國土	帝殊不悟		《後漢書》卷 57
劉　陶	諫言八事，大較言天下大亂，皆由宦官	收陶下黃門北寺獄，遂閉氣而死		《後漢書》卷 57
傅　燮	諫帝速行讒佞放殛之誅（宦官趙忠等）。諫帝勿輕棄涼州，以失藩衛	靈帝識其忠，後以疾免。帝從之		《後漢書》卷 58
蔡邕	諫上蠲除三互近禁，選用勿失其人〔註44〕	書奏不省		《後漢書》卷 60 下
	雷霆疾風，地震、隕雹、蝗蟲之害，乃上封事： 一、諫上齋戒祭祀宜如故典，不宜任禁忌，忘禮敬，以虧大典。二、宜特舉博選之旨。三、宜擢張文石職，以勸忠謇，開政路。四、宜糾選非法，吏選忠清，半章賞罰。五、取士宜舉大賢，棄小能。六、褒責官吏宜覈真偽，使分明。七、太子官屬宜擇令德，不舉偽善之宣陵太子為官〔註45〕	帝親迎、行辟雍之禮	《禮記・內則》：妻妾產者，齋不入側室	
	妖異數見，諫上宜自約屬，近賢臣（郭僖、橋玄、劉寵），遠邪佞（張顥、姓璋、趙玹、蓋升），並戒宦官干政，以止災異亡國之怪	帝覽而嘆息		

〔註44〕三互法，始訂於靈帝之初，時朝議以州郡相黨，人情比周，乃制婚姻之家及兩州人士不得交互為官。然由於禁忌轉密，選用艱難，幽、冀二州，甚至久缺不補。蔡邕見「三互法」之敝，故而上疏請去此禁忌。

〔註45〕《後漢書》卷 8〈孝靈帝紀〉載熹平四年，「市賈民為宣陵孝子者數十人，皆除太子舍人」，蔡邕上封事對宣陵孝子之偽善，曾提出質疑，其云：「今虛偽小人，本非骨肉……而群聚山陵，假名稱孝，行不隱心，義無所依，至有姦軌之人，通容其中」，可知朝廷原在獎勵行孝守節之人，竟有不義之人假守孝之名，行貪官之實，誠為詐偽不實，故蔡邕以為不當選用，以明真偽。

	自陳譏刺公卿、內及寵臣之忠心,而中常侍程璜欲陷罪相中,實為冤痛	劾以仇怨奉公、議害大臣、大不敬,棄市,後詔減死一等		
黃琬	諫帝不宜遷都長安,以虧四海之望			《後漢書》卷 61
荀昱、荀曇	宦官支黨在郡者,纖罪必誅			《後漢書》卷 62
盧植	上書願考禮記失得,以刊正石經碑文,並請立《毛詩》、《左氏》、《周禮》於學宮,宜置博士。		《尚書·舜典》:三載考績,黜陟幽明	《後漢書》卷 64
	日食,諫帝八事: 一、用良——舉賢良、求選舉。二、原禁——赦黨錮非其罪者。三、禦癘——收葬宋后委骸之屍〔註46〕四、備寇——不宜削減侯王之家賦稅。五、修禮——徵有道、攘災咎。六、遵堯——依黜陟,章能否,不宜——月數遷。七、御下——禁塞請謁之事。八、散利——天子不宜私積	帝不省		
張奐	青蛇見御坐軒前,大風雨雹,霹靂拔樹,諫上改葬竇武、陳蕃,徙還家屬,蠲除從坐禁錮。又諫以恩禮接竇太后	左右黃門常侍皆惡之,帝不得自從	《尚書大傳》:周公葬不如禮,天乃動威。《詩經·小雅·蓼莪》:父母顧我復我,出入腹我	《後漢書》卷 65
王允	具發中常侍張讓賓客與黃巾交通書疏	帝責怒張讓,竟不罪之		《後漢書》卷 66
袁隗、何進、楊賜	上疏請赦王允,以其有誅逆討賊(黃巾)之功,宜寬賢宥罪	得以減死論	《左傳》襄公三年:晉悼宥魏絳之罪	《後漢書》卷 66
朱震	劾奏中常侍單超及弟單匡臧罪	匡下廷尉		《後漢書》卷 66

〔註46〕 宋后為王甫、程阿所搆陷,憂死,父及兄弟並被誅。宋后為靈帝之皇后。見《後漢書》卷 64,〈盧植列傳〉注引。

陳　蕃	上疏讓爵，前後十上章奏。	竟不受封。	《論語‧里仁》：不以其道得之不處。〈季氏〉：及其老也，戒之在得。《詩經‧小雅‧角弓》：受爵不讓，至于已斯亡。〈大雅‧抑〉：無言不讎，無德不報	《後漢書》卷 66
	諫請急誅侯覽、曹節、公乘昕、王甫、鄭颯等與趙夫人諸女尚書，以免生變亂、危社稷	竇太后不納		
竇　武	諫請誅廢子弟布列貪暴權重之黃門常侍，以清朝廷	竇太后尤豫未忍		《後漢書》卷 69
陽　球	諫上奏罷鴻都文學之選，不宜圖象立贊，妖偽興謗	書奏不省		《後漢書》卷 77
	奏收中常侍王甫、淳于登等弄權姦虐，以及曲附佞倖段潁	段潁自殺、王甫磔死、甫子萌、吉誅		
審　忠	諫誅中常侍朱瑀，以其興造逆謀，誅滅忠臣，營私蓄財，僭擬天家	章寢不報	《尚書》書序：高宗以雉雊之變，故獲中興之功。《左傳》襄廿九：吳使刑人，身遘其禍。《公羊傳》僖二年：虞公、魯昭以不用宮之奇、子家駒以至滅辱	《後漢書》卷 78
張　儉	舉奏宦官侯覽貪侈奢縱，奪人田宅，制度僭類宮省。	侯覽遮截章不上。		《後漢書》卷 78
	又奏侯覽母生時交通賓客，干亂郡國	復不得進		
張　鈞	諫帝宜斬十常侍張讓、趙忠等十人，以其父子兄弟布列州郡，所在貪殘，為人蠹害，如此則黃巾大寇自消	帝以之示張讓，為宦官誣奏，收掠死獄中		《後漢書》卷 78
	又復重上章奏，宜斬十常侍	寢不報		
呂　強	諫帝勿封佞邪徼寵、疾妒忠臣之中常侍曹節、王甫、張讓等為侯。	知其忠而不能用	《易經》上〈師〉：開國承家，小人勿用。	《後漢書》卷 78

		諫帝出宮女以省民之征稅	帝不能用	《公羊傳》僖二十：楚女悲愁，西宮致災。《易經・兌卦象辭》：悅以使民，民忘其勞；悅以犯難，民忘其死	
		諫上去奢從儉，以止外戚中官之踰制過禮			
		諫上赦蔡邕、段熲罪，以弭眾怨，開忠貞之路	書奏不省		
		諫帝不行「導行費」，以防姦吏使百姓受敝〔註47〕	書奏不省		
		諫帝選舉權歸三府，不宜委用尚書			
獻帝	孔融	諫帝隱忍劉表之郊祀僭僞，以崇國防			《後漢書》卷70
	董卓	上書請收竊倖承寵、濁亂海內之中常侍張讓		《公羊傳》定公十三年：趙鞅興晉陽之甲，以逐君側之惡人	《後漢書》卷72
	袁紹	上書言己效命盡忠，破黃巾、掃奸佞，非「專自樹黨，不聞勤王之師而擅相討伐」	帝以紹為太尉	《公羊傳》宣公二年：趙盾弒其君夷皋，弒者趙穿也，以賊臣不誅，春秋所貶。《左傳》宣公十三年：苟利社稷，專之可也	《後漢書》卷74上

由上表可歸納以下重點：

（一）就諫諍之人數與次數而論

光武十人、十三次，明帝六人、九次，章帝十二人、十五次，和帝十一人、十四次，安帝十人、十七次，順帝十八人、四十四次，沖帝一人、一次，質帝一人、一次，桓帝五十六人等、七十五次，靈帝五十人、四十八次，獻帝三人、三次。以勸諫人數而論，桓、靈二帝遙遙居多，其次為順帝；以勸諫次數而論，亦以桓帝居多，靈帝居次，順帝再次。可知東漢十三帝中，以末期桓、靈二帝時，勸諫的人數最多，次數亦最可觀，順帝居次。蓋東漢政局順帝已呈敗壞之勢，桓、靈之時「政荒主謬，國命委之閹寺」（《後漢書》卷67），宦官「手握王爵，口含天憲」，「舉動回山海，呼吸變霜露。阿旨曲求，則光寵三族；直情忤意，則參夷五宗」，而士人卻不為所懼，為國除姦，勇往

〔註47〕《後漢書》卷78〈宦者列傳〉：「時（靈）帝多稸私臧，收天下之珍，每郡國貢獻，先輸中署，名為『導行費』」。

直前，以諫諍於帝，此儒家忠臣事君之本懷，故而可敬也。

（二）以諫諍之內容而論

　　光武時以諫帝修德正身與用人舉賢最多，各居五次。明帝時，各項勸諫內容較爲平均，如民生田業、帝德修養、遵時制禮、赦冤獄緩刑罰各佔二次。章帝時勸諫內容著重於選舉一事，諫帝不用嚴刻之吏，務進仁賢，佔四次；其次則爲劾奏外戚竇憲之驕恣踰權，居三次。和帝時諫諍次數十而有四，其中八次皆爲劾奏外戚竇憲之擅權亂政。安帝時，以諫諍宦官之僭權專恣爲最，居六次（其中一次在檢討尚書之職權性能），其次則赦忠臣切直之謀、謗語之罪，居三次。外戚僭權、諫太后歸政亦爲重要勸諫之內容。順帝時，諫諍內容以劾奏宦官之奢僭封爵爲多，凡十四次（其中有二次在重申尚書性能），諫帝用人納賢居次，凡十次，諫帝省約明政令、斥黜貪佞無功之臣、不宜封爵外戚亦爲重要項目。沖、質帝前後二年，亦非實際掌權之人，諫諍內容以帝死發喪勿掩、貶斥外戚爲主。桓帝時諫諍次數爲東漢帝王之最，共有七十五次，其中卅六次皆在劾治斥罷宦官之僭權貪殘，其次則爲諫帝赦免忠諫獲罪之良臣，居十五次，外戚之專權以及舉奏貪臧權黨次數亦多。靈帝時，勸諫次數四十八，其中廿七次皆在諫帝斥罷僭權貪殘、禍國殃民之宦官，而舉賢臣、赦直諫之忠臣、天子不宜蓄財逸遊造苑等次數亦多。獻帝時，則以地方州牧僭權專黨爲主。綜合以上可知，光武、明帝，勸諫內容以帝德修養（不宜遊獵、逸遊）、舉用賢臣佐政、百姓民生問題爲主要內容；章帝以後，外戚、宦官之專權亂政，成爲主要之諫諍內容，以外戚而論，章帝二次、和帝八次、安帝二次、順帝六次、質帝一次、桓帝十一次、靈帝二次。以宦官而言，安帝六次、順帝十四次、桓帝卅六次、靈帝廿七次、獻帝一次。總計終東漢一代外戚之劾治共有卅二次，宦官之舉奏則佔八十四次，故知宦官仍爲東漢政治中最主要之議題。外戚問題始於章帝，終於靈帝；宦官問題始於安帝、終於獻帝，可謂與東漢一代相終始，未能慎乎始，起以爲不足治，終至於不能爲，惜哉。此外，才行賢能之舉拔，亦常爲士人諫諍之主要議題（光武五次、章帝四次、安帝二次、順帝十次、桓帝五次、靈帝八次）。至於諫諍之臣子，以忠罪於君，始於安帝（三次），其後依序爲順帝（四次）、桓帝（十五次）、靈帝（五次），故知東漢士人當時代動亂，所抱持之道德責任與勇氣，所謂「死者，士之常分」（《後漢書》卷 54 楊震語），味其語，實令人感佩。

（三）以東漢君主之納諫與拒諫，其接受與反對比例如下

　　光武接受七、反對五，明帝接受七、反對二，章帝接受十一、反對二，和帝居其半，安帝接受五、反對十，順帝接受十九、反對十、不詳十五，沖帝接受一，質帝不詳一，桓帝接二十、反對卅九，靈帝接受十、反對廿九，獻帝接受一、不詳二。由以上統計可知：東漢帝王接受臣子勸諫之態度以明、章二帝為最佳，光武、和帝、順帝居次，安帝又次，桓、靈二帝則拒諫之次數最為嚴重，故知史上稱「明章之治」之不虛，桓靈荒淫為不假，而東漢政局之不穩，則自和帝時已隱然有跡可尋，至桓、靈而敗壞至極。一國政治之良窳，原繫於國君納諫與否，可知也。

（四）就引用之經典及其內容而論

　　引經以《尚書》居多，凡卅五次，《左傳》居次，凡卅三次，其次為《詩經》廿一次，《公羊傳》十六次，《易經》十五次，《禮記》十四次，《論語》十一次，《穀梁傳》二次，《孝經》、《孟子》各佔一次。就經典之內容而言，茲舉其犖犖大者，以印證於諫諍內容。

1. 儒者諫諍有關宦官之經典依據

（1）《左傳》

　　　　聖人懲惡而勸善。（成公十四年）

　　　　邾庶其以漆閭丘來奔，於是魯多盜。（襄公廿一年）

　　　　齊懿公有竹中之難。（文公十八年）

　　　　鄭詹〈佞人〉來而國亂。（莊公十七年）

　　　　趙鞅以晉陽之甲，逐君側之惡。（定公十三年）

　　　　除君之惡，唯力是視。（僖公廿四年）

　　　　吳使刑人，身遘其禍。（襄公廿九年）

（2）《詩經》

　　　　哲婦傾城。（〈大雅・瞻卬〉）

　　　　不愆不忘，率由舊章。（〈大雅・假樂〉）

　　　　黽勉從事，不敢告勞。無罪無辜，讒口囂囂。（〈小雅・十月之交〉）

　　　　取彼譖人，投畀豺虎。（〈小雅・巷伯〉）

　　　　皎皎白駒，食我場苗，縶之維之，以永今朝，所謂伊人，於焉逍遙。
　　　　（〈小雅・白駒〉）

蜸蝀在東，邪色乘陽，人君淫逸之徵。（〈韓詩序〉）

天之方虐，無然謔謔，老夫灌灌，小子蹻蹻。匪我言耄，爾用憂謔，多得熇熇，不可救藥。（〈大雅・板〉）

咨女殷高，女炰烋于中國，斂怨以爲德，不明爾德，時無背無側，爾德不明，以無陪無卿。（〈大雅・蕩〉）

（3）《公羊傳》

宋閔公無禮，以致大灾。（莊公十二年）

梁亡何？魚爛而亡也。（僖公十九年）

譏其與讎狩也。（莊公四年）

小惡必書。（僖公廿年）

虞公、魯昭以不用宮之奇、子家駒以至滅辱。（僖公二年）

趙鞅興晉陽之甲，以逐君側之惡人。（定公十三年）

（4）《尙書》

貌傷則狂，而致常雨。（〈洪範〉）

牝雞司晨，唯家之索。（〈牧誓〉）

僭恆陽若，臣無作威作福玉食。（〈洪範〉）

周公戒成王，無若殷王紂之迷亂酗酒。（〈益稷〉）

高宗以雉雊之變，故獲中興之功。（〈書序〉）

（5）《論語》

君使臣以禮，臣事君以忠。（〈八佾〉）

百姓不足，君孰與足。（〈顏淵〉）

友便辟，友善柔，友便佞，損矣。（〈季氏〉）

〈6〉《易經》

無攸遂，在中饋。（〈牧誓〉）

開國承家，小人勿用。（〈師〉）

2. 儒者諫諍有關外戚之經典理論

（1）《左傳》

衛侯朔出奔齊（棄父之命）。（桓公十六年）

君命，天也，天可讎乎？委質策名，貳乃辟也。父教子貳，何以事君？（僖公廿三年）

翼戴天子而加之以共。（昭公九年）

唯器與名，不可以假人。（成公二年）

愛而不教，終至凶戾。（隱公四年）

有無君之心，而後動於惡。（桓公二年）

（2）《尚書》

臣無作威作福。（〈洪範〉）

舜禹相戒，無若丹朱傲。（〈益稷〉）

周公戒成王無若殷王紂之迷亂酗酒。（〈無逸〉）

內外二蛇鬥於鄭門，昭公殆以女敗。（〈洪範〉）

（3）《詩經》

惟虺惟蛇，女子之祥。〈小雅・斯干〉

皇父卿士，豔妻煽方處。〈小雅・十月〉

（4）《公羊傳》

禮不臣妻之父母。（僖公廿五年）

3. 君主節制言行之經典理論

（1）《尚書》

文王不敢槃于游田，以萬人惟政之共。（〈無逸〉）

田獵不宿。（〈洪範〉）

無教逸欲有邦。（〈皋陶謨〉）

兢兢業業，一旦二日萬機。（〈皋陶謨〉）

周文日昃不暇。（〈無逸〉）

三載考績，黜陟幽明。（〈舜典〉）

（2）《左傳》

公遭旱，貶食省用，務牆勸分。（僖公廿一年）

僖公遭旱，自責祈雨。（僖公廿一年）

齊莊公如崔杼之家，為杼所殺。（襄公廿五年）

祭公謀父為誦〈祈招〉之詩，以止其心。（昭公十二年）

（3）《論語》

大禹卑宮室。（〈泰伯〉）

閔子騫仍舊貫。（〈先進〉）

（4）《禮記》

仲春無作大事，以妨農事。（〈月令〉）

（5）《詩經》

自郊徂宮，上下奠瘞，靡神不宗，后稷不克。

上帝不臨，耗斁下土，寧丁我躬。（〈大雅・雲漢〉）

（6）《易經》

王假有廟，致孝享也。（〈萃卦〉）

4. 寬赦忠諫之臣之經典理論

（1）《尚書》

殷周哲王，小人怨詈，則還自敬德。（〈無逸〉）

百姓有罪，在予一人。（〈泰誓〉）

余一人有罪，無以爾萬方。萬方有罪，在余一人。（〈湯誥〉）

周公葬不如禮，天乃動威。（〈尚書大傳〉）

（2）《左傳》

國加含垢，天之道也。（宣公十五年）

鹿死不擇音，挺而走險，急何能擇。（文公十七年）

禹湯罪己，其興也勃焉。桀紂罪人，其亡也忽焉。（莊公十一年）

（3）《禮記》

孟夏斷薄刑，出輕繫。（〈月令〉）

行秋令，則草木零落，人傷於疫。（〈月令〉）

（4）《易經》

君子以赦過宥罪。（〈解卦〉）

（5）《詩經》

如何贖兮，人百其身。（〈秦風・黃鳥〉）

5. 舉賢用才之經典理論

（1）《詩經》

無縱詭隨，以謹無良。（〈大雅・民勞〉）

節彼南山，維石巖巖，赫赫師尹，民具爾瞻。

憂心如惔，不敢戲談，國既卒斬，何用不監。（〈小雅・節南山〉）

肅肅王命，仲山甫將之，邦國若否，仲山甫明之。（〈大雅・烝民〉）

（2）《尚書》

小不可不殺。（〈康誥〉）

股肱良哉。（〈舜典〉）

（3）《左傳》

政不可不慎，務三：一曰擇人，二曰因人，三曰從時。（昭公七年）

得神以昌，失神以亡。（莊公卅二年）

（4）《論語》

吾之於人，如有所譽，其有所試矣。（〈衛靈公〉）

苟有用我者，三年有成。（〈子路〉）

（5）《易經》

爻皆體乾，群龍之象。（〈乾卦鄭注〉）

6. 重視百姓民生之經典理論

（1）《易經》

大人與天地合德，日月合明。（〈乾卦文言〉）

乾以易知，坤以簡能，而天下之理得矣。（〈繫辭上〉）

悅以使民，民忘其勞；悅以犯難，民忘其死。（〈兌卦〉）

（2）《尚書》

若保赤子。（〈康誥〉）

（3）《左傳》

哀公增賦而孔子非之。（哀公十一年）

（4）《公羊傳》

魯宣稅畝，而蝝災自生。（宣公十五年）

（5）《論語》

禹惡衣服，卑宮室。（〈泰伯〉）

（6）《孟子》

周人百畝而徹，皆十一也。（〈滕文公上〉）

總之：檢視東漢諫諍內容中，劾治宦官、外戚之貪殘僭權、或要求國君言行之自我節制、或對忠諫之臣之寬赦，以及舉賢才以治國、以及重視百姓民生等議題，皆有其勸諫之經典實質根據。

（五）就士人諫諍後之處境而言

忠臣切諫，原本諸爲國除姦之大忠大勇精神，然究其實，終不敵「手握王爵，口含天憲」（《後漢書》卷 43）之宦官，及「富擬王府，勢回天地」之外戚（同上卷 61），一旦戚宦利害受損，所謂「言之者必族，附之者必榮」（同

上），故一旦勸諫，而能得帝王省用者，終爲寥寥數人而已，其餘或章寢不報，或免歸田里，或徙官去職，僅以身免矣。若下獄死，或遭笞殺，或屢遭陷死，可謂多矣。茲舉證如下：

光武：

　　桓譚—書奏不省，叩頭流血，良久得解，出爲六安郡丞，意忽忽不樂，
　　　　　道病卒。（《後漢書》卷 28 上）

　　申屠剛—帝不聽，剛以頭軔乘輿輪，帝遂爲止。

　　　　　　以切諫失旨，數年，出爲平陰令。（卷 29）

　　戴憑—帝怒，憑出，自繫廷尉，有詔勑出。（卷 79）

明帝：

　　鄭眾—帝不聽，詔切責之，追還繫廷尉，會赦歸家。（卷 36）

　　鍾離意—帝不能用，出爲魯相。（卷 41）

章帝：

　　郅壽—下吏當誅，何敞誅，壽得減死，未行，自殺，家屬得歸鄉里。（卷
　　　　　29）

和帝：

　　樂恢—書奏不省，意不得行，詔聽上印綬，乃歸鄉里。

　　　　　竇憲因是風厲州郡迫脅，恢遂飲藥死。（卷 43）

　　何敞—出爲濟南太守。（卷 43）

安帝：

　　陳忠—出爲江夏太守。（卷 46）

　　翟酺—書奏不省，出爲酒泉太守。後順帝時，坐減死歸家。（卷 48）

　　趙騰—帝怒，遂收考騰詔獄，結以罔上不道，竟伏尸都市。（卷 54）

　　楊震—飲酖而卒。（卷 54）

　　杜根—太后大怒，盛縑囊於殿上撲殺之。（卷 57）

　　成翊世—宦官樊豐陷以重罪，下獄當死，有詔免官歸本郡。（卷 57）

順帝：

　　楊厚—帝褒之，閹宦專政，言不得信。（卷 30 上）

　　陳龜—帝不省，不食七日而死。（卷 51）

　　趙騰—章下有司，收騰繫考，所引黨輩八十餘人，皆以誹謗當伏重法。（卷

56）

張綱—帝知綱言直，終不忍用。（卷56）

种暠、應承—為外戚梁冀陷之以罪。（卷56）

楊倫—有司以倫切直，辭不遜順，下之，坐不敬，結鬼薪。

　　　詔書以倫數進忠言，特原之，免歸田里。（卷79上）

質帝：

　　皇甫規—規託疾免歸，州郡承梁冀旨，幾陷死者再三。（卷65）

桓帝：

　　襄楷—帝以楷言雖激切，然皆天文恆象之數，故不誅，猶司寇論刑。（卷

　　　　30下）

　　袁著—書奏，為梁冀笞殺。（卷34）

　　吳樹—為梁冀所鴆。（卷34）

　　第五種、衛羽—中常侍單超兄子匡遣刺客刺衛羽，羽覺其姦，乃收繫客，

　　　　具得情狀。後單超以事陷第五種，竟坐徙朔方。（卷41）

　　朱穆—帝怒，不應，穆伏不肯起，左右傳出，良久乃趨而去。居無幾，

　　　　憤懣發疽。（卷43）

　　荀爽—奏聞，爽棄官去。（卷62）

　　杜喬—梁冀遣騎執繫之，死獄中。妻子歸故郡，與李固俱暴尸於城北，

　　　　家屬故人莫敢視者。（卷63）

　　史弼—中常侍侯覽大怨，遂詐作飛章下司隸，誣弼誹謗，檻車徵，吏人

　　　　莫敢近者。（卷64）

　　延篤—有司承梁冀旨求其事，篤以病免歸，教授家巷。（卷64）

　　趙岐、趙襲—中常集唐衡兄玹收岐家屬宗親，陷以重法，盡殺之。（卷64）

　　陳蕃—忤左右，出為豫章太守。

　　　　上書救雲，坐免歸田里。

　　　　策免之。（卷66）

　　劉瓆、成瑨、翟超、黃浮—劉瓆、成瑨棄市，翟超、黃浮並坐髡鉗，輸

　　　　作左校。（卷66）

　　王允—徵王允之太守劉瓆下獄死。（卷66）

　　李膺—坐輸作左校。

　　　　免歸鄉里。

　　　詣黨獄，考死，妻子徙邊，門生故吏及其父兄，並被禁錮。（卷 67）

馮緄、劉祐—得罪輸作。（卷 67）

杜密—坐黨事被徵，自殺。（卷 67）

劉祐—輸左校。（卷 67）

魏朗—被黨議，免歸家。（卷 67）

范滂—投劾去。

　　　自詣黨獄。（卷 67）

蔡衍、劉瑜—言甚切厲，坐免官還家，杜門不出。（卷 67）

羊陟—黨事起，免官禁錮。（卷 67）

張儉—宦官誣陷以黨事，儉得亡命，伏重誅者以十數，宗親並皆殄滅，
　　　郡縣爲之殘破。（卷 67）

岑晊、成瑨—帝大震怒，瑨下獄死，晊亡匿。（卷 67）

陳翔—坐黨事考黃門北寺獄，以無驗見原，卒于家。（卷 67）

范康—徵詣廷尉獄。（卷 67）

劉儒—帝不能納，出爲任城相。（卷 67）

劉矩—出爲常山相，以疾去官。（卷 76）

滕延—徵詣廷尉，免官。（卷 78）

靈帝：

張延—下獄死。（卷 8）

陳蕃、竇武、尹勳、劉瑜、馮述—皆夷其族。（卷 8）

虞放、杜密、李膺、朱㝢、巴肅、荀昱、魏朗、翟超—下獄，死者百餘
　　　人，妻子徙邊，諸附從者錮及五屬。（卷 8）

向栩、張鈞—下獄死。（卷 8）

盧植—抵罪，減死一等。（卷 8）

陸康—免歸田里。（卷 31）

楊賜—切諫忤旨，因以寇賊免。（卷 54）

陳球、陽球、劉郃、劉納—四人皆下獄死。（卷 56）

謝弼—左右惡其言，出爲府丞，去官歸家。（卷 57）

劉陶—以數切諫，爲權臣所憚，徙爲京兆尹。

　　　宦官讒陶，於是收陶下黃門北寺獄，掠按日急，陶自知必死，遂閉
　　　氣而死。（卷 57）

傳燮—靈帝識其言，得不加罪，亦不對，以疾免。

　　　　拒中常侍趙忠，權貴亦多疾之，是以不得留，出爲漢陽太守。（卷58）

蔡邕、蔡質—下洛陽獄，劾以仇怨奉公，議害大宦，大不敬，棄市。（卷60下）

黃琬—坐免官。（卷61）

荀昱、荀曇—謀誅宦官，昱與李膺俱死，曇亦禁錮終身。（卷62）

盧植—坐檻車徵植，減死罪一等。（卷64）

張奐—左右黃門常侍皆惡之，帝不得自從。（卷65）

王允—中常侍張讓懷協忿怨，以事中允，後遂下獄。（卷66）

陳蕃—爲中常侍王甫等所執，送黃門北寺獄，即日害之。徙其家屬於比景，宗族、門生、故吏皆斥免禁錮。（卷66）

竇武—謀誅宦官王甫等不果，自殺，宗親、賓客、姻屬悉誅之。（卷69）

陽球—帝徙球爲衛尉。

　　　　議收中常侍張讓等不果，收送洛陽獄，誅死，妻子徙邊。（卷77）

張儉—中常侍曹節誣儉爲鉤黨，及故長樂少府李膺、太僕杜密等，皆夷滅之。（卷78）

張鈞—章寢不報，中常侍張讓等遂誣奏張鈞學黃巾道，收掠死獄中。（卷78）

呂強—帝知其忠而不能用。

　　　　爲中常侍趙忠等所搆陷，遂自殺，收捕宗族，沒入財產焉。（卷78）

　　綜合以上，東漢士人諫諍之結果，大抵可歸納爲：徙官（十一人）、免官歸鄉里（十五人）、下獄死（十八人）、下獄（十一人）、遭人陷死（三人）、陷之以罪（二人）、棄官而去（二人），此外如自殺而死（郅壽——卷29、杜密——卷67、竇武——卷69、呂強——卷78）、飲藥而死（吳樹——卷34、樂恢——卷43、楊震——卷54）、遭笞殺（袁著——卷34、杜根——卷57）、絕食而死（陳龜——卷51）、憤恨而死（朱穆——卷43）、閉氣而死（劉陶——卷57）等，皆殺身以諫君也。

（六）就士人進諫之忠言而言

　　士人進諫，本乎公忠體國，捨己忘身之精神，以其忠不隱諱，直不避害，犯主之顏，故其言多有可觀之處。茲擇要敘之：

韓歆—好直言，無隱諱，帝每不能容。嘗曰：「亡國之君皆有才，桀紂亦
　　　有才」，帝大怒，以爲激發。後歆及子嬰竟自殺。(《後漢書》卷 26)

郅壽—臣聞聖王闢四門，開四聰，延直言之路，下不諱之詔，立敢諫之
　　　旗，聽歌謠於路，爭臣七人，以自鑒照，考知政理，違失人心，
　　　輒改更之，故天人並應，傳福無窮。(卷 29)

　　　雖唐虞之隆，三代之盛，猶謂諤諤以昌，不以誹謗爲罪。……忠臣
　　　盡節，以死爲歸。……杜塞忠直，垂譏無窮。(卷 29)

第五倫—忠不隱諱，直不避害。(卷 41)

劉陶（詣闕上書訟朱穆）—（朱）穆獨亢然不顧身害，非惡榮而好辱，
　　　惡生而好死也，徒感王綱之不攝，懼天網之弛失，故竭心懷憂，
　　　爲上深計。(卷 43)

何敞—夫忠臣憂世，犯主嚴顏，譏刺貴臣，至以殺身滅家而猶爲之者，
　　　何邪？君臣義重，有不得已也。(卷 43)

陳忠—臣聞仁君廣山藪之大，納切直之謀；忠臣盡謇諤之節，不畏逆耳
　　　之害。……曰：「大臣重祿不極諫，小臣畏罪不敢言，下情不上通，
　　　此患之大者」。(卷 46)

楊震—臣聞堯舜之世，諫鼓謗木，立之於朝；殷周哲王，小人怨詈，則
　　　還自敬德。所以達聰明，開不諱，博採負薪，盡極下情也。(卷 54)
　　　死者士之常分。吾蒙恩居上司，疾姦臣狡猾而不能誅，惡嬖女傾
　　　亂而不能禁，何面目復見日月！身死之日，以雜木爲棺，布單被
　　　裁足蓋形，勿歸冢次，勿設祭祠。因飲酖而卒。(卷 54)
　　　臣聞政以得賢爲本，理以去穢爲務。(卷 54)

史弼—誰謂荼苦，其甘如薺。昔人刎頸，九死不恨。(卷 54)

張皓（疏諫赦趙騰譏刺朝政之罪）—臣聞堯舜立敢諫之鼓，三王樹誹謗
　　　之木，春秋採善書惡，聖主不罪芻蕘。騰等雖干上犯法，所言本
　　　欲盡忠正諫。如當誅戮，天下杜口，塞諫爭之源，非所以昭德示
　　　後也。(卷 56)

劉陶—臣聞危非仁不扶，亂非智不救。……臣敢吐不時之義於諱言之朝，
　　　猶冰霜見日，必至消滅。臣始悲天下之可悲，今天下亦悲臣之愚
　　　惑也。朝廷前封臣云何？今反受邪譖。恨不與伊、呂同疇，而以
　　　三仁爲輩。遂閉氣而死。(卷 57)

傅燮－臣聞忠臣事君，猶孝子之事父也。子之事父，焉得不盡其情？使臣身備鈇鉞之戮，陛下少用其言，國之福也。（卷 58）

虞詡－志不求易，事不避難，臣之職也。……臣將從史魚死，即以尸諫耳。（卷 58）

黃瓊－故太尉李固、杜喬，忠以直言，德以輔政，今國亡身，隕歿為報，而坐陳國議，遂見殘滅。賢愚切痛，海內傷懼。又前白馬令李雲，指言宦官罪穢宜誅，皆因眾人之心，以救積薪之敝。弘農杜眾…懼雲以忠獲罪……乞同日而死，所以感悟國家。……敢以垂絕之日，陳不諱之言，庶有萬分，無恨三泉。（卷 61）

李固－固受國厚恩，是以竭其股肱，不顧死亡，志欲扶持王室，北隆文宣。……公等受主厚祿，顛而不扶，傾覆大事，後之良史，豈有所私；固身已矣，於義得矣，夫復何言！（卷 63）

陳蕃－臣寢不能寐，食不能飽，實憂左右日親，忠言以疏，內患漸積，外難方深。（卷 66）

臣聞賢明之君，悉心輔佐；亡國之主，諱聞直辭。……君為元首，臣為股肱，同體相須，共成美惡者也。……人君者，攝天地之政，秉四海之維，舉動不可以違聖法，進退不可以離道規。謬言出口，則亂及八方，何況髡無罪於獄，殺無辜於市乎……臣位列台司，憂責深重，不敢尸祿惜生，坐觀成敗。如蒙採錄，使身首分裂，異門而出，所不恨也。（卷 66）

古人立節，事亡如存。（卷 66）

臣聞有事社稷者，社稷是為；有事人君者，容悅是為。今臣蒙恩聖朝，備位九列，見非不諫，則容悅也。（卷 66）

巴肅－為人臣者，有謀不敢隱，有罪不逃刑。（卷 67）

李膺－事不辭難，罪不逃刑，臣之節。（卷 67）

竇武－臣聞明主不諱譏刺之言，以探幽暗之實；忠臣不卹諫爭之患，以暢萬端之事。是以君臣並熙，名奮百世。臣幸得遭盛明之世，逢文武之化，豈敢懷祿逃罪，不竭其誠。（卷 69）

周紆－見有禮於君者，事之如孝子之養父母；見無禮於君者，誅之如鷹鸇之逐鳥雀。（卷 77）

呂強－夫天生蒸民，立君以牧之。君道得，則民戴之如父母，仰之猶日

月，雖時有征稅，猶望其仁恩之惠。（卷78）

戴憑—臣無謇諤之節，而有狂瞽之言，不能以尸伏諫，偷生苟活，誠慚
　　　聖朝。（卷69上）

樊英—順帝謂樊英曰：「朕能生君，能殺君；能貴君，能賤君；能富君，
　　　能貧君。君何以慢朕命？」英曰：「臣受命於天。生盡其命，天也；
　　　死不得其命，亦天也。陛下焉能生臣？焉能殺臣？臣見暴君如見
　　　仇讎，立其朝猶不肯，可得而貴乎？雖在布衣之列，環堵之中，
　　　晏然自得，不易萬乘之尊，又可得而賤乎？陛下焉能貴臣，焉能
　　　賤臣？臣非禮之祿，雖萬鍾不受；若申其志，雖簞食不厭也。陛
　　　下焉能富臣，焉能貧臣！」帝不能屈，而敬其名，使出就太醫養
　　　疾，月致羊酒。（卷82上）

綜合以上，可歸納如下：

一、國君具有絕對之尊嚴與威權，臣事君若子事父

「忠臣之事君，猶孝子之事父也」（傅燮、周紆），以其事君如事父，從倫
理親情之孝，擴大為社會國家之大孝，故知無不言，言無不盡，移孝作忠，守
節盡義則一也。東漢士人重節義，君臣之義既明，故士人常以事父之心事君，
而君主之權勢，乃更為絕對與崇高，故其具有主宰臣子生、殺、貴、賤、富、
貧之能，故韓歆以激切為光武所殺；至於樊英能於順帝之生殺予奪中倖免於難，
可謂千百人中難遭遇矣，觀其「臣見暴君如見仇讎」之語，實令人為其生死不
測又倍覺警竦矣。

二、死為士人常分

郅壽「忠臣盡節，以死為歸」、何敞「犯主嚴顏，至以殺身滅家而猶為之
者」、陳忠「不畏逆耳之害」、楊震「死者士之常分」、史弼「昔人刎頸，九死
不恨」、劉陶「吐不時之義於諱言之朝，必至消滅，恨不與伊、呂同疇，而以
三仁為輩」、傅燮「使臣身備鈇鉞之戮，陛下少用其言，國之福也」、虞詡「臣
將從史魚死，即以尸諫耳」、李固與杜眾「念國亡身，隕歿為報」、杜眾「傷
李雲以忠獲罪，乞同日而死，所以感悟國家」、黃瓊「庶有萬分，無恨三泉」、
李固「竭其股肱，不顧死亡，志欲扶持王室」、陳蕃「憂責深重，不取尸祿惜
生，使身首分裂，異門而出，所不恨也」，又云：「古人立節，事亡如存」、戴
憑「不能以尸伏諫，偷生苟活，誠慚聖朝」，觀此，則其視死如歸，事亡如存，
甚至不惜尸諫，所以感悟國家，真所謂「求仁得仁，又何怨乎？」味其因，

在於東漢士人，以死爲忠臣本份，故其所以以忠獲罪，志欲扶持王室於不傾而已，觀其不畏逆耳之害、九死而不恨、備鈇鉞之戮之語，千百年以下，猶不免爲其忠節而感憤，若明主在位，賢臣自不必殺身以諫君，惜哉。

三、士人以敢諫爲忠

勸諫爲士人「徒感王綱之不攝，懼天網之久失」，以及「疾姦臣狡猾而不能誅，惡孽女傾亂而不能禁」，故以敢於諫諍爲忠節。觀其所諫，如何敞「忠臣憂世，犯主嚴顏」、陳忠「大臣重祿不極諫，小臣畏罪不敢言，此患之大者」、趙騰「盡忠正諫」、李固與杜喬「忠以直言，德以輔政」、黃瓊「以垂絕之日，陳不諱之言」、陳蕃「見非不諫，則容悅也」，皆以直諫、能諫、敢諫爲忠，不諫則爲「容悅」諂媚之臣，非社稷之臣也。

四、君主以納諫爲賢

五倫中，明定君臣之義合，權利義務原屬平等相對之互待，臣子既以敢諫爲忠賢，則明君必以納諫爲聖賢，故郅壽云：「聖王闢四門、開四聰、延直言之路，下不諱之詔，立敢諫之旗，聽歌謠於路，爭臣七人，以自鑒照」、又云：「雖唐虞之隆，三代之盛，猶謂諤諤以昌，不以誹謗爲罪……杜塞忠直，垂譏無窮」、陳忠云：「仁君廣山藪之大，納切直之謀」、楊震以爲「堯舜之世，諫鼓謗木，立之於朝；殷周哲王，小人怨詈，則還自敬德。所以達聰明，開不諱，極盡下情」、張皓云：「堯舜立敢諫之鼓，三王樹誹謗之木，春秋採善書惡，聖主不罪芻蕘」、傅燮云：「使臣身備鈇鉞之戮，陛下少用其言，國之福也」、陳蕃云：「賢明之君，委心輔佐；亡國之主，諱聞直辭……如蒙採錄，使身首分裂，異門而出，所不恨也」、竇武云：「明主不諱譏刺之言，以探幽暗之實」，凡此，皆爲臣下諫上採錄「諱聞直辭」之請求，以君臣名分既定，君主既掌有生殺予奪之權，故人臣犯顏直諫，常有生死不測之危，觀其言必採堯舜「諫鼓謗木，立之於朝」，欲藉儒家理想政治典型——堯舜仁君納諫之舉措，期使東漢諸君爲之效法，則當代國君之專斷可知矣。觀東漢君主從諫者有限，而士人諫諍而死者多矣，其死雖無補於大局，無益於君主之省思，然士人之「見危致命」、「九死不恨」，更彌足珍貴矣。

綜合本節，諫諍爲漢代取士之要目，東漢國君曾多次徵舉，故直接助長臣子諫諍之風氣。印證於儒家經典，觀其於臣道諫諍一事，多持肯定與發揚，臣道「犯而勿欺」、「從道不從君」，君道「納諫改過」，故君臣以義合。秦漢間，臣事君以「忠」，漸衍爲臣事君以「孝」，故《孝經》云：「以孝事君則忠」，

以其將人倫孝道轉而事君，君權乃變爲崇高而不可抑踰。加以東漢政體結構
不穩，權移內朝，戚宦爭權亂政，士人執政於外朝，自難與內朝中人抗衡；
於是王綱難振，災異、飢荒與盜賊漸啓，民食不足，百姓流冗道路，更相啖
食，飢民轉聚爲盜，進而舉事作亂。而東漢學術重視經典，士人最重節義道
德；當此時也，儒者懷抱「死爲士人常分」、「道濟天下之溺」之胸懷，對君
直諫，倡言國是，不顧身害，至以殺身滅家而猶爲之者，何也？「忠不隱諱、
直不避害」故也。觀其諫諍內容，以宦官問題居多，外戚居次，則東漢以戚
宦情事最爲嚴重；至於君主之納諫與拒諫，以明、章二帝納諫最佳，桓、靈
二帝拒諫最甚，則史稱桓、靈爲荒淫，誠哉，不虛也。而士人於諫言之後之
處境，或下獄死，或免官、或徙官，僅以身免矣，能得於帝省用者，數人而
已。以其不能偷生苟活，不恥懷祿逃罪，而憂世安危，犯主嚴顏，陳不諱之
言，甚而事不避難，以尸伏諫，九死不恨，以冀君之省悟，故其忠義薄天，
金石可鑴。鳴呼！其死雖無益於昏君政局，然其視死如歸、殺身成仁、以身
殉道之衛道精神，實儒家殉國衛道精神之最高完成，而東漢士人正足當之，
千載以下，實可以俯仰無愧矣。

第六章　結　論

　　東漢以經學通朝野上下之志，立時代風尚之綱維，影響所及，士人「所談者仁義，所傳者聖法也。故人識君臣父子之綱，家知違邪歸正之路」（《後漢書・儒林傳》），儒學落實於政治人事之實踐，於是社會成其風，朝廷獎其行，人才由此出，政事端是賴，此即儒家「內聖外王之道」、「修己治人之學」，亦即漢儒所謂「通經致用」。考經世之學，西漢已多所運用，如龔遂諫昌邑王行事依經，王式以三百篇當諫書，匡衡以〈關雎〉諫后妃之德，賈捐之依《尚書》定疆界、反對討珠崖，平當治河依《尚書・禹貢》，蕭望之依《春秋》主張不宜舉不義不之兵戕人之國，張湯、雋不疑、呂步舒、董仲舒皆以《春秋》決獄（以上俱見《漢書》各傳）；降及東漢，帝王多表彰經術，取士多經明行修之人，非專重其人，而必深考其行，學術與政事結合，儒家在政治上之若干觀念，如愛人、納諫、尊賢、尚德、興學、育才等「仁政」理想，成為現實統治制度之大經大法，亦成為中國歷代儒家之共同政治理想，而東漢士人誠為援引經義，化民成俗之最佳實證。

　　漢人之「通經致用」，究其經學之歷史意義而言，當必「推明孔氏」，孔子刪定六經，以為千秋萬世之法，故在漢代，孔子有「素王」之稱；漢儒尊信孔子之學可以治世，儒生善政大義皆出其中，故有「為漢制法」之說，故推崇孔子，以經為法之觀念，成為漢人普遍之共識，亦為政治用事之圭臬。

　　就政治體系而言，儒學最重名實相符，名之然後可言，言之然後可行，此所謂「名正言順」（《論語・子路》）。故議即位，所以重合法；議立嗣，所以明尊卑；議立后，所以諫后妃之德；議廢太子，所以廢后位也；議廢后，所以懷忌妒、傷后妃之德也；議帝婚，所以奉宗廟、傳之無窮也；議出諸園

宮人及爲后作注紀，所以彰仁德、顯母儀於天下，總之，名位之立與廢，必有儒家經義爲憑爲證，然後一國政治之綱常名教所以立，君主然後得以安其位，止邪佞，而後天下爲安。

就政治事功之「封」與「讓」而言，「封」，在以爵祿待有功；「讓」，在此以止爭致祥和。《左傳》：「愼器與名，不可以假人」（昭公三十二年），故君子不濫封爵賞，名器濫觴，天下公器，不可不愼。故議上尊號，以尊聖德；議封皇子，以明親親、尊宗廟、重社稷；議封戚宦，以法「高祖非功臣不封」之例；議封功臣，以褒有功、追念開國功臣；議封賢仁異行，所以重仁義、表死節、褒正直；議追封，乃追封貴族、烈士、處士，以褒功崇善也；議貶爵，以降黜懲惡。至於議辭讓，可由父子之孝讓，兄弟之悌讓，進而推諸鄉人朋友之義讓，明瞭當代讓爵、讓舉、讓財之盛行，則東漢民風淳厚，士氣崢嶸，誠可謂道德精神之至高表現。孔子於伯夷、叔齊、泰伯之辭讓，曾許之以「至德」、「古之賢人」（《論語》），則東漢辭讓之普遍，道德之普及，眞人情之所難能，亦儒家經義之具現。

就政治人才之舉拔而言，舉逸民，所以矯莽朝之僞薄；舉經明行修之士，所以變西京之貪儒。考前者之隱逸內涵，不外「時亂避世」、「守節清高」、「養親行孝」，皆行義守志，其與儒家之道德科目並無二致，故在位者獎之倡之，正所謂「舉逸民，而天下歸心」。而東漢既重道德名節，希仕者，必修貞確不拔之操，以爲經學之印證，此通經所以致用也。觀士人之徵辟薦舉，其爲官皆有可觀，如清靜無爲、教民禮制、勸民之學、教化民俗、道不拾遺、縣無獄訟、教化胡夷、改革敝俗等，皆儒家政治教化之典型，亦儒家從道德實踐至政治實踐之結合與實際貫澈。

就政治之君道與臣道而言，國之本在民，君臣當以「愛民」爲性分內事。《尚書‧湯誥》：「萬方有罪，罪在朕躬」，〈泰誓〉：「百姓有過，在予一人」，故人君以聽言納諫爲善。至於臣道，《孟子‧告子》：「君子之事君也，務引其君以當道，志於仁而已」，〈萬章〉：「君有過則諫」，《禮記‧少儀》：「爲人臣下者，有諫而無訕」，〈表記〉：「（事君）近而不諫則尸利也」，故人臣貴以直諫爲忠。東漢諫諍既爲取士要目，又以權移內朝，戚宦爭權，影響所及，災異、飢荒、盜賊漸啓，士人憂責深重，不恥偷生苟活，尸祿惜生，故竭其股肱，不顧死亡，犯主嚴顏，以死爲歸，甚而殺身滅家而猶爲之也。此種「以死爲士之常分」之精神，正是儒家以身殉道、懷道殉國之崇高典型，亦是造

就中國歷史上能於國家危急存亡之秋，仍爲民族大義而堅持不懈、視死如歸之精義所在。

　　總之，東漢政治之通經致用，可從政治體系之立與廢，政治事功之封賞與辭讓、政治人才之舉拔、政治之君道與臣道而言，皆緣以經義爲其依歸，儒家之政治思想，皆匯集於經書，而東漢君主能突破統治者本身之主觀意斷，以服從經書之指導，使經世之學，領導當代之政事，求諸西方，實所罕見；而東漢士人能承繼其精義，成教化，美風俗，敦性情、礪品節，以形成行仁踐義，知命達禮之德治社會，東漢風俗之美，即由乎此。易經曰：「窮則變，變則通，通則久」〈繫辭下〉，對於儒學之與時俱進，機制更新，東漢士人之貢獻昭若日星，璀燦不朽，實有其一定之貢獻與意義。

主要參考書目

一、經　部

1. 《十三經注疏》，（清）阮元校刻，北京：中華書局，1980 年。
2. 《春秋左氏傳舊注疏證》，劉文淇，北京：科學出版社，1959 年。
3. 《春秋繁露》，董仲舒，上海：上海書店，1989 年。
4. 《白虎通疏證》，陳立，臺北：廣文書局，1987 年。
5. 《十三經概論》，蔣伯潛，上海：古籍出版社，1983 年。
6. 《群經概論》，周予同，北京：中華書局，1959 年。
7. 《中國經學史》，馬宗霍，上海：上海書店，1990 年。
8. 《中國經學史》，本田成之，臺北：廣文書局，1990 年。
9. 《經學歷史》，皮錫瑞撰、周予同注，北京：中華出版社，1959 年。
10. 《經學通論》，皮錫瑞，臺北：商務書館，1968 年。
11. 《兩漢經學今古文評議》，錢穆，臺北：東大圖書公司，1989 年。
12. 《國學概論》，錢穆，臺北：商務印書館，1990 年。

二、史　部

1. 《史記》，司馬遷，臺北：鼎文書局，1978 年。
2. 《史記三家注引書索引》，段書安編，北京：中華書局，1982 年。
3. 《漢書補注》，王先謙，北京：中華書局，1983 年。
4. 《後漢書集解》，王先謙，北京：中華書局，1984 年。
5. 《三國志集解》，盧弼，北京：中華書局，1982 年。
6. 《姚輯東觀漢記》，姚之駰，臺北：鼎文書局，1978 年。
7. 《陶輯東觀漢記并拾遺》，陶棟，臺北：鼎文書局，1978 年。
8. 《謝承後漢書》，汪文臺輯，臺北：鼎文書局，1978 年。

9. 《薛瑩後漢書》，汪文臺輯，臺北：鼎文書局，1978 年。

10. 《司馬彪續漢書》，汪文臺輯，臺北：鼎文書局，1978 年。

11. 《華嶠後漢書》，汪文臺輯，臺北：鼎文書局，1978 年。

12. 《謝沈後漢書》，汪文臺輯，臺北：鼎文書局，1978 年。

13. 《袁山松後漢書》，汪文臺輯，臺北：鼎文書局，1978 年。

14. 《張璠漢記》，汪文臺輯，臺北：鼎文書局，1978 年。

15. 《漢紀》，荀悅，臺北：商務印書館，1968 年。

16. 《後漢紀》，袁宏，臺北：商務印書館，1968 年。

17. 《兩漢博聞》，楊侃，北京：中華書局，1985 年。

18. 《兩漢三國學案》，唐晏，北京：中華書局，1986 年。

19. 《東漢會要》，徐天麟，北京：世界書局，1971 年。

20. 《通典》，杜佑，北京：中華書局，1988 年。

21. 《通志略》，鄭樵，臺北：商務印書館，1968 年。

22. 《文獻通考》，馬端臨，臺北：商務印書館，1987 年。

23. 《漢制考》，王應麟，臺北：商務印書館，1973 年。

24. 《漢官六種》，孫星衍輯，臺北：中華書局四部備要本，1981 年。

25. 《資治通鑑》，司馬光，臺北：中華書局，1976 年。

26. 《讀通鑑論》，王夫之，臺北：中華書局，1980 年。

27. 《十七史商榷》，王鳴盛，臺北：廣文書局，1971 年。

28. 《廿二史箚記》，趙翼，臺北：中華書局，1979 年。

29. 《廿二史考異》，錢大昕，臺北：商務印書館，出版年不詳。

30. 《秦漢史纂》，瞿悅之，香港龍門書店，出版年不詳年。

31. 《秦漢史》，鄒紀萬，臺北：長橋出版社，1980 年。

32. 《秦漢史》，勞榦，臺北：中國文化出版事業社，1964 年。

33. 《秦漢史》，錢穆，臺北：東大圖書公司，1992 年。

34. 《秦漢史》，呂思勉，上海：開明書店，1941 年。

35. 《新編秦漢史》，林劍鳴，臺北：五南出版社，1992 年。

36. 《漢晉學術編年》，劉汝霖，上海：上海書店，1991 年。

37. 《國史大綱》，錢穆，香港：香港商務印書館，1994 年。

38. 《國學略說》，章太炎，臺北：河洛出版社，1974 年。

39. 《中國古代史》，夏曾佑，臺北：商務印書館，1968 年。

40. 《文學與傳統》，余英時，臺北：時報公司，1983 年。

41. 《歷史與思想》，余英時，臺北：聯經出版社，1983 年。

42. 《求古編》，許倬雲，臺北：聯經出版社，1983 年。

43. 《白話秦漢史》，西嶋定生著、黃耀能譯，臺北：文史哲出版社，1983 年。

44. 《秦漢法律史》，孔慶明，陝西：人民出版社，1992 年。

45. 《兩漢土地問題研究》，鄒紀萬，臺北：臺灣大學文史叢刊，1981 年。

46. 《秦漢封國食邑賜爵制》，柳春藩，遼寧：人民出版社，1984 年。

47. 《漢唐史論集》，傅樂成，臺北：聯經出版社，1977 年。

48. 《秦漢史論叢》，中國秦漢史研究會編，西安：西北大學出版社，1989 年。

49. 《中國國家機構史》，唐進、鄭川水主編，遼寧：人民出版社，1993 年。

50. 《中國通史》，林瑞翰，臺北：三民書局，1974 年。

51. 《兩漢的經濟思想》，韓復智，臺北：中國學術著作獎助委員會，1969 年。

52. 《中國史綱》，張蔭麟，臺北：正中書局，1952 年。

53. 《漢史論集》，韓復智，臺北：文史哲出版社，1980 年。

54. 《漢代社會與漢代思想》，侯外盧，臺北：嵩華出版公司，1978 年。

55. 《秦漢問題研究》，張傳璽，北京：大學出版社，1985 年。

56. 《中國通史論文選》，不詳，臺北：華世出版社，1979 年。

57. 《中國通史論文選集》，不詳，臺中：逢甲大學出版社，1983 年。

58. 《秦漢史論稿》，刑義田，臺北：東大圖書公司，1987 年。

三、子　部

1. 《全上古三代秦漢三國六朝文》，嚴可均校輯，北京：中華書局，1958 年。

2. 《漢魏六朝百三家集》，張溥編，臺北：世界書局，1988 年。

3. 《荀子集解》，王先謙，北京：中華書局，1988 年。

4. 《墨子閒詁》，孫詒讓，臺北：華正書局，1987 年。

5. 《呂氏春秋集釋》，呂不韋，北京：中華書局，1985 年。

6. 《春秋繁露注》，凌曙，臺北：世界書局，1975 年。

7. 《論衡》，王充，臺北：中華書局，1976 年。

8. 《申鑒》，荀悅，臺北：中華書局，1981 年。

9. 《中論》，徐幹，臺北：商務印書館四部叢刊，1981 年。

10. 《法言義疏》，汪榮寶，臺北：藝文印書館，1968 年。

11. 《潛夫論箋》，王符著、江繼培箋，北京：中華書局，1979 年。

12. 《韓非子》，韓非，上海：上海書店，1989 年。

13. 《太平御覽》，方昉，臺北：泰國書局，1980 年。

14. 《日知錄》，顧炎武，臺北：商務印書館，1968 年。

15. 《陔餘叢考》，趙翼，河北人民出版社，1989 年。

16. 《玉函山房輯佚書》，馬國翰輯，上海：上海古籍出版社，1990 年。

17. 《郭沫若全集》，郭沫若，北京：人民出版社，1982 年。

18. 《論學集林》，呂思勉，上海：教育出版社，1987 年。

19. 《梅園論學集》，戴君仁，臺灣：開明書店，1970 年。

20. 《十批判書》，郭沫若，北京：人民出版社，1982 年。

21. 《管錐編》，錢鍾書，北京：中華書局，1979 年。

22. 《儒道天論發微》，傅佩榮，臺北：臺灣學生書局，1985 年。

23. 《風俗通義校注》，王利器，臺北：明文出版社，1966 年。

四、學術思想著述

1. 《兩漢思想史》，徐復觀，臺北：臺灣學生書局，1985 年。

2. 《兩漢思想史》，祝瑞開，上海：古籍出版社，1989 年。

3. 《漢代思想史》，金春峰，北京：中國社會科學出版社，1987 年。

4. 《漢代學術史略》，顧氏，上海：上海書店，1990 年。

5. 《秦漢思想研究》，黃錦鋐，臺北：學海出版社，1979 年。

6. 《中國思想史》，韋政通，臺北：大林出版社，1979-1980 年。

7. 《中國思想史》，錢穆，臺北：商務印書館，1992 年。

8. 《中國學術思想史論叢》，錢穆，臺北：東大圖書公司，1976-1979 年。

9. 《中國思想史論集》，徐復觀，臺北：臺灣學生書局，1985 年。

10. 《中國學術思想史》，林啓彥，臺北：書林出版社，1994 年。

11. 《中國思想通史》，侯外廬主編，北京：人民出版社，1957 年。

12. 《中國思想與制度論集》，段昌國、劉紉尼、張永堂譯，臺北：聯經出版
    事業公司，1976 年。

13. 《中國學術思想變遷之大勢》，梁啓超，臺北：中華書局，1967 年。

14. 《中國中古思想史長編》，胡適，臺北：遠流，1988 年。

15. 《中國古代思想史論》，李澤厚，北京：人民出版社，1986 年。

16. 《中國中古思想史論》，郭湛波，香港：龍門書店，1967 年。

17. 《中國思想》，宇野精一主編，臺北：幼獅出版社，1977 年。

18. 《中國文化史》，陳登原，上海：上海書店，1989 年。

19. 《中國文化史》，柳詒徵，上海：上海書店，1990 年。

20. 《中國古代文化與中國知識份子》，胡秋原，臺北：學術出版社，1988 年。

21. 《中國知識階層史論》，余英時，臺北：聯經出版事業公司，1980 年。

五、哲學著述

1. 《儒家哲學》，梁啓超，臺北：中華書局，1969 年。
2. 《兩漢哲學》，于首奎，成都：四川人民出版社，1988 年。
3. 《兩漢哲學》，周紹賢，臺北：文景出版社，1978 年。
4. 《歷史哲學》，牟宗三，臺北：學生書局，1988 年。
5. 《中國哲學史》，勞思光，香港：香港中文大學崇基學院，1968 年。
6. 《中國哲學史》，蕭萐父、李錦全，北京：人民出版社，1982 年。
7. 《中國哲學發展史》，任繼愈主編，北京：人民出版社，1982 年。

六、政治社會學著述

1. 《中國政治思想史》，陶希聖，臺北：食貨出版社，1954 年。
2. 《中國政治思想史》，蕭公權，上海：上海書店，1989 年。
3. 《中國政治思想史》，薩孟武，臺北：三民書局，1972 年。
4. 《中國政治思想史》，曾繁康，臺北：中華文化出版社事業委員會，1955 年。
5. 《中國古代政治思想史》，劉澤華主編，天津：南開大學出版社，1992 年。
6. 《秦漢政治制度史》，陶希聖編校，臺北：啓業書局，1974 年。
7. 《中國秦漢政治史》，佟建寅、舒小峰，北京：人民出版社，1994 年。
8. 《中國社會政治史》，薩孟武，臺北：三民書局，1975 年。
9. 《兩漢中央政治制度與法儒思想》，楊樹藩，臺北：商務印書館，1986 年。
10. 《中國歷代政治得失》，錢穆，臺北：東大圖書公司，1992 年。
11. 《學術與政治之間》，徐復觀，臺北：臺灣學生書局，1980 年。
12. 《兩漢監察制度》，陳世材，臺北：商務印書館，1973 年。
13. 《中國考試制度史》，沈兼士，臺北：商務印書館，1986 年。
14. 《中國教育史》，王鳳喈，臺北：國立編譯館，1977 年。
15. 《中國教育史》，陳東原，臺北：商務印書館，1980 年。
16. 《中國青年運動史》，包遵彭，臺北：正中書局，1954 年。
17. 《中國婦女史論集》，鮑家麟，臺北：牧童出版社，1988～1993 年。
18. 《東漢宗教史》，宋佩韋，臺北：商務印書館，1964 年。
19. 《先秦兩漢之陰陽五行學說》，李漢三，臺北：維新書局，1981 年。
20. 《鄒衍遺說考》，王夢鷗，臺北：商務印書館，1966 年。
21. 《陰陽五行家與星歷及占筮》，王夢鷗，臺北：中研院史語所，1985 年。

七、博碩士論文

1. 《許慎之經學》，黃永武，師大博士論文。
2. 《馬融之經學》，李威熊，政大博士論文。
3. 《鄭玄之讖緯學》，呂凱，政大博士論文。
4. 《史記漢書儒林列傳疏證》，黃慶萱，師大碩士論文。
5. 《東漢讖緯與政治》，陳郁芬，臺大碩士論文。
6. 《兩漢儒學研究》，夏長樸，臺大碩士論文。
7. 《東漢士風及其轉變》，張蓓蓓，臺大碩士論文。
8. 《東漢經術與士風》，翁麗雪，師大碩士論文。

八、期刊論文

1. 〈東漢黨錮人物的分析〉，金發根，《史語所集刊》第 34 本。
2. 〈漢代知識份子的特質〉，勞榦，《民主評論》第 4 卷 17 期。
3. 〈秦漢的儒〉，沈剛伯，《大陸雜誌》第 38 卷 9 期。
4. 〈兩漢儒學的發展〉，韓道誠，《孔孟學報》第 7 卷 5 期。
5. 〈西漢節義傳〉，饒宗頤，《新亞學報》第 1 期。
6. 〈漢法與漢儒〉，傅樂成，《食貨月刊》5 卷 10 期。
7. 〈試論漢代的儒宗地主〉，馬彪，《中國史研究》4 期。
8. 〈漢代陽儒陰法的形成和確立〉，王曉波、張純，《大陸雜誌》64 卷 3 期。